中国证券市场宏观审慎监管研究

孙国茂 著

责任编辑：肖丽敏
责任校对：李俊英
责任印制：张也男

图书在版编目（CIP）数据

中国证券市场宏观审慎监管研究/孙国茂著．—北京：中国金融出版社，2020.8

ISBN 978-7-5220-0450-1

Ⅰ.①中… Ⅱ.①孙… Ⅲ.①证券市场—金融监管—研究—中国 Ⅳ.①F832.51

中国版本图书馆 CIP 数据核字（2020）第 021978 号

中国证券市场宏观审慎监管研究
ZHONGGUO ZHENGQUAN SHICHANG HONGGUAN SHENSHEN JIANGUAN YANJIU

出版
发行 中国金融出版社

社址　北京市丰台区益泽路 2 号
市场开发部　（010）66024766，63805472，63439533（传真）
网上书店　http://www.chinafph.com
　　　　　（010）66024766，63372837（传真）
读者服务部　（010）66070833，62568380
邮编　100071
经销　新华书店
印刷　保利达印务有限公司
尺寸　169 毫米 × 239 毫米
印张　20
字数　305 千
版次　2020 年 8 月第 1 版
印次　2020 年 8 月第 1 次印刷
定价　68.00 元
ISBN 978-7-5220-0450-1
如出现印装错误本社负责调换　联系电话（010）63263947

序

在当前中国的融资结构中，商业银行依然占据主导地位，证券公司和保险公司的市场影响虽然有所提升，但是总体上还相当有限。不过，随着中国金融结构的转型，直接融资从趋势上呈现上升趋势，因此，探索证券市场的宏观审慎监管框架应当成为金融监管研究的一个重要课题。

在证券市场的宏观审慎监管方面，直接融资占据主导地位的美国等发达市场积累了不少的经验与教训。10 年前，也就是 2010 年 3 月，一份长达 2200 页的调查报告展示了拥有 158 年历史的证券公司——雷曼兄弟破产的过程和原因。雷曼兄弟公司曾经是华尔街五大投资银行之一，它的破产倒闭被视为华尔街金融危机全面爆发的标志，是一个具有里程碑意义的事件。从监管的角度看，雷曼兄弟公司破产的原因反映了对证券市场监管的种种失灵，显示了审慎监管框架下的一些缺陷和漏洞。事实上，随后由美国国会金融与经济危机起因调查委员会公布的最终报告《金融危机调查报告》对雷曼破产也做出了同样的最终结论：导致雷曼兄弟公司破产的主要原因是监管不力、风险交易（包括证券化和场外衍生品交易）、高杠杆率和过度依赖短期资金。雷曼自身的原因则是公司治理和风险管理出了问题，依赖短期利润所得为高管和经纪人分红的薪酬制度加剧了问题的严重性。这份国会调查报告明确指出，虽然表面上看投资银行更容易受到雷曼破产的影响，但商业银行以及它们的影子银行系统同样会遭受巨大损失，最终需要政府救助。很显然，国会调查委员会认为，是证券公司引发的系统性金融导致了这场影响至今的金融危机。

回顾往事，殷鉴不远，彼情彼景，历历在目。次贷危机留给市场最大的警示就是，证券市场具有明显的顺周期性，证券市场中的系统重要性机构与银行一样，可以产生系统性风险，导致剧烈的市场波动，最终诱发金融危机发生。因此危机之后，世界各国金融监管逐步从微观审慎监管转向宏观审慎监管。美国2009年出台的《金融监管改革白皮书》，目的在于尝试解决金融监管体制机制存在的矛盾与问题，防范监管风险，提高监管效能。2010年奥巴马总统再次签署《2010年华尔街改革与消费者保护法案》（以下简称《多德—弗兰克法案》），加强监管部门协调、整合联邦政府监管体系、加强对消费者和投资者保护、加强对金融衍生产品和对冲基金的监管。与此同时，欧盟在2009年也提出了关于金融监管改革的提议。具体包括存款保障计划修正案、资本金要求指示修正案、加强对信用评级机构的监管、加强对另类投资的监管等。各国的金融监管改革为我国提供了重要的经验与借鉴。我国原有的金融监管体系更关注微观审慎监管，党的十九大之后，我国成立了国务院金融稳定发展委员会，目的在于加强宏观审慎管理和系统性风险防范，强化金融监管部门监管职责，确保金融安全与稳定发展。

从历史角度看，金融监管与市场波动的互动，往往是基于金融市场的波动而在松紧之间不断调整。通常，总是在大的市场波动甚至危机发生后，金融监管体系暴露出各种不足，促使市场各方更为关注监管体系的反思和完善。由于证券市场具有资本形成和资源优化功能，金融行业和实体经济的各种机构，特别是众多的机构投资者，都会进入证券市场，彼此成为交易对手。当经济繁荣、流动性充足时，证券市场内的各种交易都会迅速增多，交易量急剧放大。此时，包括商业银行和证券公司在内的各种机构会在交易中形成巨大的风险敞口，包括资产缺乏流动性、资产价格泡沫及风险对冲工具的不完善等。由于证券市场主体多元化，因此一旦形成风险，它的传导渠道和传导机理要比银行业更加复杂。在证券市场，证券公司作为经营风险的金融机构，本身既是风险的源头也是风险的传播渠道，因此，对证券市场实行宏观审慎监管首先就要将证券公司作为系统重要性机构进行监管。换句话说，证券市场宏观审慎监管的重点在于对证券机构的监管。

从宏观角度看，证券市场风险传导机制主要基于三个方面：一是实体机构。包括企业和居民，这里主要是居民，企业需要通过金融机构间接进入资本市场（投资或者现金管理）。对于居民也就是散户投资者来说，既可以使用取决于可支配收入的自有资金；也可以使用取决于个人信用的杠杆资金。在流动性分析中，最根本的内生流动性还是来自实体经济的货币创造活动。二是融资融券。投资者可以加杠杆（融资）投资或者卖空（融券），主要通过券商和场外机构配资。而这些非银金融机构除了部分自营资金外，也会从商业银行通过通道获取资金，这些都提高了流动性结构的波动性和复杂性。事实证明，在2015年以来的证券市场大幅波动中，源于极度活跃的杠杆资金，除了通过证券公司开展的两融配资外，场外配资渠道相当活跃，包括伞形信托、结构化信托、普通配资、信贷资金入市等，这些资金的共同特征就是常常不被监管机构的监管工具所覆盖，透明度低。可以这样认为，缺乏透明度和必要风险控制的场内融资和场外配资等盲目加杠杆行为，要为当时的市场剧烈波动负直接责任。三是股权质押。对于中国企业来说，上市本身代表着一种来自资本市场（流动性）的背书，上市公司可以通过股权质押获取融资来弥补流动资金不足。然而，当股票市场的价格下跌到某个阈值时，就可能引发一个"股价下跌—质押预警—银行平仓—股票抛售—股票下跌"的正向反馈，此时就可能引发流动性危机。事实上，近年来多次股票市场的大幅下跌几乎都与股权质押爆仓形成的恶性正反馈有关。

党的十九大首次提出健全货币政策和宏观审慎政策双支柱调控框架。"双支柱调控框架"是未来我国金融监管体制改革的重要目标。"双支柱"的互相协调可以更好地维护金融稳定，增强金融宏观调控的前瞻性和有效性。双支柱调控框架的提出表明党中央、国务院把防范系统性金融风险提到新的高度，逐步构建和完善以综合监管和协调监管为主要特征的中国金融监管体制。如果从社会融资结构上看，2019年我国社会融资规模存量为

251.31万亿元,其中作为直接融资的组成部分,企业债券、非金融企业境内股票余额合计仅有30.83万亿元,仅占同期社会融资规模存量的12%。而在美国等主要发达国家,直接融资的比重大多都在70%以上。综观国际环境,中美贸易摩擦和全球产业链、价值链重构将对我国经济造成持续性外部冲击;而国内老年人口的持续增加和老龄化程度的提高,使中国以往的"人口红利"逐步消失,取而代之的是适龄劳动人口数量的迅速下降。在此情况下,要保持经济中高速增长,跨越中等收入陷阱,唯有通过科技进步的途径,实现创新驱动。

但现实是,中国长期以来形成的以银行为主导的间接融资体系并不利于全社会科技创新。虽然间接融资体系可以在较短时间内为成熟的、具有一定规模的企业提供稳定的现金流,但是这种较短期限的债权融资并不适用于那些从事高科技的初创企业和成长期企业。从企业生命周期角度来看,科技创新类的企业通常不具有稳定的经营性现金流量,它们的信用风险与商业银行所要求的信用标准不匹配。这意味着,能够为从事高科技的初创企业提供融资的主要应当是资本市场中的股权融资,这种直接融资方式不仅满足了科技创新企业的融资需求,也满足了它们对资金使用的时间要求。

2019年12月,中央经济工作会议提出"加快金融体制改革,完善资本市场基础制度"后,全国人大常委会第十五次会议审议通过了修订后的《证券法》。科创板注册制的推出和《证券法》做出重大修改表明,在新一轮改革中资本市场不仅承担着优化资源配置、加快要素市场建设的任务,也承担着金融供给侧改革和建立现代金融制度的历史使命,但是,资本市场基本功能能否充分发挥,资本市场各项改革能否顺利实施,取决于资本市场运行过程中能否防范各种系统性风险。

进一步观察国际上宏观审慎监管经验可以发现,尽管在三个版本《巴塞尔协议》的影响下,全球银行业已经建立完善的宏观审慎监管体系,但是非银行金融机构系统性风险防范却长时间未能引起监管部门和业界、学界足够的重视。近年来,一些国际组织和主要经济体通过对次贷危机的反思，开始对金融领域所有行业的系统重要性金融机构监管建立了相关制度安排，金融稳定理事会（FSB）发布了《降低系统重要性金融机构道德风险》《系统重要性金融机构监管的强度和有效性》《金融机构有效处置机制核心要素》等一系列文件。巴塞尔银行监管委员会（BCBS）根据FSB要求，发布了全球系统重要性银行的评估方法与损失吸收能力要求，开展全球系统重要性银行机构评估工作。美国、欧盟、英国等主要经济体也针对系统重要性金融机构监管建立了相应制度安排。

2018年11月，中国人民银行、中国银保监会和中国证监会联合发布了《关于完善系统重要性金融机构监管的指导意见》（以下简称《意见》），《意见》首次对我国系统重要性机构作出规定：系统重要性金融机构是指因规模较大、结构和业务复杂度较高、与其他金融机构关联性较强，在金融体系中提供难以替代的关键服务，一旦发生重大风险事件而无法持续经营，将对金融体系和实体经济产生重大不利影响，可能引发系统性风险的金融机构。《意见》还提出，所有参评机构表内外资产总额不低于监管部门统计的同口径上年末该行业总资产的75%；或银行业、证券业和保险业参评机构数量分别不少于30家、10家和10家。同时，《意见》还对系统重要性金融机构的监管主体做出明确分工，中国人民银行负责系统重要性金融机构基本规则制定、监测分析、并表监管，视情责成有关监管部门采取相应监管措施，并在必要时经国务院批准对金融机构进行检查监督。中国银保监会和中国证监会负责系统重要性金融机构评估的数据收集、得分计算和名单报送，依法对相应行业系统重要性金融机构实施微观审慎监管。《意见》的出台表明，在宏观审慎监管框架下，必须将具有系统重要性的证券机构作为系统重要性机构纳入金融监管体系。对于证券市场而言，宏观审慎监管的重点首先就是证券机构，必须从防范证券市场系统性风险的角度，关注证券机构的系统重要性。

即将呈献给读者的《中国证券市场宏观审慎监管研究》一书是青岛大学资本市场研究院孙国茂教授的研究成果，这本书是在他承担的上海证券交易所联合研究计划的基础上修改而成。孙国茂教授具有多年业界经历，对证券机构可能造成的各种风险和机构监管的不足之处有着来自业务一线的理解。他带领的研究团队连续9年主编《中国证券公司竞争力研究报告》，对证券市场宏观审慎监管做了大量研究。在《中国证券公司竞争力研究报告（2019）》中我们就可以看到国内131家证券公司系统重要性排名，我个人觉得对证券市场宏观审慎监管的研究是一项具有探索意义的工作，它值得更多关注资本市场发展的人进行更深入的研究。我也期待孙国茂教授能够坚持这项研究，在证券市场宏观审慎监管方面取得更多的研究成果。

巴曙松
2020年6月

目 录

导言 ·· 1

第1章 宏观审慎监管的起源与经验 ·· 7
1.1 宏观审慎监管的起源 ··· 7
1.2 国内外研究及文献综述 ·· 11
1.2.1 系统性金融风险基本内涵的研究 ·· 12
1.2.2 金融风险传染机制的研究 ·· 13
1.2.3 系统性风险测度的研究 ·· 14
1.2.4 国际金融危机后系统性金融风险监管的研究 ······················ 16
1.2.5 宏观审慎监管的研究 ·· 20
1.3 宏观审慎监管的国际经验 ·· 22
1.3.1 美国宏观审慎监管框架 ·· 22
1.3.2 德国宏观审慎监管框架 ·· 25
1.3.3 英国宏观审慎监管框架 ·· 26
1.3.4 日本宏观审慎监管框架 ·· 29
1.4 启示与经验 ·· 31

第2章 证券市场系统性风险案例：过程与机制 ································· 33
2.1 1987年美国股灾 ·· 34
2.1.1 股灾发生的背景 ·· 34

2.1.2　影响全球股票市场的黑色星期一 ……………………… 39
　　2.1.3　主要经济后果及影响 …………………………………… 41
　　2.1.4　1987年美国股灾的原因 ………………………………… 44
2.2　1990年日本股市风险 ……………………………………………… 48
　　2.2.1　发生背景 …………………………………………………… 48
　　2.2.2　主要过程 …………………………………………………… 50
　　2.2.3　主要经济后果 ……………………………………………… 52
　　2.2.4　主要原因分析 ……………………………………………… 53
2.3　2007年美国次贷危机 ……………………………………………… 56
　　2.3.1　发生背景 …………………………………………………… 56
　　2.3.2　主要过程 …………………………………………………… 57
　　2.3.3　主要经济后果和对美国及全球经济的影响 …………… 64
　　2.3.4　主要原因分析 ……………………………………………… 66
2.4　2015年的中国股市大波动 ………………………………………… 74
　　2.4.1　发生背景 …………………………………………………… 74
　　2.4.2　主要过程 …………………………………………………… 77
　　2.4.3　主要经济后果 ……………………………………………… 81
　　2.4.4　主要原因分析 ……………………………………………… 86
2.5　证券市场系统性风险案例启示 …………………………………… 91
　　2.5.1　证券市场系统性风险容易引发金融危机 ……………… 91
　　2.5.2　证券市场系统性风险具有共性特征 …………………… 92
　　2.5.3　发生证券市场系统性风险时，政府必须果断干预 …… 94
　　2.5.4　预测系统性风险发生的人永远是极少数 ……………… 95

第3章　证券市场系统性风险形成机理 ……………………………… 97

3.1　中国证券市场系统性风险形成机理：流动性冲击 ……………… 99
　　3.1.1　主要原因与冲击路线 …………………………………… 99
　　3.1.2　波动根源：经济周期与金融周期的错配 ……………… 101

目录

3.2 基础货币与金融同业流动性 …………………………………… 103
3.3 广义货币与实体经济流动性 …………………………………… 106
3.4 证券市场流动性冲击的基本机理 ……………………………… 108
    3.4.1 宏观流动性传导机理 ……………………………………… 109
    3.4.2 流动性波动对金融市场的冲击 …………………………… 111

第4章 证券市场系统性风险传导：来自上市公司的证据 ………… 115
4.1 行业风险测算与整体特点 ……………………………………… 117
    4.1.1 不同行业风险测量与变化趋势 …………………………… 117
    4.1.2 不同年份行业风险变化 …………………………………… 118
    4.1.3 行业内部风险特点 ………………………………………… 120
    4.1.4 行业风险与行业结构 ……………………………………… 122
4.2 不同行业风险比较 ……………………………………………… 125
4.3 行业间风险传染分析 …………………………………………… 127

第5章 宏观审慎监管：证券市场系统重要性机构 ………………… 131
5.1 系统重要性金融机构评价理论 ………………………………… 132
5.2 证券公司系统重要性评价方法 ………………………………… 134
    5.2.1 国外评价方法 ……………………………………………… 134
    5.2.2 国内评价方法 ……………………………………………… 135
5.3 证券公司系统重要性评价体系构建 …………………………… 138
    5.3.1 评价指标构成 ……………………………………………… 138
    5.3.2 评价方法 …………………………………………………… 140
5.4 证券公司系统重要性评价结果分析 …………………………… 141
    5.4.1 证券公司系统重要性总体分析 …………………………… 141
    5.4.2 证券公司系统重要性结构分析 …………………………… 143
    5.4.3 证券公司系统重要性聚类分析 …………………………… 147
5.5 宏观审慎监管下的证券公司系统性风险 ……………………… 149

5.6 规模是系统重要性证券机构的关键特征 ················· 151
5.7 宏观审慎监管需提高证券公司核心竞争力 ··············· 152

第6章 证券市场系统性风险测度研究 ······················· 155

6.1 对宏观审慎监管与系统性风险的研究 ··················· 158
    6.1.1 证券市场宏观审慎监管必要性研究 ············· 159
    6.1.2 系统性风险度量研究 ························· 160
    6.1.3 宏观审慎监管下系统性风险预警研究 ··········· 168
6.2 中国证券市场系统性风险来源 ························· 170
    6.2.1 系统性风险形成的制度因素 ··················· 170
    6.2.2 系统性风险形成的市场因素 ··················· 172
6.3 证券市场系统性风险度量 ····························· 174
    6.3.1 模型构建 ··································· 175
    6.3.2 基于主成分分析法计算各维度风险度量值 ······· 178
    6.3.3 合成证券市场系统性风险指数 ················· 182
    6.3.4 系统性风险度量结果分析 ····················· 186
6.4 证券市场系统性风险预警 ····························· 191
    6.4.1 证券市场系统性风险预警阈值的确定 ··········· 191
    6.4.2 基于历史事实的预警值有效性检验 ············· 193
    6.4.3 基于数理模型的预警值有效性检验 ············· 196
    6.4.4 证券市场系统性风险的逆周期调节 ············· 201
6.5 对证券市场系统性风险的进一步思考 ··················· 204

第7章 证券市场宏观审慎监管框架、目标与工具 ··············· 207

7.1 传统的证券市场监管模式 ····························· 209
    7.1.1 集中型监管模式 ····························· 209
    7.1.2 自律型监管模式 ····························· 211
    7.1.3 中间型监管模式 ····························· 215

目　录

　　7.1.4　机构监管模式 ……………………………………… 216
　　7.1.5　功能监管模式与行为监管模式 …………………… 218
7.2　中国证券市场监管模式 ……………………………………… 220
　　7.2.1　中国证券市场监管模式演变 ………………………… 220
　　7.2.2　证券市场现行监管模式 ……………………………… 224
7.3　发达国家证券市场监管模式对我国的启示 ………………… 226
　　7.3.1　证券市场必须纳入宏观审慎监管框架 ……………… 226
　　7.3.2　宏观审慎监管与微观审慎监管 ……………………… 227
　　7.3.3　宏观审慎监管与传统监管模式 ……………………… 228
　　7.3.4　构建证券市场宏观审慎监管制度体系 ……………… 229
7.4　证券市场宏观审慎监管原则 ………………………………… 230
　　7.4.1　系统重要性原则 ……………………………………… 230
　　7.4.2　逆周期监管原则 ……………………………………… 232
　　7.4.3　资本约束原则 ………………………………………… 234
　　7.4.4　监管前瞻性原则 ……………………………………… 234
　　7.4.5　其他监管原则 ………………………………………… 235
7.5　证券市场宏观审慎监管框架设计 …………………………… 237
　　7.5.1　宏观审慎监管目标 …………………………………… 237
　　7.5.2　宏观审慎监管的组织架构 …………………………… 239
　　7.5.3　宏观审慎监管下的功能监管和行为监管 …………… 240
　　7.5.4　证券市场宏观审慎监管的重点 ……………………… 243
7.6　证券市场宏观审慎监管工具选择 …………………………… 244

第8章　研究结论与政策建议 ……………………………………… 247
8.1　本书的主要研究结论 ………………………………………… 248
　　8.1.1　证券市场必须纳入宏观审慎监管 …………………… 248
　　8.1.2　证券机构是证券市场宏观审慎监管的重点 ………… 249
　　8.1.3　建立完善的证券市场逆周期调节机制 ……………… 250

    8.1.4 证券市场系统性风险具有负外部性、累积性、传导性和
          高度关联性等特征 ··· 252
    8.1.5 构建测度证券市场风险指标体系 ······························ 253
  8.2 政策性建议 ··· 254
    8.2.1 证券监管部门应成立审慎监管机构 ···························· 254
    8.2.2 建立适合证券市场的宏观审慎监管工具体系 ················ 255
    8.2.3 定期发布证券市场风险指数 ····································· 255
    8.2.4 建立股市平准基金 ·· 256

参考文献 ·· 259

附录 ·· 279
  附录1 世界各国股票市场波动案例汇总 ································· 279
  附录2 利润总额与总负债比例 ·· 280
  附录3 总负债与总资产比例 ··· 282
  附录4 证券公司系统重要性指标排名汇总 ······························ 284
  附录5 证券公司竞争力排名（2018年） ································ 285

现代金融体系与宏观审慎监管（代后记） ································ 296

致谢 ·· 303

导　言

党的十九大报告提出，要深化金融体制改革，增强金融服务实体经济能力，提高直接融资比重，促进多层次资本市场健康发展。健全货币政策和宏观审慎政策双支柱调控框架，深化利率和汇率市场化改革。健全金融监管体系，守住不发生系统性金融风险的底线。针对我国经济运行下行压力加大和金融风险不断聚集，金融监管部门正在按照"双支柱调控框架"要求和国际通行的基于《巴塞尔协议Ⅲ》的宏观审慎监管规则，不断完善宏观审慎政策框架，推进金融监管体制改革，健全系统性风险监测识别体系，积极采取多项宏观审慎政策措施。但是现有关于宏观审慎监管的研究绝大多数是以银行业为样本进行分析，缺少对于证券市场的相关研究，因此，证券市场宏观审慎监管无论是在理论上还是在现实中均有许多问题迫切需要研究和探索。

资本市场是现代金融体系的核心。马克思曾经在《资本论》中说过，股份公司是发展现代社会生产力的强大杠杆，使生产规模惊人地扩大了。源于新古典经济增长理论的索洛模型告诉我们，资本对于现代经济增长至关重要。但是人类20世纪后半叶的经济发展经验表明，资本市场可以改变资本要素的配置方式和配置效率，与传统的储蓄—投资相比较，资本市场的资源配置功能不仅实现了资本要素的优化配置，还加快了整个经济体系中的技术进步速度。在现代经济运行中，金融机构和非金融企业通过证券市场发生巨量交易，使包括银行在内的众多机构在证券市场面临大量共同风险敞口。尤其是20世纪以来的历史经验证明，金融危机与证券市场系统性风险密切相关。与银行业不同的是，证券市场具有更多的市场主体，因此证券市场系统性风险具有更大的复杂性、关联性和溢出效应。较强的波动性意味着证券市场不仅会成为危机的策源地，也会成为危机跨部门传导的重要渠道，并可能由于自我加强而成为风险的"放大器"。因此，在经济周期中尤其是经济下行过程中如何防范证券市场系统性金融风险，对于维护我国金融系统稳定和经济平稳健康发展至关重要。本书对世界各国证券市场监管模式和中国证券市场监管历程进行了梳理，基于中国证券市场风险不断积累的现实，分析了系统性风险的发生机理以及不同部门间风险的累积及传导情况。研究发现，中国证券市场系统性风险的潜在威胁之一是经济周期与金融周期的错配，这一错配导致流动性波动较大，对实体经济和金融市场带来流动性冲击。研究还发现，由于证券市场持续低迷，不同行业上市公司的风险在不断地累积。同一行业内国有上市公司风险大于非国有上市公司，总负债占比高的上市公司风险要大于总负债占比低的上市公司，并且风险有从高风险行业向低风险行业传导的趋势。因此，证券市场宏观审慎监管不仅要针对系统性重要机构，也要针对包括上市公司在内的其他市场主体，采用逆周期调控方式防范系统性风险的发生。本书还从理论和实证层面对证券市场系统性风险测度、系统重要性机构评价、宏观审慎政策工具的选择以及调控效果进行了开创性研究，目的是为监管部门和决策部门制定监管政策、选择监管工具提供参考和依据，建立证券市场宏观审慎监管框架。

基于宏观审慎监管原则和《巴塞尔协议Ⅲ》提出的三支柱监管逻辑，本书的主要观点：（1）证券市场必须纳入宏观审慎监管。证券市场具有明显的顺周期性，当经济运行处于繁荣期时极易导致投资者群体非理性。以高杠杆交易和信用交易为代表的创新工具使股票交易量爆炸性增长，加剧资产泡沫和市场波动风险。作为现代金融体系的核心组成部分，证券市场具有牵一发而动全身的作用，只有宏观审慎监管才能有效应对证券市场系统性风险。（2）证券机构是证券市场宏观审慎监管的重点。证券机构业务的复杂性以及与其他市场主体的高度关联性使证券机构引发的系统性风险具有极强的外部性和传染性。因此，证券市场实施宏观审慎监管必须首先确定系统重要性机构，不仅要对系统重要性机构在资本金、流动性等方面进行逆周期调节，还应当将融资融券的数量和价格作为证券市场宏观审慎监管工具。（3）建立证券市场逆周期调节机制。证券市场逆周期调节的含义与银行业的逆周期调节并不相同，不仅要针对经济周期和金融周期进行逆周期调节，还要针对证券市场自身的波动。很多时候，证券市场的剧烈震荡和大幅波动与经济周期和金融周期没有必然联系，因此，证券市场逆周期调节的本质是熨平和防止市场波动导致的系统性风险。证券市场逆周期调节是一个多方合作的结果，不仅需要以监管部门为核心，交易所、证券公司以及其他服务机构等多方进行协调与合作，还需要在国务院金融委统一领导下的"一行两会"的协调与合作。证券市场逆周期调节的依据是系统性风险指数和系统性风险预警值。本书的主要建议：（1）为了有效实施宏观审慎监管，证监监管部门内部应当成立宏观审慎监管机构，并建立适合证券市场的宏观审慎监管工具体系。（2）定期发布证券市场风险指数。逆周期调节是宏观审慎监管的必然要求。考虑到证券市场的特殊性，对证券市场逆周期调节的方式可能不同于宏观经济。采用定期发布证券市场风险指数，对市场和投资人发出市场预警和监管信号，将大大提高逆周期调节工具的使用效果。（3）成立股票市场平准基金。在股票市场非理性暴跌或者泡沫泛滥、市场投机气氛狂热时，股票市场平准基金的逆向操作将加大逆周期调节力度，熨平股票市场的非理性波动，达到稳定证券市场的目的。

本书共分为8章，主要内容和结构安排：第1章是本研究的基础部分，主要介绍宏观审慎监管的起源、宏观审慎监管与系统性金融风险的关系、已有关于宏观审慎监管的研究以及宏观审慎监管框架的国际经验，重点是分析已有研究的不足和国际经验对我国的启示；第2章是案例分析部分，梳理了国内外系统性金融风险和金融危机的典型案例，重点分析了风险发生的原因和特征；第3章是关于证券市场系统性风险的形成机制分析，重点从流动性角度阐述了系统性金融风险产生的机理；第4

章是证券市场系统性风险的传导机制研究,这一章基于不同行业上市公司的财务数据,分析了上市公司作为证券市场主体之一,可能产生的系统性风险以及风险传导机制;第 5 章是对中国证券市场系统重要性机构进行研究。在这一章中,我们不仅研究了系统重要性证券机构评价体系,还首次对中国系统重要性证券机构进行了排名。第 6 章是对中国证券市场系统性风险测度方法进行研究。在这一章中,我们分别从宏观经济、股票市场和证券机构三个维度选取具有较强解释力的客观指标,度量证券市场系统性风险,构建风险预警体系,为证券市场实施宏观审慎监管逆周期调节以及具体调节工具的选择提供依据。第 7 章是对欧美等国的证券市场监管模式演化以及不同监管模式比较进行了梳理和分析,在此基础上提出中国证券市场宏观审慎监管框架的结构、内容与工具。第 8 章是全书的结论部分。在这一章中,我们不仅提出一些具有创新意义的结论,同时也给出了具有现实意义的政策建议。

最后,我还想说说本书的研究方法。本书是在我承担的上海证券交易所联合研究计划——《证券市场宏观审慎监管框架体系研究——基于系统性风险视角》结项报告的基础上修改扩充而成。结项报告大约为 10 万字,作为应用研究项目,原报告主要以理论分析和实证分析为主,辅以案例分析。但在扩充成书过程中,情况发生了一些变化,使本书看上去与正统的研究范式不太一致,研究方法似乎有些不伦不类,我不知道这是否与自己的专业训练有关。可以肯定的是,在实践过程中形成的对学术的理解,使我本能地与"铁锤人综合征"保持距离。另外,这也和我在成书期间阅读的大量文献不无关系。在过去一年里,我阅读了包括查尔斯·P. 金德尔伯格(Charles P. Kindleberger)、查尔斯·古德哈特(Charles Goodhart)、大卫·格雷博(David Graeber)、卡门·莱因哈特(Carmen Reinhart)和肯尼斯·罗格夫(Kenneth Rogoff)等人的金融史和金融危机史方面的书。其中,金德尔伯格的《疯狂、恐惧和崩溃:金融危机史》和格雷博的《债:第一个 5000 年》对我影响很大。这两本书中引用了翔实而珍贵的史学资料和大量研究文献,得出很多既有别于同类著作又令人拍案称奇的观点，全书充满哲理性和思辨性，堪称经典。但是在研究方法上，这两本书无疑与当下我们能看到的大多数学院派著作大相径庭。格雷博是伦敦经济学院人类学教授，因为发起"占领华尔街运动"而成为具有世界级影响的人类学家和史学家，他在书中以宏大的视野和长达5000年的历史背景为我们描摹了债务演变过程，提供了一个理解金融和人类社会发展的全新视角。但由于书中充满道德说教的观点惊世骇俗，在我看来更多地属于宗教和哲学范畴，因此我对引用格雷博的观点持谨慎态度。金德尔伯格曾先后担任过美国经济学会副会长和会长，荣获德国基尔世界经济研究院的哈尔姆斯奖和美国的亚当·斯密奖，他的书不仅让我们更深刻地理解了金融危机，而且他的思想影响已经远远超出了金融学和经济学范畴。但是金德尔伯格在书中却不无讽刺地说，本书在研究方法上遭人贬抑。这让我惊讶，即使权威到像金德尔伯格这样的人也会受到质疑。从科学的角度来说，学术研究中方法论的确十分重要。所以长期以来，经济学界已经非常自信地建立了一套令外界难以理解的学术范式——企图将复杂的经济现象进行精确的物理化。在这样的背景下，凡是与正统研究范式有偏差的研究总是难免争议和指责。华尔街金融危机给人们带来另一个重要启示就是，在研究领域，很多精致的研究工具被过度使用了，那些看上去非常流行并符合研究范式的方法很可能根本就靠不住，至少在金融研究方面是这样。很多违反常识和专业逻辑的高风险产品，通过模型化和数学化包装后出售给那些不具有风险承受能力的消费者就足以说明，有的研究方法不是用来揭示和探索真相，而是用在了与科学研究相反的目的上，其实，这正是经济学研究自闭和自负的必然结果。遗憾的是，华尔街金融危机已经过去10多年，这种现象并没有丝毫改变的迹象。我不知道这是学界不愿意承认事实而保持沉默，还是压根就不承认这种可悲的事实！金德尔伯格、格雷博以及那些严谨的学者们用他们的著述向世人证明，对于学术研究而言，思想性要比方法和工具更重要。学术研究一旦放弃了思想性就必然滑向庸俗化和娱乐化。我承认，本书是在对大量文献进行综合的基础上完成的，尽管这样说可能会带来"缺乏创新"的评价，但如果读者认为我们在研究中已经理解了前人的思想，那么这本书的目的就已经达到了。如果一定要给这本书贴上一个研究方法标签的话，那我只能不无牵强地说是"文献综合法"。

第1章 宏观审慎监管的起源与经验[①]

1.1 宏观审慎监管的起源

发生在21世纪初的美国华尔街次贷危机暴露出金融体系顺经济周期特点和系统性风险巨大影响，使宏观审慎监管（Macroprudential Regulation）成为理论界和实务界共同关注的热点。其实，"审慎监管"并不是一个新的概念。1997年，巴塞尔委员会出台《银行业有效监管核心原则》（*Core Principles for Effective Banking Supervision*），首次将审慎监管原则作为最重要的核心原则提出。而在更早的1979年，Cooke Committee（巴塞尔委员会的前身）已经在国际会议上正式提出宏观审慎的概念："当微观经济问题开始形成宏观经济问题时，微观审慎性问题变成了所谓的宏观审慎性问题"。1986年，欧洲货币常务委员会（Euro–currency Standing Committee，ECSC）在《国际银行业的创新活动》报告中提出"宏观审慎政策"概念，并将"宏观审慎政策"定义为促进广泛的金融体系和支付机制的安全和稳健的一种政策。《国际银行业的创新活动》主要是从金融衍生产品和证券市场两个方面分析了金融创新给整个金融体系带来的风险，以及对金融监

[①] 本章由上海证券交易所联合研究计划《证券市场宏观审慎监管框架体系研究——基于系统性风险视角》（项目编码：RH1900015892）第二部分改写而成。青岛大学经济学院吕学梁副教授对研究计划的该部分有贡献。

管的担忧（BIS，1986）。① 1992年，ECSC在《国际银行关系的最新动态》报告中再次使用"宏观审慎"概念，将宏观审慎概括为改善整个金融体系稳定性的政策，主要关注金融机构和金融市场之间的联系。1997年爆发的亚洲金融危机使"宏观审慎"这一概念开始引起全球金融监管者的广泛关注。1998年1月，国际货币基金组织（IMF）在《建立一个健全的金融框架体系》报告中提出，必须实行持续有效的银行监管，这主要通过非现场监测实现，包括微观审慎监管和宏观审慎监管两个层面。宏观审慎监管分析是通过了解市场信息和宏观经济信息，关注重要资产市场、金融中介机构、宏观经济发展和潜在失衡现象来实现。②

2000年9月，国际清算银行（Bank for International Settlements，BIS）③总裁安德鲁·克罗克特（Andrew Crockett）在一次银行监管国际会议上发表演讲，对宏观审慎方法和微观审慎方法进行了比较分析。克罗克特认为，要维持金融稳定，就必须在宏观层面加强审慎监管。宏观审慎方法具有两个本质特征：一是宏观审慎关注的是整个金融体系的宏观风险，目标是减少金融紧缩时期宏观经济损失；二是宏观审慎关注金融机构的集团行为（有别于微观审慎只关注个体行为）在宏观金融风险引发过程中的作用，金融机构之间风险关联度以及银行体系与宏观经济之间的影响作用也不可忽视。克罗克特这次演讲是国际金融界最早关于宏观审慎概念的系统

---

① 史建平，高宇. 宏观审慎监管理论研究综述［J］. 国际金融评论，2011（8）.
② 张显求. 宏观审慎监管：理论含义及政策选择［M］. 北京：中国金融出版社，2012：2.
③ 1930年1月，为了处理第一次世界大战后德国的赔偿支付及其相关清算业务等，英国、法国、意大利、德国、比利时、日本6个国家的中央银行和以摩根银行为首的三家美国银行（另外还有纽约花旗银行、芝加哥花旗银行）在荷兰海牙签订国际协议，在瑞士巴塞尔成立"国际清算银行"。瑞士政府承诺向国际清算银行颁发特许证，规定国际清算银行具有国际法人资格，免税，瑞士政府不征用、扣押和没收该行财产，准许该行进出口黄金和外汇，享有外交特权和豁免权。经过近百年的发展，国际清算银行已经演变为一家各国中央银行合作的国际金融机构，成为世界上历史最悠久的国际金融组织。目前，国际清算银行成员已发展到60个国家的中央银行或货币当局，因此被称为中央银行的中央银行。国际清算银行下设5个委员会，巴塞尔银行监管委员会是其中最重要的委员。我国于1984年与国际清算银行建立了业务联系。1986年，中国人民银行开始在国际清算银行办理外汇与黄金业务。1996年11月，中国人民银行正式加入国际清算银行，目前我国共持有该行4285股的股本。

阐述，为后来的理论研究和政策制定提供了方法论和依据。

在使用这一概念多年后，2001年BIS首次对"宏观审慎监管"进行了较为严格的定义：宏观审慎监管是对微观审慎监管体系的补充与完善，宏观审慎不仅考察个体金融机构的风险敞口，更从系统性角度出发对金融体系进行风险监测，从而实现金融稳定。Suandararajan（2002）指出，宏观审慎监管是利用金融稳健性指标和增长率、通货膨胀率等其他宏观经济指标，对金融体系波动性的评估和监测。BIS经济学家Borio可能是迄今为止对宏观审慎监管研究最多的学者。Borio（2005）认为，宏观审慎监管可从广义和狭义两个角度定义。广义宏观审慎监管可界定为对系统性风险的监管。狭义宏观审慎监管包括四个方面的内容：金融体系不稳定给实体经济带来的成本、金融系统的内生性风险、金融体系的系统性冲击事件以及金融系统与实体经济的动态作用和影响。周小川（2011）认为，宏观审慎政策框架是一个动态发展的框架，主要目标是维护金融稳定、防范系统性金融风险，其主要特征是建立更强的、体现逆周期性的政策体系，增加对系统重要性金融机构的附加资本要求尤为重要。

近年来，我国面临实体经济"减速换挡"的新常态和金融业过度发展，居高不下的社会总债务水平和宏观杠杆率推动M2/GDP增速不断上升，在一定程度上反映了经济增长和金融发展的失衡。根据中国人民银行公布的《中国金融稳定报告2018》，2017年末，我国宏观杠杆率为248.9%，比2016年高2.4个百分点，增幅比2012—2016年杠杆率年均增幅低10.9个百分点。2017年末企业部门杠杆率为163.6%，比2016年末下降1.4个百分点，是2011年以来首次出现净下降，且国有企业资产负债率明显回落。2017年末住户部门杠杆率为49%，较2016年末上升4.2个百分点，但上升速度边际放缓，截至2018年6月末，居民贷款增速连续14个月回落，从2017年4月的峰值24.7%降至18.8%。政府部门杠杆率持续回落，2017年末为36.3%，比2016年末降低0.4个百分点，连续三年回落。

我国经济在房地产市场、地方政府债务、银行业资产质量、影子银行体系、互联网金融、资本市场等诸多领域蕴含着风险。根据《中国金融稳定报告2018》，2017年，136家上市房企平均资产负债率高达79.1%，比2016年上升1.9个百分点，其中有26家资产负债率超过85%，部分房企购地资金杠杆率达到7~8倍，2017年末房地产贷款余额占各项贷款余额的26.8%，一旦房地产市场出现剧烈波动，银行业将直接面临信用风险。根据恒大研究院的研究，截至2017年底，全国地方政府债务余额为16.47万亿元，在31个省市自治区中，贵州、内蒙古、辽宁、云南、青海和陕西的债务率（债务/综合财力）超过了100%的警戒线，其中贵州超过了150%的国际警戒区间上限。截至2017年末，银行业金融机构不良贷款余额为2.39万亿元，同比增加1957亿元，不良贷款率为1.85%，同比下降0.06个百分点，其中，商业银行不良贷款余额1.71万亿元，同比增加1934亿元，已连续25个季度上升，不良贷款率为1.74%，连续5个季度保持基本平稳；截至2017年末，银行业金融机构表外业务余额为302.11万亿元（含托管资产表外部分），同比增长19.17%。表外业务余额相当于表内总资产规模的119.69%，比上年末提高10.54个百分点，其中，担保类18.34万亿元、承诺类21.98万亿元、金融资产服务类186.09万亿元，商业银行表外业务管理仍然较为薄弱，表内外风险可能出现交叉传染。

党的十九大提出，"深化金融体制改革，增强金融服务实体经济能力，提高直接融资比重，促进多层次资本市场健康发展。健全货币政策和宏观审慎政策双支柱调控框架，深化利率和汇率市场化改革。健全金融监管体系，守住不发生系统性金融风险的底线"。针对风险的集聚和积累，我国不断完善宏观审慎政策框架，稳步推进金融监管体制改革，不断健全风险监测识别框架，积极采取多项宏观审慎政策措施：成立国务院金融稳定发展委员会（以下简称国务院金融委），将中国银监会和中国保监会合并组建中国银保监会，统筹监管银行业、保险业金融机构；强化中国人民银行宏观审慎管理职能；通过现场检查、压力测试、重点问题专项研究、形势研判等方式，加强了对系统性风险的监测和评估；建立了宏观审慎评估体系（MPA）和中央银行金融机构评级体系；2018年4月，"一行两会"联合发布了《关于规范金融机构资产管理业务的指导意见》，统一资产管理业务监管标准；同月，"一行两会"又发布了《关于加强非金融企业投资金融机构监管的指导意见》，加强非金融企业投资金融机构监管；2018年11月，中国人民银行会同其他监管部门出台了《关于完善系统重要性金融机构监管的指导意见》，首次对国内系统重要性金融机构（D-SIFIs）评估、监管和处置框架等作出规定。

但是，如果回顾和对比国际经验，我国现有金融监管模式仍然是基于金融机构的微观审慎监管。更重要的是，现有金融监管对象更多的是针对银行类金融机构，缺少从整个金融体系和资本市场角度出发，立足防范系统性风险的宏观审慎监管框架体系的构建，不能有效地解决微观个体在集体性恐慌时带来的合成谬误（Fallacy of Composition）问题。

现代金融体系下，各类金融机构通过证券市场完成了诸多交易，面临共同的风险敞口，而证券市场尤其是股票市场的波动较为剧烈，意味着证券市场即使不会成为系统性风险产生的源头，也会成为跨部门传染的重要渠道，并可能成为风险的"放大器"，证券市场已成为现阶段影响金融系统稳定性最重要的因素之一。我国目前的证券市场监管模式属于"集中监管+机构监管"模式。随着分业经营模式下的金融行业和金融产品边界越来越模糊，各种金融机构借助金融创新的套利行为也愈演愈烈，原有的监管模式难以克服"合成谬误"、监管空白、监管套利和监管竞争等问题，已经不能适应实体经济发展和现代金融体系的要求。

1.2 国内外研究及文献综述

国外对系统性金融风险的研究始于国际清算银行（BIS）的经济学家，迄今为止，他们的研究成果也是最具权威性和最有影响力的。可能是受国外学者的影响，国内现有关于系统性金融风险的研究主要集中在银行业领域，这事实上是在强调间接融资的作用，忽视以证券市场为代表的直接融资作用。在证券市场，尤其是在中国证券市场，证券公司等机构往往也具有高杠杆、期限错配等银行类金融机构内在脆弱性特征,其对于系统性金融风险的作用,可能主要体现为两点:一是由于跨机构,甚至跨部门和跨市场产生的流动性危机等风险事件造成市场剧烈的波动和崩溃;二是金融机构在证券市场上持有大量同类产品或资产,市场波动和崩溃导致众多机构面临共同风险。此外,针对证券市场系统性风险,应该构建一个包括衍生品在内的、注重投资者保护的微观审慎与宏观审慎相结合的监管体系。

如前所述,由于现有关于宏观审慎监管的研究是以银行业为样本进行分析的,缺少对于证券市场的进一步研究,因此,对应于包括证券市场在内的金融整体的宏观审慎监管体制始终没能建立。在现代金融体系下,金融机构和非金融企业通过证券市场完成了诸多交易,这使得包括银行在内的众多机构在证券市场面临着大量共同的风险敞口,证券市场尤其是股票市场本身具有较强的波动性,意味着证券市场即使不会成为危机的源头,也会成为危机跨部门传染的重要渠道,并可能成为风险的"放大器"。

从美国、英国、德国和日本等国实施宏观审慎监管的经营来看,应该将宏观审慎监管与微观审慎监管有机结合起来,既能有效防范微观的非系统性金融风险,又能有效预防宏观的系统性金融风险。此外,应当充分发挥财政部门在宏观审慎金融监管中的作用,日本等发达经济体的实践表明,财政部门在宏观审慎金融监管框架中发挥着基础性作用,应当充分考虑财政部门作为系统性风险最终承担者的角色,结合各自国情确立财政部门在宏观审慎金融监管中的基础作用。

1.2.1　系统性金融风险基本内涵的研究

毋庸置疑,宏观审慎监管的首要任务是防范系统性金融风险。国际货币基金组织(IMF)经济学家 Laeven(2014)认为,普遍存在对"系统性风险"和"宏观审慎监管"含义的混淆。一般认为,系统性金融风险是从金融系统整体出发,涉及危机的传染性、危机影响的大小和对实体经济的影响三个方面。国际清算银行(BIS,1994)最早定义了系统性风险,是指整个金融系统由于自身的不稳定与脆弱性而出现失效或崩溃的可能性。

Kaufman（1996）将系统性金融风险定义为：由突发事件引起一连串机构或市场遭受多米诺骨牌式的重大累计损失的或然性。国际货币基金组织（IMF，2009）则将系统性风险定义为可能导致金融体系部分或全部受到损害进而致使大范围金融服务紊乱的风险。Zigrand（2014）认为，系统性风险是由于金融不稳定广泛地损害金融系统的融资功能，以致经济增长和社会福利遭受重创的风险。系统性金融风险具有一系列金融机构出现大额损失甚至倒闭，金融市场价格大幅波动甚至崩溃等特征（Schwarcz，2008），可能使金融系统的服务功能紊乱或中断，并对实体经济和社会福利产生严重危害（FSB、IMF、BIS，2011）。

系统性金融风险的产生和演化一般来自风险传染和共同风险敞口暴露两个途径。一是传染途径，由于银行等金融机构固有的高杠杆和期限错配等内在脆弱性，外部冲击容易导致单个金融机构出现破产危机，进而通过关联的资产负债表和不完全信息影响其他金融机构，导致部分机构破产甚至市场的崩溃（Brunnermeier等，2009；Borio，2009；方芳和林海涛，2017；杨子晖和李东承，2018）；二是共同风险暴露途径，金融体系具有顺周期性，在创新活动和市场交易中，金融机构在经济繁荣期往往具有相同的风险敞口，但一旦进入衰退甚至萧条期，则机构集体面临共同风险（Minsky，2008；方芳和林海涛，2017）。

1.2.2 金融风险传染机制的研究

宏观审慎监管致力于应对系统性金融风险，而系统性金融风险的产生和发展往往伴随着风险在行业内和行业外的传染。关于金融风险的传染研究较多，基于研究的对象可以分为银行间风险传染、金融市场间风险传染和跨国风险传染等。

银行间风险传染起源于银行间挤兑传染的研究。一般认为，首先是随机的提前取款，容易导致储户的非理性行为，产生挤兑；其次是由于交叉关联的资产负债表和信息不对称导致的逆向选择，通过实际的风险暴露传染渠道和信息传染渠道，个体银行的破产传染到其他银行机构甚至整个金融体系

(Diamond 和 Dybvig, 1983; Diamond 和 Rajan, 2001)。在这种风险传染中，流动性危机会起到重要的作用。例如，银行同业拆借市场是银行获得流动性支持的重要场所，但也造成了银行资产负债表的交叉，当危机来临时，为获得足够的流动性，银行纷纷卖出资产，就会使整个市场资产价格快速下降，导致风险的扩散（Rochet 和 Tirole, 1996; Allen 和 Gale, 1998）。

金融市场间风险传染主要来自三个方面：信息不对称、多重均衡和风险的实际暴露。较高的信息不对称、关联性强的实体经济部门都会增强资产价格的风险溢出效应，金融市场上的多重均衡会加剧异质性风险的传播和扩散（Kodres 和 Pritsker, 2002）。共同的风险暴露既是产生系统性风险的重要原因，也是风险传染的重要渠道，这种风险既可能来自经济周期等宏观层面，也可能来自微观层面（Allen 和 Gale, 2000; 刘超等, 2018）。

跨国风险传染主要有四个渠道，又分为两类，一类与宏观因素有关，另一类则与投资者的非理性行为有关：一是贸易渠道，危机爆发影响实体经济，导致需求下降，影响进口，使贸易伙伴经济基本面恶化，造成货币贬值（Forbes, 2004; Claessens 等, 2012; 李红权等, 2017）；二是金融渠道，危机中的银行信贷规模收缩对国外的融资、提高融资成本，甚至造成国家主权债务的偿债压力（Allen 等, 2009; Forbes 和 Warnock, 2012; 李红权等, 2017）；三是流动性与投资组合渠道，出于补充流动性需要，陷入危机的国际投资组合管理机构会出售那些其他市场上流动性好的资产，而机构投资者的交易行为可能带来"羊群效应"，造成金融风险的传染（Kaminsky 等, 2000; Manconi 等, 2012）；四是唤醒效应（Wake‐Up Call），其他国家的危机可能导致本国投资者对本国经济基本面、金融体系的重新评估，带来系统性的资产价格下降和较强的市场波动（Giordano 等, 2013）。

1.2.3 系统性风险测度的研究

要加强对系统性风险的宏观审慎监管，首先要能够较准确地对其测度。系统性风险的测度依据不同的标准有多种分类方法。

依据是否直接测度系统性风险分为直接法和间接法。所谓直接法是指根据网络模型采用金融机构风险敞口或者支付计算数据直接测量系统性风险,这种方法的优点是采用的网络模型具有较好的理论基础,但网络模型本身也有前提假设不符合实际、损失率外生化、传染渠道单一、较少考虑宏观冲击、对数据要求高等缺点(Upper,2007;Nier 等,2007;刘春航和朱元倩,2011)。而间接法是指利用金融市场数据分析机构之间的关联性,而不考虑风险传染的机制,相比直接法具有更强的适用性。IMF(2009)给出了共同风险模型、困境依赖矩阵、违约强度模型三种风险测度方法。

依据风险管理方法的基础不同可以分为结构化方法和简式方法:结构化方法利用资本结构,采用 Merton 期权定价方法作为基础,测算金融机构的违约风险,因期权公式有诸多严格假设,如收益率符合正态分布,其在一定程度上脱离实际(Gray 等,2008;范小云等,2013);简式方法关注收益率的尾部分布,常采用尾部贝塔、CoVaR、系统性风险贝塔、系统性期望损失和边际期望损失等方法测量系统性风险(Hartman 等,2005;Hautsch,2011;Acharya 等,2017)。

依据系统性风险产生的维度分为时间维度法和横截面维度法:时间维度法主要关注金融体系的顺周期特征,一种方法是基于机构间的相关性,但缺乏对非线性关系的分析;另一种方法则考察非线性尾部风险,建立对系统稳定性的评估(Lehar,2005;Segoviano 和 Goodhart,2009)。横截面维度关注风险在机构之间的分配,尤其是对系统重要性金融机构的识别,可以分为分配法和指标法,分配法又可以分为"自下而上"(Bottom–Up)和"自上而下"(Top–Down)两种方法;"自下而上"往往基于单个金融机构的破产计算金融系统整体的期望损失,从而评估系统性重要金融机构;"自上而下"则首先计算整体金融系统的系统性风险,其次将其分配给系统内的每个金融机构,指标法则采用多种方式构建指标乃至指标体系测算金融机构的系统重要性(Elsinger,2006;Drehmann 和 Tarashev,2011;Yang 等,2013;陶玲和朱迎,2016;朱晓谦等,2018)。

1.2.4 国际金融危机后系统性金融风险监管的研究

2008年国际金融危机后，一些学者认为放松管制是导致系统性风险发生的重要原因之一。诺贝尔奖得主罗伯特·席勒（Robert Shiller）说，放松管制是20世纪80年代发生储蓄与贷款危机的根源，也是导致次贷危机的重要因素。监管当局未对股市和住房贷款市场施加任何控制，并对银行实施顺周期资本监管，加剧经济下滑。① 因此，各国金融监管部门针对危机暴露出的问题和风险，做出了相应改革，目的在于增强针对防范系统性金融风险的监管。

第一，有针对性地制定相关法律政策及改革监管机构，加强系统重要性金融机构监管。全先银和闫小娜（2009）、巴曙松和吴博（2010）以及李扬和胡滨（2010）对美国金融危机后的监管进行了梳理。美国相继通过了《恢复美国金融稳定法案》（Emergency Economic Stabilization Act of 2008）、《华尔街改革与消费者保护法案》（即《多德—弗兰克法案》，Dodd-Frank Wall Street Reform and Consumer Protection Act）等法案，首要目的就是改革和加强金融监管。其中，对美国乃至全球金融市场最有影响的监管立法就是《多德—弗兰克法案》，该法案被认为开启了自大萧条以来最为广泛的一次监管改革。《多德—弗兰克法案》涉及金融监管很多方面的重大改革，如成立了金融稳定监管委员会（Financial Stability Oversight Council, FSOC），既负责对美国系统性金融风险进行评估和监管，也负责对金融市场、金融机构和金融产品进行监管。同时，还撤销了储蓄机构监管办公室（Office of Thrift Supervision, OTS），成立金融服务监督委员会（Financial Service Supervision）、联邦保险监管办公室（Federal Insurance Office）和金融消费者保护局（Consumer Financial Protection Bureau）。廖凡（2012）对英国金融危机后的监管进行了梳理。② 2009年2月，英国议会

---

① ［美］兰德尔·克罗茨纳，罗伯特·席勒. 美国金融市场改革：《多德—弗兰克法案》颁布前后的反思［M］. 大连：东北财经大学出版社，2013：25.
② 廖凡. 英国金融监管体制改革的最新发展及其启示［J］. 金融监管研究，2012（2）.

通过了《2009年银行法案》（Banking Act 2009）；7月，财政大臣达林（Alastair Darling）公布了《改革金融市场》（Reforming Financial Markets）白皮书。金融危机爆发后，英国金融监管改革的主要内容都体现在这两份文件中。《改革金融市场》主要内容包括改革监管机构、培育竞争市场、控制系统风险、增强消费者保护以及加强国际和欧洲层面监管合作。白皮书将金融危机主要归因于银行不负责任的经营活动而非监管体制的失败，因此这次改革还是在英格兰银行、财政部和金融服务局的三方监管体制下进行，重点放在建立正式合作机制和扩大金融服务局（Financial Services Authority, FSA）职权上。2010年4月，英国议会通过了《2010年金融服务法》，对《2000年金融服务和市场法》（Financial Services and Markets Act 2000, FSMA）进行了修改和补充，将白皮书中的内容以立法形式确立下来。2010年5月，英国新一届政府上台后认为，英格兰银行、财政部和金融服务局的三方监管体制缺陷是导致英国没有对金融危机做出及时应对和足够反应的重要原因，必须对金融监管进行重大改革。随后，新一届政府发布了《金融监管新方法：判断、焦点与稳定》（A New Approach to Financial Regulation: Judgement, Focus and Stability of UK），启动金融监管改革并准备对英国金融监管体制进行"大手术"。① 2011年6月，英国财政部发布《金融监管新方法：改革蓝图》（A new approach to financial regulation: the blueprint for reform），作为提交议会的监管方案。该方案最终于2012年2月得到国会批准。这次改革使原有三方监管体制终结，取而代之的是英国式双峰监管模式（Twin Peaks Model）。② 具体来说，英格兰银行下新设金融政策委员会（Financial Policy Committee, FPC）作为宏观审慎监管机构，负责监控和应对系统风险；新设审慎监管局（Prudential Regulation Authority, PRA）作为英格兰银行的子公司，负责对各类金融机构进行审慎监

---

① 英国财政部. 刘志宇译. 金融监管的新方法：判断、焦点及稳定性 [M]. 金融服务法评论, 北京：法律出版社, 2012: 443-502.

② 之所以称这种监管模式为"英国式双峰监管"是因为在PRA和FCA"双峰"之上，还有英格兰银行作为总体监管者，从而形成具有英国特色的双峰监管模式。

管；新设金融行为监管局（Financial Conduct Authority，FCA）负责监管各类金融机构的业务行为，促进金融市场竞争，并保护消费者。换言之，FSA 的审慎监管职能和行为监管职能将分别由新设立的 PRA 和 FCA 承继，而后两者在与宏观审慎监管有关的方面都将接受金融政策委员会的指导。

2009 年 6 月，欧盟理事会通过了《欧盟金融监管体系改革》（*Reform of EUs Supervisory Framework for Financial Services*），并成立欧盟系统风险委员会（European Systemic Risk Council，ESRC）和欧盟金融监管系统（European System of Financial Supervisors，ESFS），分别负责欧盟的宏观审慎监管和微观审慎监管，形成一个多层次的、宏观审慎与微观审慎相结合的监管体系（王凡平，2015）。此后，欧洲议会又先后通过《泛欧金融监管法案》（*Pan - European Financial Regulatory Reform Bill*）、《欧洲市场基础设施监管规则》（*European Market Infrastructure Regulation*，EMIR）、《资本要求法规》（*Capital Requirements Regulation*，CRR）、《欧洲银行复苏与清算指令》（*Bank Recovery and Resolution Directive*，BRRD）和《欧盟金融工具市场法规Ⅱ》（*Markets in Financial Instruments Directive* Ⅱ，MIFID Ⅱ）。在对系统重要性金融机构有了更深的认识后，英国金融稳定监管委员会的一个重要职责就是负责进行系统重要性金融机构的评估；英格兰银行则新设置了金融政策委员会（Financial Policy Committee，FPC），专门负责对系统性金融风险的宏观审慎监督，其中对于系统重要性机构的监督则是其主要责任之一。欧盟也赋予了欧洲中央银行对系统性重要银行的监管权力。

第二，扩大金融监管范围，加强对金融衍生品的监管。英、美等国政府都加强并扩大了对相关金融机构的监管，包括影子银行体系、金融衍生品交易市场以及信用评估机构等，要求这些相关机构进行更完整的信息披露和持续的信息报告，以供监督者进行风险评估和管理。英国《金融监管新方法：改革蓝图》规定，审慎监管局（PRA）负责对吸收存款机构（包括商业银行、信用社和住房贷款协会等机构）、保险公司和大型复杂金融机构（证券公司）进行审慎监管；金融行为监管局（FCA）负责对上述机构的行为监管；FCA 负责对一般性投资公司、证券交易所和其他金融机构

（保险基金公司和基金管理公司等）的审慎和行为监管。这意味着，对于那些具有系统重要性的机构而言，要接受 FCA 和 PRA 的双重监管（Dual Regulation）。欧盟在意识到其金融监管存在重大缺陷后，一方面进行了欧盟体系内的监管机构的整合与统一；另一方面对衍生品市场进行了专门的立法改革，规范和完善衍生品交易市场，包括强化中央集中清算机构的作用、建立和适用交易信息库等措施（王乐兵和周杰，2014）。

第三，加强对金融消费者与投资者的保护。美国对金融消费者保护立法可以追溯到 20 世纪 60 年代。为保护本国金融消费者的权益，美国政府相继出台了一系列相关的立法，包括《社区再投资法》《据实披露存款资料法》《诚实信贷法》和《消费者信用保护法》等，但是，这些立法主要是从储蓄、借贷、结账，到信用记录、隐私权保护、社区再投资等领域。与以往的立法相比，《多德—弗兰克法案》最大的成就之一就是创建了金融消费者保护局（Consumer Financial Protection Bureau，CFPB）。CFPB 的成立已经成为美国金融监管体制改革的重要标志。与此同时，英国也设立了金融消费者保护局（CFPB）。此外，美国和英国还设立了金融行为监管局（Financial Conduct Authority，FCA），实现对金融消费者更全面的保护。改革内容主要包括：要求金融机构对其提供的金融产品进行更多的信息披露，以便消费者更加全面地了解，解决信息不对称问题；对金融机构的产品设计进行监督，以避免出现欺诈和误导；对金融机构实施薪酬的风险约束，确保机构的薪资设置不会引发过度的风险投资行为；更好地维护消费者诉讼、追讨损失的权利等（张陆洋和齐想，2018）。来自金融监管一线的国内学者孙天琦（2015）认为，美国对金融消费者保护立法对我国监管部门建立行为监管体系，平衡好市场行为和政府行为的关系，"使市场在资源配置中起决定性作用和更好发挥政府作用"，平衡好保护金融消费者、支持金融创新、促进金融竞争的关系，以及平衡好微观审慎监管和行为监管的关系都有一定的启发意义；对金融机构建立行为风险管理体系，平衡好机构自身利益和消费者利益也有一定的启发意义。①

综上所述，现有关于系统性金融风险的研究更多地强调以银行为代表的间接金融的作用，忽视对于以证券市场为代表的直接金融的作用。在证券市场，尤其是中国证券市场，证券公司等机构往往不具有高杠杆、期限错配等银行类金融机构内在脆弱性特征，对于系统性金融风险的作用，可能主要体现为两点：一是由于跨机构，甚至跨部门和跨市场产生的流动性危机等风险事件造成市场剧烈的波动和崩溃；二是金融机构在证券市场上持有大量同类产品或资产，市场波动和崩溃导致众多机构面临共同风险。此外，针对证券市场系统性风险，应该构建一个包括衍生品在内的、注重投资者保护的微观审慎与宏观审慎相结合的监管体系。

1.2.5　宏观审慎监管的研究

在早期定义宏观审慎监管的同时，许多学者也阐述了宏观审慎监管的主要内涵。Borio（2003）认为，宏观审慎管理主要监控特定时点系统性风险在金融体系如何分布以及风险如何随时间变化而变化。Hoening（2004）指出，宏观审慎监管需要关注如何有效地对会引发系统性风险的金融机构进行风险管理，如何管理机构的风险敞口，避免政策加剧周期波动。Knight（2006）指出，宏观审慎管理需要关注两个问题：一个是金融系统本身，另一个是金融机构集体行为对系统性风险的影响。Bernanke（2009）指出，宏观审慎监管机构的职能应该包括四个方面：一是从跨市场和机构的角度监控金融风险，二是对金融体系脆弱性进行有效的评估，三是关注机构间和机构对外部市场的影响，四是关注监管漏洞。

宏观审慎监管与微观审慎监管在监管目标、最终目的、风险特征、机构间的相关性、政策工具等诸多方面存在明显的不同。关于监管目标，前者防范系统性风险，后者防范机构个体风险；关于最终目的，前者防范宏观冲击，后者保护金融消费者个体利益；关于风险特征，前者由于机构的

---

① 孙天琦. 对设立美国金融消费者保护局的争议［N］. 金融时报，2015 – 06 – 29.

集体行为和相互影响具有内生性，后者由于个体行为具有外生性；关于机构间的相关性，前者相关，后者不相关；关于政策工具，前者是自上而下的，后者是自下而上的（Borio，2003）。

已有的大多数研究形成的共识是，宏观审慎监管的目标应该是防范系统性风险，尤其要关注金融体系的顺周期特性和机构与市场的相关性，降低其对实体经济的冲击。英格兰银行（2009）认为，宏观审慎监管的目标是保证金融中介服务（支付结算服务、信用中介和保险）的稳定供给，避免经济周期对信贷和流动性供给的影响。而 Landau（2009）则认为宏观审慎监管的主要任务是避免泡沫的产生。Caruana（2010）将宏观审慎监管的目标表述为"通过控制金融机构之间的相关性和顺周期性来降低系统性风险"。Hanson 等（2010）从微观审慎监管的目标出发，将宏观审慎监管的目标视为降低金融资产恶化带来的社会成本。中国人民银行（2010）认为，宏观审慎管理的根本目标是防范系统性风险。

基于宏观审慎监管的目标，可选择的监管工具主要分为两个维度：一是纵向的时间维度，抑制金融体系过度的顺周期特征，进行逆周期调节；二是横向的跨部门维度，降低机构间的关联性和共同风险敞口，加强对系统性重要机构的监管，提高危机应对的能力，降低市场相关性（陈雨露和马勇，2012）。关于宏观审慎监管工具选择的一个重要成果是《巴塞尔协议Ⅲ》，采用了杠杆率、流动性覆盖率、净稳定融资比例、大额风险暴露限额等新的监管工具，实现了宏观审慎监管和微观审慎监管的有机结合（王胜邦，2018）。

此外，宏观审慎监管体制的建立也需要其他相关制度的配合。需要考虑和货币政策的配合，考虑决策与实施的程序设计是按照规则还是相机抉择，考虑监管体制的安排是一头还是多头，以及国内与国际的协调（陈雨露和马勇，2012）。

现有关于宏观审慎监管的研究主要是着眼于金融体系的整体性或者以银行业为样本进行分析，缺少对于证券市场的针对性研究。金融分业监管的结果是，证券市场监管逐步显现出针对机构监管的微观审慎特征。最终，针对证券市场的宏观审慎监管体制始终没有建立起来。在现代金融体系下，金融系统通过证券市场完成了诸多交易，使包括银行在内的众多机构在证券市场面临大量共同的风险敞口，证券市场尤其是股票市场本身具有较强的波动性，意味着证券市场即使不会成为系统性风险产生的源头，也会成为其跨部门传染的重要渠道，并可能成为风险的"放大器"，证券市场已成为现阶段影响金融系统稳定性最重要的因素之一。

1.3 宏观审慎监管的国际经验

1.3.1 美国宏观审慎监管框架

次贷危机不仅重创了华尔街的金融机构，也重创了美国的金融体系。美国政府为了减缓经济危机和居高不下的失业率，对濒临破产的金融机构采取了一系列救助的行为，从而引起了民众的普遍不满，社会各界强烈呼吁金融改革。基于对次贷危机的反思，新上台的奥巴马政府于 2009 年 6 月正式提出金融监管改革方案。美国国会众议院和参议院分别于 2009 年 12 月和 2010 年 5 月通过了各自的金融监管改革法案版本。2010 年 6 月 30 日，众议院通过了两院统一的版本。7 月 15 日，参议院通过了最终版本金融监管改革法案，为该法案最终成为法律清除了最后障碍。7 月 21 日，奥巴马总统正式签署《多德—弗兰克法案》（《华尔街改革与消费者保护法案》，*Dodd – Frank Wall Street Reform and Consumer Protection Act*）。奥巴马在法案签署仪式上说，这项改革代表着历史上最有力的消费者金融保护。有关方案将由一个新的消费者保护机构执行，该机构只有一项任务，即在金融系统中保护人民，而不是大银行，不是贷款人，也不是投资机构。《多德—弗兰克法案》的立法宗旨主要体现在以下两方面：一是防止超级金融机构"大而不倒"的局面，建立新的监管框架有效防范系统性金融风险；二是保护金融市场中的弱势群体，保证充分的信息披露，保护消费者免受金融欺诈。法案的核心内容包括三个方面：一是扩大监管机构权力，破解金融机构"大而不倒"的困局,允许分拆陷入困境的所谓"大而不倒"的金融机构和禁止使用纳税人资金救市;可限制金融高管的薪酬。二是设立新的消费者金融保护局,赋予其超越监管机构的权力,全面保护消费者合法权益。三是采纳所谓的"沃尔克法则"(Volcker Rule),即限制大金融机构的投机性交易,尤其是加强对金融衍生品的监管,以防范金融风险。

《多德—弗兰克法案》的正式生效意味着美国金融监管理念的重大转变和宏观审慎监管框架初步形成。《多德—弗兰克法案》规定,成立美国金融稳定监管委员会(Financial Stability Oversight Council,FSOC)负责监测系统性金融风险。FSOC是宏观审慎监管的主体,由15个金融监管相关部门和机构组成,其中10个部门有投票权,5个部门没有投票权。FSOC为识别和应对影响金融体系稳定的风险,有权要求任何金融机构提交报告用于评估对金融体系稳定性构成的威胁;有权向美联储提出建议,以便对金融机构在资本充足率、杠杆率、流动性、风险管理等方面实施更加严格的监管要求;有权就加强美国金融市场完整和效率、竞争力和稳定性向国会提出建议;定期向国会报告金融体系形势。在监督委员会2/3通过并且在财长、美联储和联邦存款保险公司主席同意的前提下,可以禁止向金融机构提供联邦财政资助。在2/3多数投票通过后,有权将其认为对美国金融市场构成威胁的非银行金融机构纳入美联储监管范围,可批准美联储对大型金融机构强制分拆重组或资产剥离。

《多德—弗兰克法案》还规定由联邦存款保险公司(Federal Deposit Insurance Corporation,FDIC)建立有序清算机制,对银行控股公司以及受美联储监管的非银行金融机构实施有序破产清算,防止经营失败公司破产给整个金融系统造成风险并使道德风险最小化,确保该金融公司的无担保债权人和股东优先承担损失;负有管理责任的管理人员不得留任;造成公司困境负有责任的当事人应承担相应损失。《多德—弗兰克法案》还赋予了金融消费者保护局(CFPB)独立监管权,局长由总统直接任命,这意味着,CFPB可以独立制定监管条例并监督实施。CFPB负责对提供信用卡、抵押贷款和其他贷款等金融产品及服务的金融机构实施监管,对金融产品的风险进行测试和防范,以保证消费者在适用住房按揭、信用卡和其他金融产品时得到清晰、准确和完整的信息。

这里尤其值得强调的是"沃尔克法则"。以美联储前主席保罗·沃尔克(Paul Volcker)① 名字命名的"沃尔克法则"是《多德—弗兰克法案》的重要内容之一。沃尔克法则主要内容也是三点:一是限制商业银行的规模。规定单一金融机构在储蓄存款市场上所占份额不得超过10%,此规定还将拓展到非存款资金等其他领域,来限制金融机构的增长和合并。实际上美国在1994年即通过法案,要求银行业并购时不得超过存款市场份额的10%,本次提案将限制扩大到市场短期融资等其他非储蓄资金领域,限制了银行过度举债进行投资的能力。二是限制银行利用自身资本进行自营交易(Proprietary Trading)。此交易是金融机构用自身资本在市场买卖,而不是作为中介机构代表客户执行交易,这在金融危机时造成了严重的市场风险。三是禁止银行拥有或资助对私募基金和对冲基金的投资,让银行在传统借贷业务与高杠杆、对冲、私募等高风险投资活动之间划出明确界线。不允许商业银行拥有、投资或发起对冲基金,也不能拥有私募股权投资基金,不能从事与自己利润有关而与服务客户无关的自营交易业务。要求银行从事自营业务投资以及持有私募和对冲基金权益总额不得超过银行一级资本的3%。受美联储监管的非银金融机构如参与此类活动,需要满足资本金要求和数额限制。2018年5月生效的《经济增长、放松管制和消费者保护法案》(*Economic Growth, Regulatory Relief, and Consumer Protection Act*)放宽了"沃尔克法则",规定资产规模不到100亿美元,且用于交易的资产和负债小于总资产5%的银行,被豁免于"沃尔克法则",可以进行自营

---

① 保罗·沃尔克是20世纪全球最具影响力的经济思想家和金融泰斗之一。他曾在里根和卡特总统时期出任美联储主席,因终结美国20世纪70年代到80年代的高通胀而创造的"沃尔克奇迹",对稳定美国经济起到关键性作用。沃尔克一生坚定捍卫联邦储备体系的独立性,他不仅认为联邦储备体系不应受政治因素的左右,还认为地区银行相对于整个体系的独立作用也应受到尊重。2009年,国际金融危机爆发后,应奥巴马总统之邀,83岁高龄的沃尔克再度出山,担任美国总统经济复苏顾问委员会主席,帮助奥巴马政府制定经济复苏政策,其间,推动出台了《多德—弗兰克法案》。

交易（见图1-1）。

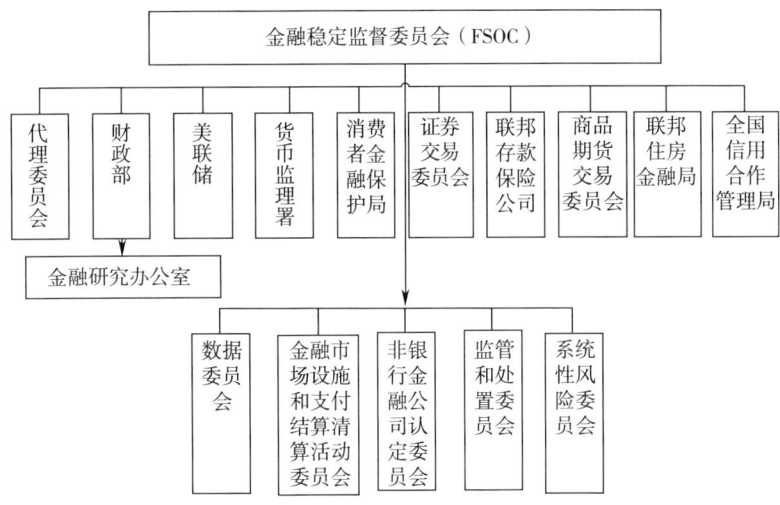

图1-1 美国金融稳定监督委员会的组织架构

（资料来源：青岛大学资本市场研究院）

1.3.2 德国宏观审慎监管框架

德国金融稳定委员会是宏观审慎监管的主体。2012年底，德国通过《金融稳定法案》，以法律确立宏观审慎监管框架，建立金融委员会作为制度实体，财政部、联邦金融监管局和中央银行作为平行成员，各派出3名有投票权的代表；联邦金融市场稳定局作为列席单位，派出1名观察员，只有建议权。委员会实行简单多数表决原则，只在发出警告和建议以及提交众议院年度报告上实行一票否决制。委员会职责包括监控影响金融稳定的因素、协调成员单位监管合作、拟定落实欧洲系统性风险委员会（ESRB）警告和建议的方案、向众议院提交系统性风险年度报告。

金融稳定的最高决策权在国会，金融稳定委员会在必要时提请国会决策。中央银行成为金融稳定委员会成员，主要基于其对金融机构操作和金融基础设施运行的信息优势，以及在货币金融领域的分析特长。中央银行在委员会的核心任务是追踪分析威胁金融稳定的风险因素，此外，还负责起草向众议院提交的年度报告、建议委员会发出警告和建议并评估相关回应措施。与委员会其他成员单位不同，中央银行行使上述职能完全独立，其他成员不得对中央银行的表决意见施加影响，中央银行也不能干预其他成员的意见，其他成员之间可就表决意见进行协商。

德国金融稳定委员会有三大政策工具。根据强制性效力的差异，金融稳定委员会的政策工具体系分为三个层次：一是非强制性工具，即信息交流。金融稳定委员会通过发布分析评估报告、公开向众议院提交年度报告等，影响市场预期，防止非理性行为的骚动。二是半强制性工具，即风险警告和建议。委员会向相关财经部门和机构发出警告和建议，相关方必须提交落实方案或解释理由。三是强制性直接干预工具。通过设定资本指标、可持续性指标、流动性和融资比率指标、针对系统重要性银行的额外资本要求四类强制性指标要求，干预机构资产负债表规模和结构以及市场结构。所有强制性工具都经过立法授权，使用受到国会监督（见图1-2）。

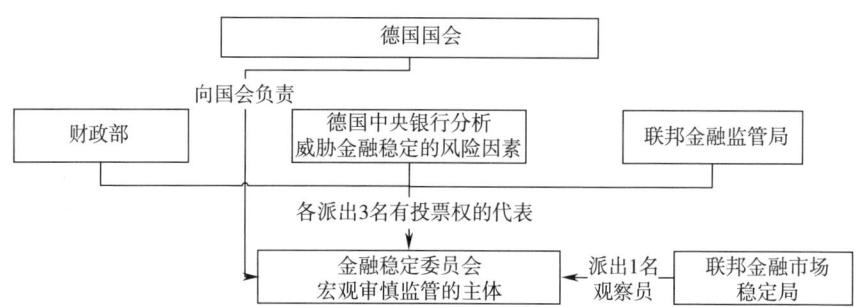

图1-2 德国的宏观审慎监管框架

（资料来源：青岛大学资本市场研究院）

1.3.3 英国宏观审慎监管框架

历史上，英国采用的是有别于其他国家的金融监管模式。这无疑是与以亚当·斯密为代表的古典政治经济学的自由主义思想有关，从白芝浩（Walter Baheghot）的《伦巴第街：货币市场记述》（Lombard Street：A Description of the Money Market）一书中我们可以深切感受到这一点。早期的英国采用的是自律监管的模式。关于自律监管,我们将在第 7 章中做详细阐述。20 世纪 80 年代,英国发生了"金融大爆炸"(Big Bang),推动英国的金融监管发生变革,使自律型监管体制逐渐趋于半自律半政府干预的监管模式。1986 年英国颁布的《金融服务法》(Financial Services Act)是英国金融立法史上最重要的金融立法之一,具有里程碑意义。《金融服务法》首次对金融投资行业进行了全面、系统的规范,内容包括投资与投资业务的定义、投资业务的资格限定、自律组织、主要机构的监管职能、经营者的业务行为规范和证券的发行上市等 10 个部分。《金融服务法》的主要目的是保护投资者利益,确立了"成文法框架下的行业自律"监管模式,标志着英国证券业新的监管体制开始建立。根据该法案建立的监管模式加大了政府对证券业的干预,对后来的立法以及现行法律产生了深刻影响。[①] 到 20 世纪末,为顺应证券市场发展和金融国际化趋势,英国证券监管立法进一步系统化。2000 年出台的《金融服务与市场法》(Financial Services and Markets Act,2000)吸收合并了 1972 年的《保险公司法》、1972 年的《互助社法》、1977 年的《保险经纪注册法》、1979 年的《信用社法》以及 1986 年《金融服务法》等 9 个与金融相关的重要法律。《金融服务与市场法》确立了金融服务管理局(Financial Service Authority,FSA)为单一监管机构的地位,初步建立了"成文法规范的单一监管机构"的监管模式。《金融服务与市场法》授权金融服务管理局(FSA)制定《市场行为守则》《投资服务规则》和《公开发行证券规则》等法规,规定了 FSA 作为证券业的单一监管机构的法定监管权力。《金融服务与市场法》还规定了 FSA 的四个监管目标:一是保持公众对英国金融系统和金融市场的信心;二是向公众宣传,使公众能够了解金融系统及与特殊金融产品相连的利益和风险;三是确保为消费者提供必要的保护;四是为发现和阻止金融犯罪提供帮助。金融服务管理局除继承了原有九个金融监管机构分享的监管权力以外,还负责过去某些不受监管的领域,如金融机构与客户合

---

① 林准超. 英国金融服务法 [M]. 北京:民主与法制出版社,1997:1.

同中的不公平条款、金融市场行业准则、为金融业提供服务的律师与会计师事务所等的规范与监管。

国际金融危机不仅令英国金融业遭受重创，也使其引以为豪的金融监管陷入信任危机，饱受质疑和批评。《2009 年银行法案》《改革金融市场》白皮书、《2010 年金融服务法》以及《金融监管新方法：改革蓝图》等一系列法律和文件的出台，一方面在不断完善金融监管体系；另一方面也逐步动摇和改变了金融监管模式。2012 年颁布的《金融服务法》（*Financial Service Act* 2012）确定了新的监管体制，改变了 21 世纪初建立的名义上由英格兰银行、金融服务局和财政部"三方监管"，实际上金融服务局单一监管的模式，建立起新的"一行一会两局"的监管框架。所谓"一行一会两局"框架，是指将监管权力集中于英格兰银行，在英格兰银行内部设立金融政策委员会（Financial Policy Committee，FPC），负责宏观审慎监管并维护金融稳定。撤销金融服务管理局（FSA），其职能由审慎监管局（Prudential Regulation Authority，PRA）与金融行为监管局（Financial Conduct Authority，FCA）分别承担。我们在本章的前部分已经介绍过，这事实上是一种英国式"双峰监管模式"。

金融政策委员会（FPC）设在英格兰银行理事会之下，由英格兰银行行长担任主席，负责识别、评估和监测系统性风险，全面维护英国金融系统整体稳定与活力。2012 年《金融服务法》赋予金融政策委员会（FPC）强有力的宏观审慎监管手段，包括指令权和建议权。

审慎监管局（PRA）作为英格兰银行的附属机构，担负改革前由金融服务管理局（FSA）承担的微观审慎监管职责，负责对吸收存款机构、保险公司以及被认定为系统重要性的投资机构进行审慎监管。英格兰银行被赋予了广泛的处置权力，包括可以不经股东和债权人同意就出售问题银行的全部或部分业务，设立"过桥"银行维持业务的持续运营，必要时对问题金融机构实施国有化改革。

在英格兰银行外部设立机构金融行为监管局（FCA）主要负责促进金融体系完善和金融市场有效运行。FCA 设在英格兰银行外部，是一个独立的机构,对议会和财政部负责,同时接受金融政策委员会的指令和建议。FCA 采取有限责任公司的形式运作,董事会主席和总裁由财政部任命。作为独立机构,FCA 不接受任何来自政府的资金,其资金全部来自其监管公司所缴纳的费用。FCA 在确保英国金融市场运行良好的基础上,保护消费者权益并提升公众对金融服务业的信心,其主要职责包括实现消费者保护、增强金融体系健全性和促进市场有效竞争三大目标(见图1-3)。

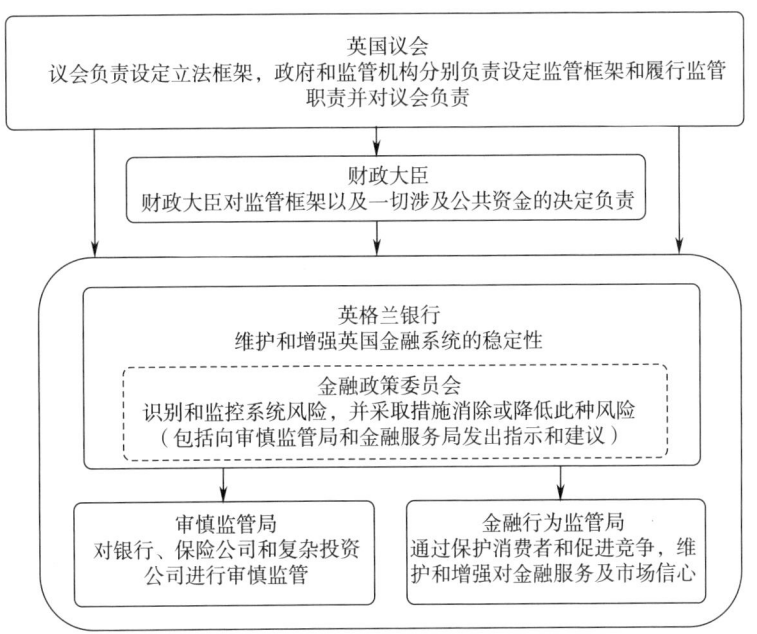

图1-3 英国的宏观审慎监管框架

(资料来源:青岛大学资本市场研究院)

1.3.4 日本宏观审慎监管框架

日本的宏观审慎金融监管框架分两个层次,即部门间的平行协调机制和首相牵头的重大金融危机处理机制,两者之间分工协作。平行协调机制主要包括金融厅、财务省和中央银行,负责宏观审慎金融监管框架的日常运行，金融厅和财务省发挥主导作用，中央银行起配合作用。这一平行协调机制并未采取跨部门委员会的形式，而是完全依靠实体部间的直接互动，运行效率非常高。重大金融危机处理机制由首相牵头，主要定位于"一事一议"解决重大问题，并非金融监管的常态化机制。当首相认为"日本国内或日资金融机构开展业务的特定地区"面临危及信用体系的严重形势时，将召集由官房大臣、金融大臣、财政大臣、中央银行行长和金融厅长官组成的危机处理委员会，在充分讨论的基础上由首相最终决定采取的应对措施。备选的应对措施主要包括资本注入、提供金融支持以确保偿付存款、国有化收购银行的股份。

大藏省和金融厅在宏观审慎金融监管中发挥重要作用。大藏省保留的金融监管职责包括两个方面：一是从财政安全、国库资金管理、货币信心和外汇储备安全等角度出发，规划和起草与金融机构破产和金融危机处理有关的制度和规则。二是确保日本存款保险公司的正常运转，存款保险公司调整存款保险费率必须获得首相和财务大臣的批准。此外，还有对国有基金公司等金融企业实行直接监管。金融厅有三项职责：一是确保金融体系的稳定性，二是保护存款人、保险购买人和投资人的利益，三是促进金融活动有序开展。因此，金融厅负责规划和设计国内、国际金融机构监管制度及规则，监管和检查银行业、证券业及保险业，制定公司会计制度，审批公共会计师事务所等。金融厅行政长官作为职业官僚层最高长官负责具体业务工作，不受内阁更迭影响。

与欧美国家不同，日本中央银行在金融监管方面的权力相对有限。日本政府赋予中央银行四大职责：一是发行日元货币，二是调整货币流通和使用，三是确保金融机构间的清算结算，四是保持有序的信用体系。为保持中央银行和货币政策的独立性，1927年日本中央银行已经明确拒绝拥有任何执法权，包括金融监管权。基于这一传统，现行法律没有授予中央银行对金融机构进行监管的强制性权力，只是基于第三和第四项职责，日本中央银行可以与在其开设账户的金融机构自愿签订合同，以取得金融机构检查权，这一实地检查职能主要集中在微观行为层面（见图1-4）。

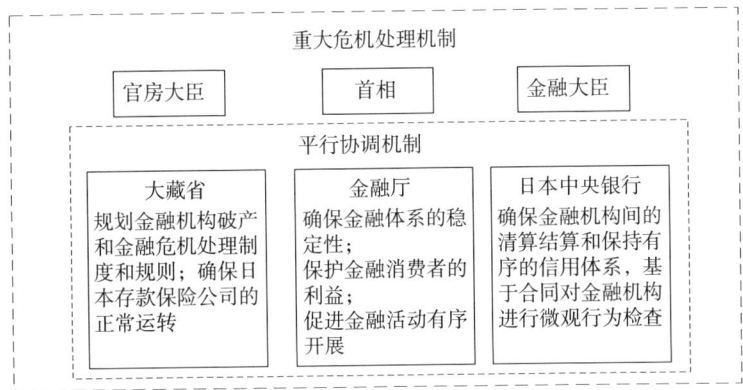

图1-4 日本的宏观审慎监管框架

(资料来源:青岛大学资本市场研究院)

1.4 启示与经验

对各国宏观审慎监管框架的比较分析,我们不难发现一些值得借鉴之处。

首先,对于应对金融机构业务经营混业化日益增强的趋势和系统性金融风险的跨部门传染,统一的监管机构或者协调组织是非常必要的。尽管目前仍有国家采用"双峰监管"模式,但值得注意的是,即使采用"双峰监管"模式,也必须建立统一的协调机制。从英国金融监管改革中政府的两个重要文件《金融监管新方法:判断、焦点与稳定》和《金融监管新方法:改革蓝图》可以看出,英国把建立清晰、及时、有效的协调机制作为监管改革的重要目标。为此,《金融监管新方法:改革蓝图》对 PRA 和 FCA 做出了两者之间建立一般协调机制的详细规定,包括法定协调职责、法定谅解备忘录和 PRA 的"否决权"等。[①]

其次,英国金融监管体制改革具有深刻寓意。源于经济自由主义和市

---

① 廖凡. 英国金融监管体制改革的最新发展及其启示 [J]. 金融监管研究, 2012 (2).

场原教旨主义的英国金融监管一直以来推崇自律监管。虽然并不存在具有"普世意义"的监管体制，但是，金融危机彻底改变了英国的金融监管理念，以至于彻底放弃了脱胎于自律监管的三方监管。英国监管改革的核心是强化中央银行的系统性风险监管职能，即由英格兰银行来承担宏观和微观审慎监管职能，负责维护英国金融体系的稳定及大型银行集团的稳健经营，将宏观审慎监管与微观审慎监管有机结合起来，既能有效防范微观的个体性金融风险，又能有效预防宏观的系统性金融风险。从某种程度上说，英国的金融监管改革具有很强的示范效应。

最后，应当充分发挥财政部门在宏观审慎金融监管中的作用。在华尔街次贷危机中，是美国财政部通过不良资产救助计划的资本购买计划向金融机构提供流动性。到 2010 年 9 月，也就是不良资产救助计划实施两年，美国财政部已经使用了授权的 7000 亿美元资金中的 3950 亿美元。[①] 这一事实足以说明，在金融危机处置中，真正扮演"最后贷款人"角色的机构是政府的财政部门，而不是其他任何金融机构。正如金德尔伯格所说，最后贷款人提供的"最后贷款"具有"公共产品"性质。事实上，在绝大多数情况下，只有财政部门提供的流动性才具有"公共产品"性质。美国、英国和日本等发达经济体的实践表明，财政部门在宏观审慎金融监管框架中发挥着基础性作用，中国应当充分考虑财政部门作为系统性风险最终承担者的角色，结合中国的特殊国情，确立财政部门在宏观审慎金融监管中不可或缺的基础性作用。

---

① 金融危机调查报告：美国金融与经济危机起因调查委员会最终报告 [M]. 北京：社会科学文献出版社，2013：499.

第2章 证券市场系统性风险案例：过程与机制[①]

诺贝尔经济学奖得主斯蒂格利茨（Joseph E. Stiglitz）说，当泡沫破灭时，那些本来应该很容易看到的东西，都以一种非常痛苦的方式清晰地显现出来。所以他认为，应当使风险成为一种生活方式。[②] 在经济日趋金融化和全球化的环境下，系统性金融风险几乎无处不在，体现了金融体系与生俱来的天然不稳定性。然而大多数情况下，系统性金融风险似乎既无法预测也难以规避，系统性金融风险的发生往往会导致金融危机爆发，从而给各国经济带来巨大的损失。金融是现代经济的核心，证券市场是现代经济体系最重要的组成部分，它不仅反映和调节资本和资金的运动，而且对整个经济的运行具有重要影响。因此，一旦证券市场发生系统性风险，危害必然十分严重。当前，我国证券市场经过30年的发展，已经成为全世界最大的证券市场之一。截至2019年底，我国共有上市公司近4000家，总市值将近60万亿元，但是，证券市场积累的风险因素和不稳定性也呈日益增加之势。一些风险迹象与历史上各国发生的危机现象既有一定的相似性，也有自己的独特之处。本章通过梳理历史上历次金融危机的发生过

[①] 本章由上海证券交易所联合研究计划《证券市场宏观审慎监管框架体系研究——基于系统性风险视角》（项目编号：RH1900015892）第二部分改写而成。青岛大学经济学院司登奎副教授对研究计划的该部分有贡献，作者深表感谢。

[②] ［美］约瑟夫·斯蒂格利茨. 喧嚣的九十年代［M］. 北京：中国金融出版社，2005：154.

程，并提炼出危机传导的机理，对我国当前的证券市场宏观审慎管理提供镜鉴。

2.1 1987年美国股灾

刘鹤在《两次全球大危机比较研究》一书中，对过去100年美国发生的两次全球性金融危机从经济金融理论、货币金融理论、金融监管和国际政治等七个方面进行了系统性比较分析。两次大危机的共性之一就是，宽松的货币政策和泛滥的信贷引发股市泡沫和投机狂热。事实上，过去100年间美国的股市危机远不止这两次，与2007年次贷危机相距不远且令人记忆犹新的是发生在1987年10月19日的股灾，酿成了美国历史上最大的股票市场崩盘事件。当天，道琼斯指数暴跌508.32点，跌幅高达22.6%！几小时内，股票市值损失超过5000亿美元，这一数字相当于美国当年GDP的1/8。这次股灾震惊世界，引发了全球股票市场的"多米诺骨牌"效应，伦敦、法兰克福、东京、悉尼、中国香港、新加坡等各个国家和地区股票市场都受到强烈冲击，股指跌幅均超过10%以上。股市暴跌给各国股票投资人造成巨大恐慌，许多中产阶级甚至亿万富翁一夜之间沦为贫民，甚至有人因破产而自杀。《纽约时报》将这一天称为"华尔街历史上最糟糕的日子"，金融界则称这一天为"黑色星期一"。

2.1.1 股灾发生的背景

第二次世界大战之后，美国围绕政治、经济、贸易和金融等主导建立了包括联合国、布雷顿森林货币体系、世界银行和国际货币基金在内的一系列国际规则，使美国的经济发展在20世纪50年代后期和整个60年代进入"黄金时代"（见图2-1）。在这个长达20年经济持续增长阶段，通货膨胀率和失业率降低至较低水平。"黄金时代"一直延续到70年代中期第一次石油危机。80年代初，新上台的共和党总统里根（Ronald Wilson Reagan）祭出新

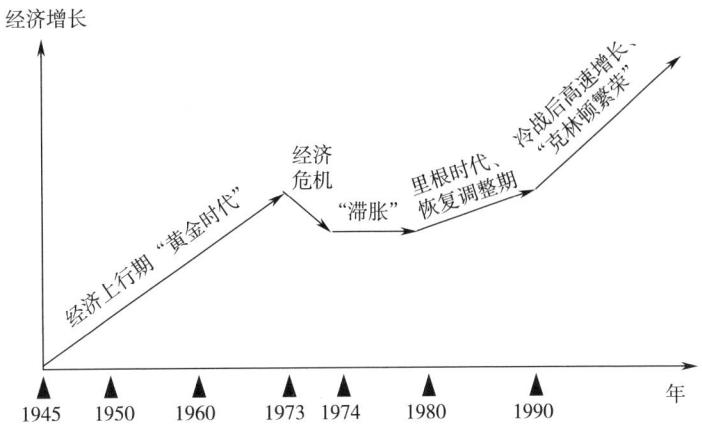

图 2-1 美国第二次世界大战后经济发展阶段

保守主义（Neoconservatism）旗号，① 这意味着里根将在保守主义路线上走得更远。历史上，共和党政府通常是反对国家干预社会经济生活，认为政府不应当干预经济活动，应当让市场经济自由运行。但此时担任美联储主席的保罗·沃尔克（Paul Adolph Volcker）从卡特（Jimmy Carter）时代就决心终止美国长期的高通货膨胀。② 进入 20 世纪 80 年代后，美国通货膨胀率达到惊人的 15%！沃尔克开始实行以控制货币供应量为目标的紧货币政策，意图改变人们对于通货膨胀的预期。他坚定地认为，除了紧缩货币别无选择。③ 在沃尔克激进的紧缩货币政策调控下，美联储放慢货币供应增长速度，联邦基金利率持续快速上升，到里根执政时已升至历史高点 22%。虽然这些政策

---

① 罗纳德·里根，第 33 任美国加州州长（1967—1975 年）和第 40 任美国总统（1981—1989 年）。里根担任总统期间，削减政府预算以减少社会福利开支，控制货币供给量以降低通货膨胀，减少个人所得税和企业税以刺激投资，放宽企业管理规章条例以减少生产成本。里根因提出以"供应学派"（Supply-Side Economics）为理论基础的"里根经济学"而闻名，2005 年入选"最伟大的美国人"位列榜首。

② 吉米·卡特，第 39 任美国总统（1977—1981 年）。卡特担任总统期间，主要外交政策成就为巴拿马运河条约，戴维营协议，埃及—以色列和平条约，与苏联的双边限制战略武器条约，中美两国正式建立外交关系等。卡特因在世界各地积极倡导人权，2002 年获得诺贝尔和平奖。

③ ［美］保罗·沃尔克［日］行天丰雄. 时运变迁：世界货币、美国地位与人民币未来［M］. 北京：中信书店，2016：230.

最终控制了通货膨胀,但却导致了美国60年代以来"黄金时代"的结束。1982—1983年,美国经济进入严重衰退时期,失业率接近10%,每年都有数百万人失去工作。①即使在高通货膨胀条件下,名义GDP也只是维持低速增长(见图2-2),但此时的美国股市却经历了长达50年的牛市,市值从1980年的24720亿美元上升到1986年的59950亿美元。进入20世纪80年代以后,股价连续几年持续上涨。道琼斯指数从1982年的776.92点上升到1986年的1955.57点,1987年8月25日上升到2722.40点,较1982年最低点上涨了2.5倍。其中1986年3月至1987年8月半年的时间,道琼斯指数从不到1700点上涨到2700多点,涨了整整1000点。②指数上涨的同时,股票交易量也迅速增加。数据显示,1977年的美国股票交易量为71.25亿股,1992年上升到657.43亿股,5年的时间增长了9倍。其中,1987年日交易量达到18060万股。③所有数据都表明,市场投机气氛已十分明显。如果

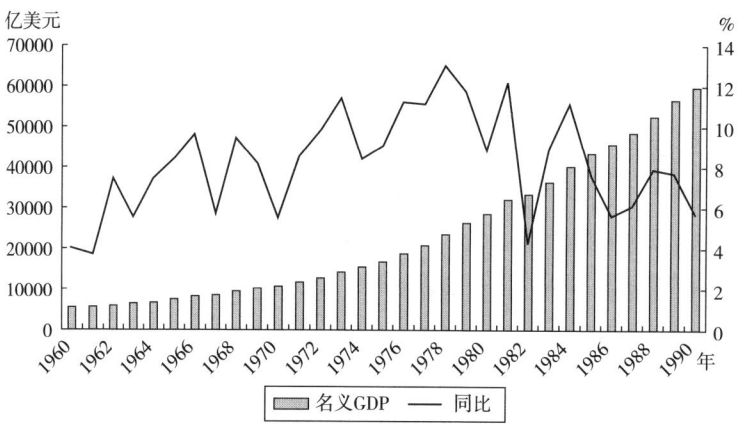

图2-2 美国历年经济增长(1960—1990年)

(资料来源:美国商务部经济分析局,青岛大学资本市场研究院)

---

① [美]威廉·西尔伯. 力挽狂澜:保罗·沃尔克和他改变的金融世界[M]. 上海:上海财经大学出版社,2013:234.
② 肖立见. 海外股灾若干问题研究[M]. 深圳证券交易所综合研究所,2007.
③ [美]乔尔·塞利格曼. 华尔街的变迁:证券交易委员会及现代公司融资制度演进[M]. 北京:中国财政经济出版社,2009:538.

从宏观角度看，股票市场异常繁荣速度超过了经济增长速度，金融交易增长速度也大大超过了世界贸易发展速度。股市的高收益性必然吸引国际游资及私人资本流向股市，这些资金为追求短期利润而在股市上从事投机交易，买空卖空盛行，投机愈演愈烈，最终使股市繁荣泡沫化。股灾发生前美国股市总市值高达 10 万亿美元，已远远超过支撑其运行的实体经济规模。重要的是，当时美国的实体经济收益下降，与股市走势形成明显背离（见图 2-3）。

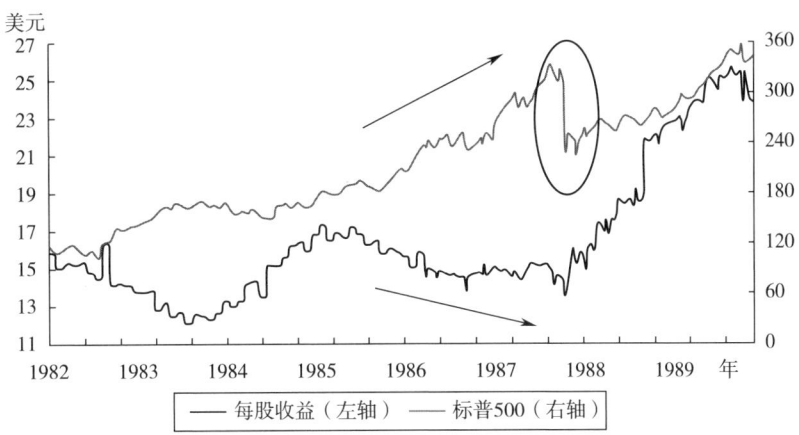

图 2-3　美国企业盈利水平与股指涨幅比较（1982—1989 年）

事实上，在长达 50 年的股市繁荣过程中曾出现过许多值得人们注意的阴霾。20 世纪 70 年代中期，以美元为中心的布雷顿森林体系瓦解，受石油危机冲击，美国爆发了自第二次世界大战以来最严重的一次经济危机，通货膨胀率迅速上升。到 70 年代后期，在国际原油价格不断上涨和经济增长乏力双重打击下，美国对外贸易由顺差滑入逆差境地，美元对主要货币汇率出现了高达 16% 的大幅下跌。美元疲软导致进口价格大幅攀升，通货膨胀率从原来的 6% 快速跃升到 1979 年底 13% 的历史最高水平。与此同时，失业率也在快速上升。加之"冷战"国际环境使美苏军备竞赛不断升级，进一步削弱了美国的经济力量和国际竞争力。进入 20 世纪 80 年代以后，美国经济出现两种变化：一是对外贸易赤字逐年扩大，到 1984 年高达

1600亿美元，占当年GDP的3.6%；二是政府财政预算出现赤字，到1986年财政赤字高达2210亿美元，占当年GDP将近5%！在双赤字的阴影下，美国政府通过提高国内基本利率引进国际资本来发展经济，外来资本的大量流入使得美元不断升值，美国出口竞争力下降。于是美国寄希望以美元贬值来加强美国产品对外竞争力，以降低贸易赤字。1985年9月22日，美国、日本、联邦德国、法国以及英国的财政部长和中央银行行长在纽约广场饭店举行会议，达成五国政府联合干预外汇市场，诱导美元对主要货币的汇率有秩序贬值，以解决美国巨额贸易赤字问题的"广场协议"。作为刺激经济的手段之一，政府开始对金融市场放松管制。对股票投资实行减税优惠，吸引大量国际游资涌入美国股票市场，促进了股价持续高涨。一直反对里根经济学并以凯恩斯主义著称的经济学家加尔布雷斯（Galbraith John Kenneth）是最早向市场发出警告的人。加尔布雷斯一直认为，股票市场中的结构性风险是可以预测的。他以经济学家特有的目光关注着美国80年代大量发生的事实——席卷美国的企业并购浪潮。在他看来，大量的杠杆收购给美国带来虚幻的财富，市场被严重高估后必然会走向崩溃。股灾发生前，他在杂志上发表文章，预测到大崩溃即将来临及所必然导致的后果。他说，市场肯定会下跌，但不会像1929年那样引发大萧条。[①]事后回顾，股灾前后发生的事实，就像加尔布雷斯预测的那样。进入1987年以来，纽约股市即开始出现较大的波动，尤其是8月以后股票价格下跌十分明显。进入10月以后，美国国内发生了一系列事情不断诱发股价下跌。10月5日至9日，道琼斯指数下跌了158.78点，第二周又下跌了235.48点。10月14日这天发生了两件事情进一步加剧了市场恐慌情绪：一是美国意外宣布的高贸易赤字使市场利率再次提高；二是美国国会提出立法，取消收购公司融资的税收优惠。在多重利空消息打击下市场加速下跌，从10月13日到10月19日，道琼斯指数跌去了1/3，市值损失接近1

[①] ［美］理查德·帕克．加尔布雷斯转．他的人生，他的政治，他的经济学［M］．北京：中信出版社，2010：454．

万亿美元(见图2-4)。①

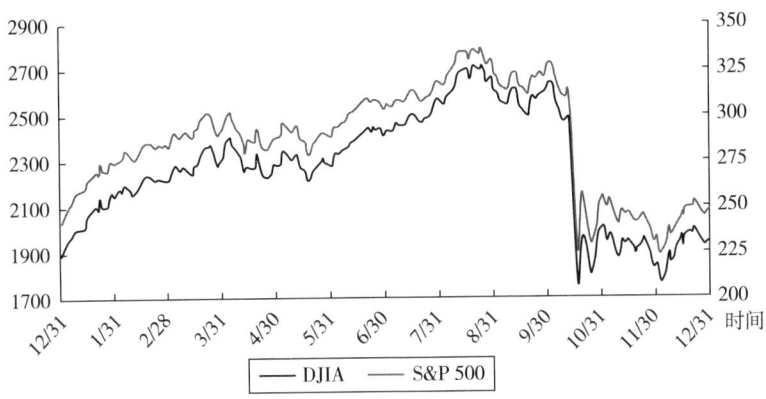

图2-4 美国股票市场道琼斯指数走势(1987年)

(资料来源:www.nyse.com,青岛大学资本市场研究院)

2.1.2 影响全球股票市场的黑色星期一

1987年10月19日是个星期一。纽约证券交易所开盘伊始,不祥之兆随之笼罩着整个交易大厅。道琼斯指数开盘就下跌了67个点,转瞬间卖盘汹涌而至。在大量抛售盘不断拥堵打压下,交易大厅显示屏上尽数翻起红盘,股价一片下跌。此时,纽约证券交易所内一片恐慌。从上午9:30直到11点,道琼斯指数一路狂泻,没有人知道怎样才能遏制指数不断下跌的势头。

众所周知,纽约证券交易所具有全球股市和金融市场的"风向标"作用。当天芝加哥商业交易所也出现大量股指期货卖出盘,进一步引发股票市场的更大抛盘。由于股票市场和股指期货市场相互驱动而产生的叠加效应,股票价格和股指期货下跌速度越来越快,交易量猛增。一些大型投资机构在两个市场上大量进行交易,将这场灾难推向了顶点。这一天,纽约

---

① 张伟,孙彧鑫.1987年股灾的原因分析及启示[R]. http://www.sse.com.cn/aboutus/research/research/c/4009852.pdf.

证券交易所计算机系统几乎陷入了瘫痪状态。当时,交易所共有200台电脑,但从未处理过如此巨大的交易量。当股票交易数据涌进计算机时,计算机几乎无法处理,大量卖单蜂拥而至,信息系统处理速度远远滞后。根据事后公布的《布雷迪报告》(Brady Task Force Report),由于抛盘数量太大,计算机比实际交易速度延滞20分钟。当天中午计算机系统中的指定指令转换系统(DOT)延滞75分钟。纽约证券交易所估计,1987年10月19日在DOT系统上进行的跟踪交易超过6.1万手,是当时平均值的4倍。由于DOT系统容量不足,传送到DOT系统的3.96亿股交易中有1.2亿股没有执行,其中9200万股是限价订单。《布雷迪报告》称,由于计算机处理能力不足,导致订单电子发送系统瘫痪。①

面对指数下跌犹如"自由落体运动"的股票市场,上任不久的美国证券交易委员会(SEC)主席戴维·卢德(Ruder David)显得力不从心。他给纽约证券交易所董事长约翰·范尔霖(John·Ferran)打电话,希望暂停股市交易缓解市场恐慌情绪,但遭到对方拒绝。下午开盘后,卢德在华盛顿发表讲话,他说:"在关键时刻,虽然我们不知道这一关键时刻会在什么时候,我将与股票交易所讨论暂时关闭交易所。"这一消息传到华尔街立刻引起更大恐慌。因为历史上,一旦交易所关闭,投资人就无法抛掉股票,这意味着他们手中的股票将一文不值,成千上万的美元和财富将化为灰烬。在极度恐慌情绪下,下午道琼斯指数大跌250点,大量卖盘使计算机比实际交易速度延滞了100分钟。虽然SEC官员紧急出面澄清:没有讨论关闭交易所的事情,但局面难以挽回。到收盘时,道琼斯指数由2246.72点狂跌到1738.47点,下降了508.32点,跌幅达22.6%,创下美国股市自1941年以来单日跌幅最高纪录。当天,纽约证券交易所挂牌的1600种股票仅有52种股票上升,其余全部下跌。其中1192种股票跌到一年来最低水平,许多大盘蓝筹股同样难逃厄运。几乎所有大公司股票跌幅

---

① [美]乔尔·塞利格曼. 华尔街的变迁:证券交易委员会及现代公司融资制度演进[M]. 北京:中国财政经济出版社,2009:554.

均在30%左右,甚至更大。如通用电气公司下跌33.1%,电报电话公司下跌29.5%,可口可乐公司下跌36.5%,西屋公司下跌45.8%,运通公司下跌38.8%,波音公司下跌29.9%。

2.1.3 主要经济后果及影响

(1) 对美国经济产生巨大破坏

"黑色星期一"极大地影响了投资和消费,进而影响并减少了国民收入,增加了全社会失业。众所周知,财富效应是股市的基本功能之一。股票下跌必然削弱美国国民的购买力,带来消费水平下降并直接影响到生产。统计显示,美国当时从事股票投资的人占全国人口的1/4,这部分人基本上分布在购买力最强的年龄层次。股市暴跌使原来依靠股票红利、股息和投资股票获取利润来安排生活的人深受打击。短短一年内,美国的私人消费开支减少约500亿美元,使五年多来以股市为推动力、以消费为主导的美国经济出现了转折点。股票暴跌给美国经济带来的潜在威胁集中在投资领域。美国企业界需要依靠外国资本扩大投资,政府需要利用外资来弥补财政赤字。1987年上半年外资在华尔街购买了约2000亿美元的股票,但此次股灾使外资亏损,信心严重受挫。国内投资者也心有余悸。许多企业因股价下跌不敢再发行新的股票,一些企业的扩大生产受到抑制。有研究认为,到1988年美国企业投资减少约250亿美元。企业投资减少必然加剧失业,许多人生活水平因股灾而下降,引起严重社会问题。数据显示,1987年10月美国失业率达到6%。[①]

(2) 全球金融市场的"多米诺骨牌效应"

20世纪80年代,电子信息技术的快速发展使全世界的金融交易联系在一起。金融一体化步伐的加快使全球金融市场的关联性日益增强,这势必造成一些负面影响。由于全球金融一体化的发展,当一国股票市场发生暴跌时,其他股票市场也难以幸免。1987年10月19日,东京股票交易所

---

① https://wenku.baidu.com/view/7144bbdead51f01dc281f12f.html.

的开盘锣声余音未尽,股票价格便直线下跌。日经225指数下跌了620点,跌幅为14.9%;香港恒生指数下跌421点,跌幅为11.3%,也创下了一天下跌最高纪录;新加坡海峡时报指数下跌169点,跌幅为12.4%;澳大利亚所有普通股价格指数下跌80点,跌幅为3.7%;FTSE30指数下跌183.7点,跌幅为10.1%,FTSE100指数下跌249.6点,跌至2053.3点,投资者损失达500亿英镑。此外巴黎、法兰克福、斯德哥尔摩、米兰、阿姆斯特丹等股市均有6%~11%的不同程度下跌,形成全世界范围内的股市冲击波。面对席卷全球的股市狂潮,各国家和地区政府及监管部门迅速采取救市措施:香港股市宣布停市4天,前联邦德国宣布降低证券回购率,G7紧急磋商如何向金融系统提供流动资金。股市暴跌使投资者把债券看作更安全的投资场所,股市下跌引起债券市场价格上升。1987年10月20日上午美国30年期的国债价格上升了12PB。同样,股票市场的波动也影响着国际市场一般初级产品的价格和贵金属的价格。纽约股票市场价格当天,黄金价格即涨到近5年来的最高水平。与此同时,伦敦金属交易所的铜、铝、铅、锌等金属类商品交易价格全线下跌。此次股灾给世界主要股票市场造成了巨大损失。除了美国股票市值损失将近万亿美元外,日本股票市场损失约6000亿美元,英国股票市场损失约1400亿美元,香港股票市场损失约300亿美元。粗略计算,这次股灾给世界主要股票市场共造成损失约为1.8万亿美元,相当于第一次世界大战直接和间接经济损失的5.3倍。

(3)救市:政府对市场的强力干预

事实上,在美国的政治传统和政治光谱中,共和党一直是信守保守主义原则,这种现代保守主义与古典自由主义一脉相承。但是作为共和党总统,里根执政期间情况发生了变化。里根以新保守主义自居,却不反对政府干预市场。股灾发生当天晚上,里根总统紧急召回正在西德访问的财政部长詹姆斯·贝克(James Addison Baker)和在外地的美联储主席格林斯潘(Alan Greenspan)商讨对策,不仅关注事态发展,而且准备对市场进行干预。在此背景下,美国主要政府部门的官员纷纷发表讲话以稳定市场情绪。纽约证券交易所董事长主席范尔霖公开表示,但愿这种情况不再继续下去。1987年10月20日早上，银行担心专业经纪商可能破产，纷纷停止对专业经纪商和交易员提供信用。专业经纪商们前一天为了阻止股票下跌而买进了过量的股票，此时已没有足够的现金向交易所支付保证金以维持交易畅通的责任，因此陷入了流动性困境，它们没有现金参与星期二的交易。经纪商们面临的选择是，要么倒闭，要么被另一家公司兼并。事实是，一旦专业经纪商倒闭，纽约证券交易所就会处于极其危险的境地，此时它会失去保证金清算交割正常进行的资金来源，这意味着市场已经出现流动性危机的魅影。关键时刻，刚刚上任三个月的格林斯潘发表了具有历史意义的讲话："为履行中央银行职责，美联储为支持金融体系正常运转，今天重申将保证金融市场的流动性。"作为美联储主席，格林斯潘的讲话表明支持银行为股票交易商发放贷款，美联储将通过银行系统向市场注入流动性。很多年后，格林斯潘说："不能指望金融机构的经理人维持足以应付各种经济事件的资本准备金。"① 美联储明确表态后，两家主要商业银行宣布降低优惠利率。化学银行迅速增加4亿美元的证券贷款。银行家信托公司也表示在任何情况下都会保证客户的资金需要。美联储的承诺使上市公司开始恢复信心。里根总统和财政部长贝克公开表示，这次股市崩盘与美国健康的经济是不相称的，美国经济非常稳定。随着美国各大商业银行纷纷降低利率，1987年10月20日，道琼斯指数上升了102.27点，10月21日比20日又回升了186.94点。1987年1月1日至10月16日，市场上累计只有350家公司宣布实施回购措施。股灾发生前一周，约有650家公司公告要在公开市场上回购本公司的股票，其中大部分公司在"黑色星期一"那天继续维持回购行为。上市公司大规模的回购行为对股市产生了十分明显的积极作用。

让我们总结一下里根政府都采取了哪些措施对股票市场进行救助和干预。首先利用政府公信力和公共资源改变公众预期。股灾发生的第二天，

---

① [美]艾伦·格林斯潘. 动荡的世界：风险、人性与未来的前景 [M]. 北京：中信出版社，2014：72.

里根总统和财长贝克均表示不认可市场暴跌，里根说："这次股市崩盘与美国健康的经济是不相称的，美国经济非常稳定"。其次放宽货币政策，通过银行向市场释放流动性。一是为股票交易商提供流动性，保证经纪商和交易商贷款资金链不断裂。1987年10月20日股市开盘前，美联储表示已准备就绪为支撑经济和金融体系提供流动性，支持商业银行为股票交易商继续发放贷款。二是尽可能给市场提供流动性，防止"资金失血"导致的非理性下跌，包括公开市场操作以及放宽美联储出借债券的规则。三是通过公开市场操作，美联储主动购买政府债券并降息。1987年10月20日，美联储大量购买政府债券，使得联邦基金利率当日下降近60PB，11月4日再次下调联邦基金目标利率，并宣布美联储向银行注资已经就绪。四是暂停期指交易并提出了熔断机制。针对此次股灾，纽约证券交易所推出新的交易制度，防止套利交易者在股市上升或下跌达到一定幅度时，通过拉高或打压成分股现货价格来影响期货指数的套利行为。另外，在交易机制设计方面，此次股灾后美国正式采取了熔断机制。①

2.1.4　1987年美国股灾的原因

股灾发生后，1987年11月，里根总统签署12614号总统令，成立了以财政官员布雷迪（Nicholas Brady）为首的总统市场机制特别工作小组（Presidential Tast Force on Market Mechanism，PTF），对"黑色星期一"进行调查。② 1988年1月，PTF提交了一份后来饱受争议的《布雷迪报告》。该报告认为，导致股灾的主要是由于指数套利和组合保险这两类交易在股票指数期货和现货市场相继推动而造成的。一些机构交易商为了避免股票下跌风险在期货市场卖出股票指数期货合约进行组合保险，导致股票指数期货合约下跌。期货价格下跌使期货价格与现货价格之间偏离了正常的比

---

①　"黑色星期一"显然震动了美国证券监管部门，作为对股灾的反思和应对，1988年5月完成的《金融市场工作组初步报告》设计并提出熔断机制。

②　担任PTF组长时，布雷迪是财政部高级官员，1988年9月，布雷迪担任美国第68任财政部长。

价关系，此时指数套利者在买入期货同时又在股票市场抛出股票，进而导致股票现货价格下跌。而股票价格下跌会进一步刺激更多的组合保险交易，引起新一轮股票指数期货抛盘，股市在这样一个自我加强的循环过程中最终崩溃。《布雷迪报告》是建立在这样的命题基础上的：股票市场是股票、股指期货和股票期权的统一体，它们实际上是一个市场。因此报告建议将期货和现货的保证金水平拉到一致水平，认为应当通过提高期货市场的保证金来减少期货市场的投机，并且限制个人投资者在期货市场的杠杆比例。《布雷迪报告》关于保证金要求的措施可能是最严重的错误，很多专家认为该报告将股灾原因归结于期货市场的看法不符合事实。诺贝尔经济学奖得主默顿·米勒（Merton Miller）教授认为，作为一种金融衍生品，股指期货不可能单边触发股灾。一些专业人士和市场人士甚至认为《布雷迪报告》对股票市场稳定造成威胁。格林斯潘公开对报告提出强烈质疑。[①] 1988年3月，里根总统再次签署12631号总统令，成立总统金融市场工作组（President's Working Group on Financial Market，PWG），PWG由财政部分管银行监管的官员乔治·古尔德（George Gould）担任组长，[②]美联储主席格林斯潘、SEC主席卢德以及美国商品期货交易委员会（Commodity Futures Trading Commission，CFTC）主席温迪·格拉姆（Wendy Gramm）为成员，针对1987年股灾中的投资者信心、信用体系、市场机制和金融监管四个方面的29个问题展开调查，旨在研究和制定应对"黑色星期一"的对策。1988年5月，PWG提交了一份针对股灾的工作报告——《金融市场工作组初步报告》（Interim Report of The Working Group on Financial Markets）。PWG报告与《布雷迪报告》有明显的不同，它避开当时的一些争议，建议SEC和CFTC对当时的破产法律法规进行检讨，制定对经纪交易商和期货经纪商破产的协调办法，并确定需要采取立法行动的

---

① ［美］乔尔·塞利格曼. 华尔街的变迁：证券交易委员会及现代公司融资制度演进［M］. 北京：中国财政经济出版社，2009：556.

② https://www.nytimes.com/1985/06/05/business/business-people-treasury-post-seen-for-wall-st-banker.html.

具体领域。为了防止股灾的再次发生，PWG 提出了信贷及清算安排等方面的政策建议。PWG 报告公布后，SEC 和 CFTC 以及它们下辖的证券交易所和商品期货交易所等根据政策建议对相关问题进行了大规模整改。这些整改工作一直延续到 20 世纪 90 年代，在股灾发生后的 10 年中，PWG 报告对包括破产法在内的法律修改建议有几项陆续成为法律，但是，PWG 报告对美国乃至全世界股票市场产生深远影响的是，提出了熔断机制（Circuit Breaker）。[①] 1988 年 10 月 19 日，也就是在"黑色星期一"发生一周年之际，作为针对股灾的整改行动之一，SEC 和 CFTC 批准纽约证券交易所和芝加哥商品交易所实行"熔断机制"。

在"黑色星期一"发生后的几十年里，对这场突如其来的大股灾的研究从未间断，当然，对股灾产生原因的争议也持续至今。事后审视股灾发生后的应对举措可以看出，美国政府对市场干预产生了积极作用，在一定程度上体现了政府在弥补市场失灵方面的积极作用。但是"黑色星期一"与其他股灾的发生过程相似，同样向世人展示出股市中存在的三种博弈力量。这三种力量分别来自宏观经济运行、市场流动性以及投资者情绪。其实，很多时候三种力量相互影响、相互作用，尤其是后两者均属于市场因素。在现代经济体系中，为了保持金融市场的稳定，离不开格林斯潘式的专业化货币政策调控，随时做好向市场提供流动性的准备，使金融体系保持充足的流动性。当金融全球化宏观环境下，政府的宏观调控和金融监管必须是"有形之手"，才能应对各种市场可能出现的情况。今天，当我们再次反思"黑色星期一"时，可以综合三个方面的原因：宏观经济方面原因、市场方面原因和技术方面原因。

导致"黑色星期一"爆发的宏观经济方面的原因主要有三点。其一，巨额财政赤字和贸易赤字。到股灾发生前的 1986 年，美国财政赤字和贸易赤字均达到历史最高纪录，出现了美国经济发展史上前所未有的"四高"

[①] 邢兆鹏，郭孟旸. 美国总统金融市场工作组对我国金融监管实践的启示 [J]. 经济资料译丛，2016（2）.

现象，即高财政赤字、高贸易赤字、高国债和高外债。这种"四高"现象需要吸收外来资金以弥补国内资金的不足。为了吸引外资，必须保持较高的利率水平，从而对股票市场价格造成直接影响。其二，美国和其他西方国家的经济自进入20世纪80年代以来一直处于低速增长时期，生产型投资需求不足，剩余资本大量涌入证券市场，导致金融投资猖獗、债务空前膨胀，形成难以持久的虚假繁荣。本质上，股市暴跌正是"泡沫经济"的反映。其三，随着美国霸权地位的衰落，西方经济体系和整个世界经济处于极不稳定的状态，国际汇率动荡、国际贸易严重失衡、国际债务危机不断，这些因素都影响到国际资金和股票市场的稳定。

造成股灾的市场方面直接诱因则主要有两点。一是流动性发生变化。为了弥补庞大的财政赤字，美国政府不得不在公开市场上发行国债来筹措弥补，导致国债数额的迅速上升。二是为了阻止美元汇率下跌控制通货膨胀、吸引外资，1987年9月4日，美联储宣布将贴现率从5.5%提高到6%，一些大型商业银行紧随其后，将优惠利率从8.75%提高到9.25%。利率提高意味着企业家对企业的投资将减少，使得股票持有人急于抛售保值，将其变为现金和存款以获取红利。同时，提高利率还能带来另一个结果，即国库券和其他债券的票面利率相应提高。投资者从股票市场转移资金投资于固定收益类产品，致使股价走低。此外，投资者心理预期也发生了变化。股灾发生前，美国贸易逆差不断上升使美元汇率下降。1987年10月18日，财政部长贝克表示美元可能会主动贬值，加上上市公司并购税收优惠取消、海湾战争升级的传言等坏消息的冲击，叠加当年3~9月联邦基金利率上调的影响，动摇了人们对美元和美国股市的信心。

最后，不得不说的是来自技术方面的原因。技术原因可能是导致"黑色星期一"最重要的因素。20世纪60年代后期，为了提高交易速度方便股票买卖，美国主要股票交易所逐步实行股票交易的电脑程序控制。在股票交易中，从股票买进到持有和抛售等决策均由预先编制好的电脑程序控制，由电脑跟踪分析股票指数的涨跌幅度，并做出相应的买进或卖出决策，这种交易方式当时称为程式交易。程式交易实现了大宗股票交易和期指交易同时买进和卖出。在整个市场弥漫悲观情绪下,投资者通过电脑程式看到股价下跌,便按预先在程式中设定的机制加入抛售股票,令股价加速下跌,而下跌的股价反过来又使程式交易中更大量地抛售股票形成恶性循环。可以想象,当市场价格一旦出现偶然性的较强波动,程式交易便起到推波助澜的作用。尽管当时很多专家对期货市场引发股灾的观点予以否认,但后来不断有研究者提出,技术方面的原因来自投资组合保险。投资组合保险是证券投资公司通过买卖股票期货合同来对冲,确保在股票价格下跌时投资不致亏损。1987年10月19日上午,当股票价格大幅下跌时,证券投资公司为了避免持有股票蒙受损失,纷纷在股票期货市场上大量抛售股票期货合同,致使股票期货合同价格暴跌,股票期货市场上的下跌反过来又加剧股票现货市场的进一步暴跌。正是这种连锁反应形成的自我强化机制,最终导致股市的大崩溃。

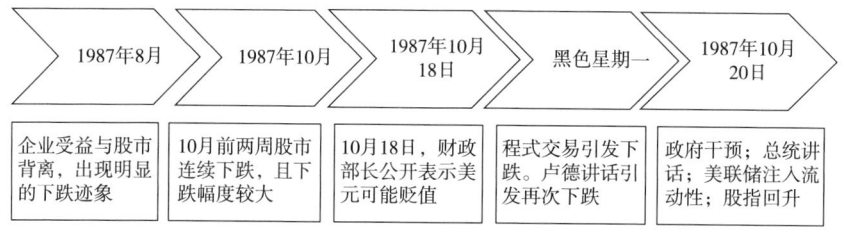

图2-5 "黑色星期一"风险形成与传导过程

2.2 1990年日本股市风险

2.2.1 发生背景

20世纪80年代中期至90年代日本泡沫经济的生成与崩溃,源于"广场协议"(Plaza Accord),① 给日本留下了经济发展史上最为惨痛的教训。

---

① 1985年9月22日,美国、日本、联邦德国、法国以及英国的财政部长和中央银行行长在纽约的广场饭店举行会议,会议达成一致,五国政府联合干预外汇市场,诱导美元对主要货币的汇率有秩序地贬值,以解决美国巨额贸易赤字问题。由于该协议在纽约广场饭店签署,又被称为"广场协议"。

20世纪80年代，美国对外贸易逆差大幅增长导致财政赤字剧增。美国政府希望通过美元贬值来增加产品的出口竞争力，以改善美国国际收支不平衡状况。1985年9月，以美国为首的西方五国财政部长在纽约的广场饭店举行会议，决定联合干预外汇市场，在国际外汇市场大量抛售美元，继而形成市场投资者的抛售狂潮，导致美元持续大幅度贬值，以提高其他货币对美元的汇率。由于日本与美国贸易摩擦最为剧烈，因而日元升值首当其冲。1984—1989年，日元兑美元汇价从237日元上涨到138日元。曾经参加"广场协议"会谈的日本金融高官久保田勇夫认为，日元升值的速度超出所有人预料。日元升值造成出口制造业企业业绩恶化，使日本的出口主导型经济遭到了极大冲击，为了刺激经济的回暖，并实现由出口主导型向内需主导型经济结构的转变，日本政府启动宽松的财政政策以刺激经济并实行了金融自由化的政策。① 从1986年1月到1987年2月，日本官方连续5次调低贴现率，使之降低至低于同期西方各国贴现率2.5%的水平，这在一定程度上使许多受日元升值影响的企业迅速摆脱了困境。实行金融自由化政策后，日本企业资金使用成本迅速降低，企业一般收益率从1986年的-17.2%一跃提高到1987年上半年的33.5%和下半年的50.9%。企业收益率的上升极大地提高了对企业股票的估值，影响了投资者的心理预期。

长期持续的低利率政策使货币供应量大幅增加，出现了严重的流动性过剩。缺乏投资目标的资金很有可能会大量进入股票市场，并进而引发日本股市投机热潮。由于日本国内储蓄率相对较高，加之金融自由化造成的货币供给扩张以及外汇盈余的骤然膨胀，产生了相对庞大的过剩资本。在日本政府扩大内需政策的鼓励下，全国掀起了国土开发热潮，到处兴建休闲娱乐设施，建造商品房及高档写字楼。大量资金流向了股票及房地产行业，使得资产价格出现暴涨。在此背景下，一部分资本寻找海外投资市场，另一部分在国内涌入投资收益相对较高的资本市场。1985—1990年，日本企业投资总额为406万亿日元，但只有148万亿日元（总量的36%）

---

① [日]久保田勇夫. 日美金融战的真相[M]. 北京：机械工业出版社，2015：31-33.

用于企业生产资料的投资,而其中64%的资金即258万亿日元流向了证券市场和房地产行业。过多的资金流入推动了股票价格和房地产价格的急剧上升。法人投机股市源自1984年制定的"特定金钱信托制度",它使日本大企业能够将巨额资金委托给信托银行和证券公司,从事金融交易。因此,除了机构投资者的狂势投机,法人资本的投机也成为股市膨胀的一大动力,并最终导致股市失控。

2.2.2 主要过程

1986年初,日经平均股价开始迅速上升,3月突破1.5万日元,股票交易呈现空前活跃状态。1987年1月,平均股价达到2万日元,大企业纷纷转向理财技术,开始出现理财收入超过本身业务收入的企业;2月,官方贴现率降至历史最低点2.5%,大藏省实施日本电信电话公社和国营铁路民营化,公开募集股东,掀起了个人投资股票热潮;6月,大阪证券交易所推出股票期货交易,平均股价超过2.5万日元。

图2-6 日本股票市场日经指数走势(1970—2006年)

(资料来源:日本统计局历年发布)

1987年10月19日的"黑色星期一",纽约股市暴跌暂时阻止了日本股市泡沫的进一步膨胀,但随着日本景气恢复和政府废除小额存款免税制度，股票市场迅速回升至"黑色星期一"以前的水平，资金进一步流向股票市场；1987年9月，东京和大阪的证券交易所同时推出股票期货指数交易，股价大幅上升；12月，平均股价超过3万日元。1988年全年内日经平均股价上涨了近40%，东京证券市场交易额首次超过纽约市场，居世界第一位。

尽管自1989年4月1日起增加了3%的消费税，日本银行也三次提高官方贴现率达4.25%，但股票价格依然持续上升，1989年8月日经平均股价超过3.5万日元，12月29日到达历史最高点38915日元，股价市值总额达到606万亿日元。

1985年9月至1989年12月的4年，日经平均股价由12598日元升至38915.67日元，涨了2.1倍，而市区地价指数从1985年9月至1990年9月涨了约4倍。之后，日本政府采取了一系列紧缩性政策，股价从1990年2月开始下跌，8月日经平均股价直破3万日元逼近2.5万日元大关，9月再创新低，逼近2万日元，1992年初几度跌停，直逼1.5万日元。股市泡沫就此破灭，给日本经济的发展留下了严重的后遗症。

自1986年日本"平成景气"以来，日经指数由1985年的12000点开始持续上升。1987年世界股市危机中，日经指数稍有下降，但很快又一度呈现上涨态势，并带动全球股市的回升。1980年个人持股比例为8.84%，1988年上升到14.5%；1987年末，日本股市个人股东已达2000万人，相当于日本国民人口总数的20%。1989年底，日本的股票资产额已是国民生产总值的1.3倍，资产价格如此急剧膨胀意味着经济泡沫的存在。

日本的房地产泡沫更是达到了登峰造极的程度，由于心理预期良好、投机活动增多，炒买炒卖土地的现象非常严重，地价飞快上扬，地价的暴涨使投资者不断对企业资产重新进行估价，拥有大片土地的大型企业身价倍增，股价大幅飙升，成为股市持续上扬的"领头羊"。到1988年底，日本的土地资产额是国民生产总值的1.4倍；在泡沫最严重的1989年，日本东京的房地产价格总和超过了美国的房地产价格总和。

1989年5月，由于经济过热压力的客观存在，日本政府开始实施金融紧缩政策，提高贴现率，到1990年已由1989年的2.5%提升至6.0%。贴现率的急剧提高直接影响了资本的市场收益率，股价开始下跌。1990年4月，大藏省对房地产业也进行了一定的限制，一方面严格控制融资，另一方面加征地价税并以此控制土地价格。土地价格的下降减少了企业的实有资产总值，进而引发股价下跌。同时，由于资本成本的不断上升，企业增收的能力将大受制约，企业收益前景的黯淡给投资者的心理蒙上一层阴影，预期开始恶化。投机炒作者乘机抛售股票，进一步引起恐慌。

1989年12月29日，日经指数高达38915点。1990年开市后，股市出现急剧下跌的情形，到1990年4月2日日经指数跌至28002点，历时4个月，跌幅达23%。1990年10月1日，日经指数跌至20221点，跌幅达48%，也即10个月内下降幅度约为50%。1991年上半年略有反弹，随即转入更猛的跌势。1992年8月18日，日经指数再创14309点新低，基本上回到了1985年的水平。

2.2.3 主要经济后果

"泡沫经济"破灭后，日本经济一蹶不振，连续数年呈负增长或零增长。银行等金融机构在股市和房地产上的持股和贷款不断成为不良资产，甚至成死账、坏账。1991—1992年，日本大藏省对7家住宅资金供给公司进行实地调查。结果显示，截至1991年3月，这7家从事房地产信贷业务的金融机构不良贷款率高达37%，可见当时日本金融市场的流动性风险有多高！7家金融机构的不良贷款总额达到46500亿元，若按当时日元对美元汇率为130:1计算，约合360亿美元。这意味着，从事房地产信贷业务的金融机构已经面临破产危机。① 事实上，1994—2004年银行信托方面的金融机构破产倒闭约179家。股票市场从此长期低迷，1993年第一季度仍徘徊于16000～17000点，1994年末略有上浮，约为20000点，直到1995

---

① ［日］西野智彦. 日本的迷失·前夜：1992—1995［M］. 北京：机械工业出版社，2017：16.

年12月底,即又过14个月后才再次突破20000点。到1999年市场再度下跌,其断断续续的下跌长达10年之久。

2.2.4 主要原因分析

(1) 宽松的金融环境为股市泡沫生成创造了条件

动用所有经济政策为出口制造业创造良好环境,是大藏省战后经济政策的一贯模式,其背后是大藏省对经济的绝对指导力,它既可以直接控制外汇市场,也可以通过审核预算的权力抵消政党政治家增加预算的压力,还可以遥控日本银行对金融政策施加影响。"广场协议"后,大藏省调控政策的出发点也并不是为了日本经济的宏观稳定,而是对外消除日美摩擦、对内扶持因日元升值而陷入困境的出口制造业。所以在1986年下半年,尽管日元大幅升值已经引发资产投机,日本银行还是不顾国内经济稳定连续调低汇率。正是因为发生了上述根本变化,以日本经济资金、外汇不足这一脆弱性为前提的旧的宏观政策模式所造成的宽松的金融环境,为大规模投机提供了条件。

(2) 银行对金融自由化的应对诱发股市泡沫

在第二次世界大战后经济高速增长时期,银行既是金融政策的实施者,也是金融纪律的监管者,对贷款企业起着监管作用。所以,银行一直被置于政府的严格管制之下。20世纪70年代后半期,面临着放宽需求的减少,银行强烈期待能够提供与邮政储蓄、信托投资、证券业相抗衡的金融商品。日本政府于1979年实施了大额储蓄利率的自由化。70年代末,制造业大企业开始以股权融资方式筹措资金。为了与证券业竞争,商业银行于1979年开始发行大额"转让性存款"。为应对利息自由浮动,1985年3月又开始销售"市场利息联动性存款"。金融机构间服务竞争的计划,推动了大企业对理财技术的运用。当时,企业和银行间交易取决于哪个金融机构能提供更有效的交易信息。各银行出于竞争的需要,除了提供存贷交易之外,还积极向企业推介其他资金筹集和运用手段,反而加速了企业脱离银行的步伐。

为了开拓新的资金运用途径，商业银行将中小企业、非制造业企业作为放款重点。20 世纪 80 年代中期以后，银行对以非银行金融机构为主的其他金融机构的贷出额显著增加，主要包括消费性贷款、信用卡、租赁公司、住宅金融专业公司等。总之，这个时期银行业"发生了在维持信用秩序政策上纪律监督机能"的瘫痪。在存款利率自由化、限制竞争的行政管制缓和的情况下，由于建立健全经营监管机制和面向破产处理建立安全通道的迟误，引发了金融机构巨大规模的道德盲区。长期处于严密行政管理下的银行，在金融自由化带来的竞争激化环境中，为追求利润而放弃了原则，而缺乏有效的信息公开机制和内部监督机制，也是造成巨额损失的重要原因。

（3）证券业发育不足是格式泡沫膨胀的主要推动力

日本政府的一贯方针是促进实业、抑制投机，证券交易被看作"虚业"而遭到严格管制，对个人存款则以免税制度加以保护。这些政策在一段时间内促进了国民"勤劳致富"的愿望、抑制了投机性交易的发展，但同时也抑制了股票市场的发展。到泡沫经济生成前的 1980 年，日本的国民储蓄高达数千万亿日元，资本市场发展水平却非常低，股票市值总额只有 100 万亿日元左右。日本证券业发育严重不足，催生了股市泡沫。通过证券公司对企业持有土地的隐含利润重新评价，许多本行业业务并不景气却持有大量地产的企业以及与土地投资有关的企业股票被拉高。泡沫经济时期，钢铁、造船、海运等属于夕阳产业的企业股价暴涨，就是由证券公司的造势和地价与股价攀升机制造成的。

20 世纪 80 年代初，在企业筹资方面与银行竞争的对手主要是证券公司。促成企业筹资运用方式变化有以下原因：一是企业股权融资的增加；二是商业票据的出现；三是证券公司提供的"特定金钱信托"和证券银行提供的"特定金钱以外的金钱信托"等理财技术规模迅速扩大，并成为企业资金运用的主流。由以上分析可知，股市泡沫的形成与企业监管体制、证券市场的发育不全有很大关系。证券公司私下承诺、内部交易、封闭交易、保证大客户利益、操控股市等恶习的横行，加深了市场的不公正和不透明。

（4）筹集与运用并举的企业资金运用方式是股市泡沫扩大的催化剂

1986年以后,证券市场的活跃和资金成本的降低,促进了法人企业的股权融资。1985—1990年,企业靠发行债券和股票融资及其他方式筹到的资金总额达405万亿日元,其中,能够从市场筹集资金运用于投资的主要是制造业大企业。而且,相当于资金总额六成以上的约258万亿日元被用于理财技术的运用,达到泡沫时期膨胀的股票市场总额的一半。金融自由化带来的金融商品的增加使企业金融投资更为有利,企业从原来的单纯运用剩余资金转为以高收益为目标、筹措与运用资金并举,其核心的运用形式除了基金信托等以外,还有企业经理部自行运用的部分。

需要指出的是,企业资金运用中转变为实物资产的部分,并非全是为了设备投资。从1980—1986年的平均变化可以发现,企业设备投资需要的资金规模每年约为12万亿日元;1987年以后的实物资产猛增,与此后的地产开发狂潮有很强的联系。据统计,东京证券约有10%的上市企业以某种形式参与度假地开发项目。此外,还有海外的地产投资,1988年下半年日本企业开始大举投资美国不动产,收购了纽约、洛杉矶等地的多家地产。

总之,企业热衷于理财的外因是利率的普遍降低和银行、证券业的竞争加剧,而不尊重股东利益的企业决策方式则是日本企业走向投机的内因。第二次世界大战后民主改革以来,股票曾一度被分散到个人手中,个人持股比率高达70%,但股价不稳定为企业筹资带来了困难。为了稳定股价,各大公司在20世纪50年代末相继实施了稳定股东政策,收购个人持有的股票,通过系列企业、银行系列贷款形成相互持股体系,一方面稳定了各公司经营,另一方面也形成了公司运营者相互支持、无视小股东利益的法人资本主义机制(见图2-7)。

图2-7 20世纪90年代日本股票市场风险传导过程

2.3 2007年美国次贷危机

2.3.1 发生背景

从本质上说，2007年发生的美国次贷危机是一场由信用风险累积而酿成的信用危机。仅仅是次级债及衍生产品的规模就超过了12万亿美元，次级贷款的期限大多为30年。美国金融危机调查委员会在调查结论中说，1978—2007年，金融部门所持有的债务从3万亿美元飙升到36万亿美元，占GDP的比重提高了两倍还多。[①]次贷危机导致发达国家资本市场上各种资产价格的普遍下跌，并进一步导致资产价格危机。美联储和欧洲中央银行的联合注资行为，以及美联储的连续降息，虽然逐渐缓解了金融市场上的流动性短缺，但迄今为止尚未彻底改善信贷紧缩的局面。此外，次贷危机已经从金融市场传导至实体经济，2008年美国GDP同比增长率为 -0.3%，远低于2007年的2.2%和2006年的3.3%，2009年美国经济在2008年负增长的基础上再下一个大台阶，年增长率为 -2.8%，失业人群超过2600万人，从而陷入技术意义上的衰退。

今天，当我们回首审视时不难发现，次贷危机酝酿过程中有几个重要的因素。第一，长期的低利率政策导致流动性泛滥和经济的泛债务化。从2001年起，美联储实行的低利率政策使资本变得很容易获得。在资产价格泡沫破灭以及"9·11"恐怖袭击后，美联储迅速采取降息政策，短期利率水平在一年内由6.5%减至1.75%，此后，联邦基金利率又降至1%，为40年来最低水平。加之国际投资者十分乐意投资不动产领域，这些都为信贷泡沫的产生提供了条件。第二，美国政府的住房政策。危机之前，美国政府在长达几十年的时间里，通过一系列刺激政策来鼓励

---

① 王欣红，刘洪峰等译. 金融危机调查报告：美国金融与经济危机起因调查委员会最终报告 [M]. 北京：社会文献出版社，2013：3.

私人购房。长期的利率政策效果明显,再加上政策实施的减税政策,推动美国房贷需求和房价不断攀升。2000—2006 年,美国房价指数上涨了80%,涨幅为历史之最。第三,以商业银行为首的金融机构追求利润最大化,不断增加发放住房抵押贷款,且次贷的规模占比逐渐增大。《金融危机调查报告》显示,1980 年,美国金融部门利润占全部企业利润的15%,到危机前这一数字上升到27%。为增加流动性,商业银行通过资产证券化手段,把这些贷款打包成抵押贷款支持证券(MBS)、资产支持证券(ABS)等债券,发行到债券市场。众多的投资银行、商业银行和基金公司为上述证券提供担保或直接购入,参与到其发行和交易之中。美联储数据显示,次级贷款占全部住房抵押贷款的比例从5%上升到2006年的20%。一些贷款机构甚至推出了"零首付""零文件"的贷款方式,宽松的贷款资格审核放弃了信贷强调的第一还款来源——借款人的偿付能力,仅依靠房地产的抵押价值,造成贷款违约风险的不断积累。因为次级抵押贷款的收益率高于优质贷款,即使违约率较高,只要房价上升,一旦违约可没收抵押品,通过拍卖收回贷款本息,所以房价上涨有力地支持了次级按揭贷款的发放,借款人可以通过融资缓解偿付压力,达到无风险套利,过度贷款导致房地产市场泡沫升级。第四,在 MBS 的基础上,不断推出新型结构性金融工具,如信用违约掉期(Credit Debt Swap,CDS)和担保债务凭证(Collateralized Debit Obligation,CDO),以满足市场需求。事实上,这些复杂的衍生金融产品无论是对于监管者还是对于投资人,并没有多少人真正明白其中的风险。资产支持证券反复衍生和杠杆交易的真正目的只有一个——满足市场对流动性的需求,但是却造成了风险积累并放大了潜在的风险。

2.3.2 主要过程

2003 年 6 月至 2004 年 6 月,美国利率水平一直维持在低位。之后,由于通货膨胀压力的增大,美联储开始逐步提高利率,至 2006 年 7 月末,连续 17 次加息,联邦基金利率由 1%上升至 5.25%,并一直维持到

2007年9月中旬。在此期间，由于货币政策的时滞性，政策效果尚未立即显现，加之金融衍生品的不断发展，次贷市场仍是一片繁荣，然而宏观经济环境的变化使这种繁荣无法持久维持下去，利率调整后的政策在2006年下半年日渐显现，美国房价开始下降，这使原本资信状况欠佳的贷款人越来越难以承受房贷负担，违约率上升。次级抵押贷款借款人的违约切断了上述金融工具赖以产生的基础——现金流，风险开始暴露。2007年4月，曾经是美国第二大次级债券的债权人的新世纪金融公司（New Century Financial Corporation）宣布申请破产保护①，由此拉开了次贷危机的帷幕。至2007年7月末，次贷危机全面爆发，标准普尔降低了次债的评级，贝尔斯登旗下两只高收益基金投资者面临25%的损失，欧美股市全线暴跌，违约率逐渐增加，次贷拖欠60天的比率超过15%，是2005年同期的3倍。

次贷危机一共经历四轮冲击波：第一波冲击始于2007年7月、8月，表现在危机集中显现，大批持有次级住房抵押资产的金融机构纷纷破产倒闭。美国联邦储备委员会进入降息周期。第二波是2007年11月至2008年2月，随着银行业和其他金融机构季报和年报的公布，金融机构亏损和风险敞口不断暴露，尤其是花旗银行、美林银行和瑞银集团等全球著名金融机构因次级贷款出现巨额亏损的消息，使市场发现，此次危机给大型商业银行和投资银行等金融机构造成的风险敞口和实际损失远远大于市场预期。市场流动性压力骤增，迫使美联储和一些西方国家中央银行联手采取干预措施。第三波则是2008年3月，美国第五大投资银行贝尔斯登（Bear Stearns）濒临破产，迫使美联储紧急注资，并大幅降息75个基点。第四波

---

① 新世纪金融公司成立于1995年，位于美国加利福尼亚州尔湾市。作为全美国第二大次级贷款公司，次贷危机中过度借款给购房者的公司代表。2007年3月12日，新世纪金融公司披露，因为资金匮乏，银行已经切断其借款来源。当天新世纪股票推迟开盘，收盘价为1.66美元，比前一交易日下跌近50%；与2006年5月的年度最高点51.97美元/股相比，公司股价下跌了96.8%。2007年3月13日，纽约证券交易所停止了新世纪金融公司股票的交易，并准备将其摘牌。随后，公司宣告破产。破产审查报告称这家公司"对发起越来越多贷款产生厚颜无耻的痴迷"。

冲击的标志是房利美（Fannie Mae）和房地美（Freddie Mac）两家公司①被接管。2008年9月10日，美联储和财政部宣布接管房地美和房利美，事实上，这是美国政府为缓解次贷危机而采取的最为重大的措施。美国财政部获得授权，通过购买股权方式向"两房"各注入1000亿美元的流动性。此时，美国的决策者们已经意识到，房利美和房地美的问题是整个金融市场面临系统性风险，政府接管"两房"是保护市场和纳税人的最佳手段，有助于稳定全球金融系统。2008年9月16日，美联储向濒临破产边缘的美国国际集团（AIG）提供了850亿美元的紧急贷款。为了确保纳税人利益不受损害，AIG将以全部资产作为贷款抵押。同时，美国政府将持有AIG79.9%的股权，并拥有对普通股和优先股股东分红派息的否决权，这意味着，美国政府使用与接管"两房"几乎相同的方式接管了AIG。

次贷危机的扩散过程由四个方面展开，在时间上相互交叉，在效应上相互推动。一是次贷危机向金融危机发展。二是从区域危机向全球危机开展。三是沿着流动性危机（美国房地产次级抵押贷款市场出现支付危机，金融市场中一切以次级抵押贷款为基础的债券及其在这些债券上进一步衍生出的金融产品出现了严重贬值）——信用危机（主要标志是信用违约掉期等金融衍生品市场出现全面危机）——利率市场危机（房利美、房地美发行的信用等级接近美国国债的债券出现孳息率大幅上升的危险局面，这种危机影响美国的国债信心，从而触发更大规模的全球金融市场震荡。金融衍生品市场中规模最大的利率掉期市场面临崩溃）——美元地位危机（美国国债和房利美、房地美债券的信心危机，导致世界范围内对美国金融产品的恐慌性抛售）的路径演变。四是流动性危机从金融部门向实体经

---

① 房利美全称为"联邦国民抵押贷款协会"（Federal National Mortgage Association），成立于1938年；房地美全称为"联邦住房贷款抵押公司"（Federal Home Loan Mortgage Corporation），成立于1970年。房利美和房地美是美国最大的两家非银行住房抵押贷款公司。两家公司均属于由私人投资者控股但受美国政府支持的特殊金融机构，主要从事抵押贷款公司、银行和其他放贷机构购买住房抵押贷款等业务，并将部分住房抵押贷款证券化后打包出售给其他投资者。房利美和房地美的使命，就是为住房市场提供流动性、稳定性以及购买力。它们在二级市场上收购按揭贷款，组成一个资产池，然后以此为基础在公开市场向投资者发行证券，即抵押贷款支持证券（MBS）。

济部门扩散，也就是金融危机向经济危机的过渡。

在整个次贷危机过程中有一些具有历史意义的重要事件值得回顾，这就是华尔街五大投资银行命运的转变。投资银行造成的系统性风险以及在金融危机中所扮演的角色也是本书所关注的重点。

在华尔街五大投资银行中最早暴露风险的是贝尔斯登（Bear Stearns）。贝尔斯登成立于1923年。公开数据显示，2006年末的资产总额为3504亿美元，一级资本为120亿美元，营业收入为92亿美元，将近80%来自资本市场收入，税后净利润为20亿美元。2006年底，贝尔斯登旗下的资产管理公司管理着11只资产价值合计183亿美元的CDO产品和2只资产价值为180亿美元的对冲基金。2007年7月18日，贝尔斯登的两只对冲基金陷入困境，预计亏损16亿美元。但是，到同年9月20日，贝尔斯登宣布5月底至8月底间公司账面资产缩水达420亿美元。巨额亏损导致贝尔斯登旗下对冲基金的投资者和债权人开始恐慌，随后，更多的客户要求解除与贝尔斯登的交易或者抽回投资资金，出现客户挤兑潮，恐慌性地提取现金。在此情况下，2007年10月22日，贝尔斯登宣布了与中信集团正在谈判的交易，如果完成交易，贝尔斯登将从中国获得10亿美元的资金支持。贝尔斯登的决策者认为："通过与重要的市场领导者合作，会给贝尔斯登在世界上发展最快的地区之一留下独一无二的脚印"。遗憾的是，这桩交易最终未能成功，① 贝尔斯登的超额流动性很快就从200亿美元下降到30亿美元左右。2008年3月14日：美联储决定通过摩根大通公司（JP Morgen）向贝尔斯登提供应急资金，以缓解该公司的流动性短缺危机。2007年初，贝尔斯登股价最高曾达到159美元/股，此时，股价已经下跌了95%，公司市值大幅缩水。2008年5月，摩根大通以总价约22亿美元收购贝尔斯登，一家近百年的华尔街投资银行从此消失。

第二家暴露风险的投资银行是雷曼兄弟（Lehman Brothers）。1844年，

---

① [美]威廉·D. 科汉. 贝尔斯登：华尔街的荣耀、贪婪与毁灭［M］. 北京：华夏出版社，2010：347.

年仅22岁的德国青年亨利·雷曼（Henry Lehman）乘坐"勃艮第"号轮船来到纽约曼哈顿，白手起家做了6年流动杂货生意后，在阿拉巴马州的蒙哥马利市创办了雷曼兄弟。1850年公司正式成立后，雷曼兄弟用了158年的时间从一家南方家用棉织物销售代理商逐步发展成具有国际影响力的投资银行。[①] 根据公开资料，到2008年8月，雷曼兄弟拥有资产总额超过6000亿美元，股东权益约300亿美元。与贝尔斯登同病相怜，雷曼兄弟也是因为投资次级抵押住房贷款产品而遭受巨大损失。2006年，公司与抵押贷款相关的资产为670亿美元，但是到2007年，这一数字已经上升到1110亿美元。《金融危机调查报告》认为，抵押贷款类资产的大幅增加是导致雷曼兄弟最终破产的重要原因。[②] 可以想象，雷曼兄弟6100多亿美元的账面资产，绝大多数属于"有毒资产"。2008年6月12日，雷曼兄弟对外公布，第二季度预计亏损额约28亿美元，即每股收益 – 5.14美元。消息公布当天，雷曼股价下跌4.42%，收于22.70美元/股。2008年6月30日，雷曼兄弟股价下跌至19.81美元/股，跌幅高达11%。此时，雷曼兄弟股价已跌至2000年5月以来的最低点。2008年7月11日，市场传言雷曼兄弟可能会步贝尔斯登后尘，股价再次大跌16%，报收于14.49美元/股。2008年9月10日，雷曼兄弟公布的财报显示，第二季度损失为39亿美元，这是雷曼兄弟自成立以来单季度蒙受的最惨重损失。2008年9月12日，雷曼兄弟股价跌至3.65美元/股，较2007年年初最高价86.18美元/股已经跌了95%。由于所有潜在投资方均拒绝介入，在美国财长保尔森明确表示"不会用纳税人的钱来救雷曼"之后，雷曼兄弟只能向纽约南区美国破产法庭申请破产保护。MIF总裁拉加德（Christine Lagarde）事后在文章里写道：雷曼兄弟倒闭事件引发了金融体系更大范围的挤兑，最终导致了系统性危机爆发。总共有24个国家深受银行业危机之害，其中多数国家

[①] [美] 彼得·查普曼. 最后的财富帝国：雷曼兄弟走过的一个半世纪 [M]. 北京：中信出版社，2011：17.

[②] 王欣红，刘洪峰等译. 金融危机调查报告：美国金融与经济危机起因调查委员会最终报告 [M]. 北京：社会科学文献出版社，2013：227.

的经济活动至今仍未回归正轨。① 毫无疑问，雷曼兄弟破产已成为整个华尔街金融危机过程中最具有标志性意义的事件。

美林证券（Merrill Lynch）的命运改变。成立于1914年的美林证券是享誉全球的华尔街著名投资银行之一。早在20世纪20年代，美林证券就将公司总部设在纽约紧邻华尔街的百老汇大街，并在底特律、芝加哥、丹佛、洛杉矶和都柏林设有分支机构。到次贷危机前，美林证券的业务拓展和分支机构已经遍布世界40多个国家，在美国国内的新泽西州、科罗拉多州、佛罗里达州、犹他州和加利福尼亚等州设有美国业务管理中心，为全球客户管理着1.8万亿美元的资产规模。伴随20世纪50—60年代美国经济的飞速发展，美林证券转型为依靠经纪业务发展的证券零售经纪商，将证券零售经纪业务做到全美第一。到60年代末，美林证券成长为华尔街大型投资银行之一。1971年，美林证券在纽交所上市，成为美国最早在证券交易所公开上市的投资银行。90年代后期，美林证券借国际化掀起了并购浪潮，成为名副其实的跨国投行巨头。1993年，美林证券在北京设立代表处，成为第一个在中国设立分支机构的美国投资银行。自70年代开始，受佣金自由化影响，美林证券由零售经纪业务开始向财富管理转型。2000年，美林创下了新的业绩纪录，全年净利润达到37亿美元，首次超过高盛，在华尔街五大投资银行排名第二，达到了公司发展的鼎盛时期。2005年，为了寻找新的业绩增长点，美林证券作为后来者开始深度介入住房担保抵押债券业务，并在一年内成为全球最大的贷款抵押权证承销商。2006年9月，当房地产泡沫开始收缩、违约率开始上升的几个月后，美林证券宣布将以13亿美元的价格，从国家城市公司（National City Corp.）收购全美最大的次级抵押贷款公司——第一富兰克林金融公司（First Franklin Financial Corp.），开始计划自己发行住房抵押贷款，并将其打包成担保债务凭证。其实，在收购第一富兰克林金融公司之前，美林证券已经持有奥尼抵押贷款公司（Ownit Mortgage Solutions）股份。完成第一富兰克林金融公

---

① https：//www.imf.org/external/chinese/np/blog/2018/090518c.pdf.

司收购后,次贷危机即爆发,两家公司很快都停止运营。① 2007 年 11 月,美林证券对外公告因房贷衍生产品亏损 84 亿美元。2008 年,亏损额进一步扩大到 272 亿美元,信用损失超过 400 亿美元。美林证券不得不在纽约联邦储备银行的支持下,寻求出售自己。2008 年 9 月 15 日,美国银行与美林证券达成协议,以每股 29 美元的价格收购美林证券。这一天,恰好也是雷曼兄弟宣布破产的日子。这家拥有百年辉煌历史的投资银行在写下傲人业绩的延绵记录之后,黯然成为银行子公司并从此风光不再。

高盛(Goldman Sachs)与摩根(Morgan Stanley)无奈转身。其实在美国金融发展史上,当之无愧地长期站在华尔街最顶端的投资银行是高盛集团和摩根士丹利。高盛集团成立于 1869 年,是美国历史最长的投资银行。而摩根士丹利虽然成立于 1935 年,却天然拥有着高贵的摩根血统,因为摩根财团(JP Morgan)的历史可以追溯到 1859 年。在 2017 年《财富》美国 500 强排行榜中,摩根士丹利排名第 76 位,高盛集团排名第 78 位。2007 年的次贷危机是美国投资银行自大萧条以来遭遇的最大危机之一,继贝尔斯登被低价收购、雷曼兄弟宣布破产和美林证券出售给美国银行之后,高盛集团和摩根士丹利陷入了巨大的流动性压力之中。虽然美国政府宣布 7000 亿美元救市计划后,两家投资银行一路下跌的股票价格逐渐企稳并随美股大盘上扬,但是这并不能从根本上改变它们的身陷危机的困境。两家投资银行在经历了多方寻求合并谈判之后,最终选择了放弃自己现有的法人地位,向美联储申请转为银行控股公司。作为银行控股公司,高盛和摩根士丹利可以获得与其他商业银行一样开展传统银行业务的资格,可以吸纳储蓄,并且通过吸收商业存款的方式来创造支撑自己非银行业务所需要的流动性。更重要的是,成为银行控股公司之后,两家银行获得的存款受到美国联邦存款保险公司(FDIC)的保护。此举无疑能够保证两家银行业务相对的稳定性,而这正是次贷危机给所有华尔街投资银行带来的切肤之

---

① 王欣红,刘洪峰等译. 金融危机调查报告:美国金融与经济危机起因调查委员会最终报告 [M]. 北京:社会科学文献出版社,2013:268.

痛。美国金融与经济危机起因调查委员会事后发现，2004—2007年，投资银行的杠杆率一直都在增长。① 对于投资银行而言，传统业务主要集中在各种类型的大额有价证券投资、金融融资以及企业兼并收购顾问等，尽管这些业务大都利润丰厚，但却伴有极高的风险，一旦出现流动性危机，投资银行往往首当其冲受到冲击，需要承担巨额损失。

次贷危机不仅从根本上改变了美国投资银行的生存格局，也使整个金融业发生了巨变。危机过去两年后，摩根士丹利董事长约翰·麦克（John Mack）对媒体说，我不认为投资银行的商业模式失败了，而是结构改变了，从30倍的杠杆交易回到了15倍的杠杆交易；从较多的非流动性资产回到了较多的流动性资产。麦克是这场金融海啸中硕果仅存的华尔街领袖之一，他成功地驾驭自己公司与危机对抗并使公司得以保全。因此他强调说，不能只根据这两年的情况，就断言投资银行的商业模式是失败的。② 但是，随着高盛集团和摩根士丹利转型为普通商业银行的申请被美联储批准，事实上华尔街大型独立投资银行呼风唤雨的历史已经不复存在了。传统意义上投资银行享有很高的自由度，只需接受美国证券交易委员会（SEC）的监管，与美联储的监管标准相比，SEC在过去几十年的监管标准一直都太过宽松，现在，这种情况已经成为历史。时任美联储主席的伯南克（Ben S. Bernanke）事后说，华尔街五大投资银行的消失标志着一个时代的结束。③

2.3.3 主要经济后果和对美国及全球经济的影响

2018年9月，在次贷危机发生10年之际，MIF总裁拉加德（Christine Lagarde）回顾危机并反思："时至今日，全球金融危机仍然是我们这个时代具有决定意义的事件之一。它会给经历过这次危机洗礼的一代人留下永

---

① 王欣红，刘洪峰等译. 金融危机调查报告：美国金融与经济危机起因调查委员会最终报告［M］. 北京：社会科学文献出版社，2013：197.
② 胡采苹. 投行的回归：专访摩根士丹利董事长约翰·麦克［J］. 财经，2010（18）.
③ ［美］本·伯南克. 灭火：美国金融危机及其教训［M］. 北京：中信出版社，2019：84.

恒的烙印。"她进一步说:"这次危机的发生将使普通美国人一生中的收入减少70000美元。此外,各国政府仍然感到经济拮据。发达经济体的公共债务增长幅度超过了GDP的30个百分点——部分原因在于经济疲软,另一部分原因在于刺激经济的努力,还有一部分原因在于救助濒临破产银行的行动。"毫无疑问,危机给全球经济体系造成了巨大的破坏。第一,次贷危机重创了美国的银行体系。美国有大量的州立银行与中小银行,这些银行在过去几年内投资了大量的次级抵押贷款金融产品以及其他证券化产品。次贷危机爆发后,它们出现了大面积的资产减记与亏损。这些中小银行抵御危机的能力很差,也很难得到美国政府的救助,因此在未来破产倒闭的概率很高。第二,次贷危机也重创了全球金融业。全球信用衍生品市场规模已达500多万亿美元,信用违约掉期(CDS)高达62万亿美元,信用衍生品市场参与者已从最初的银行扩展到固定收益投资者、保险公司、高收益市场基金、新兴市场基金以及非金融机构。在全球金融市场信心受到次贷危机的普遍打击后,信用衍生品立刻遭到了信用贬值的冲击。据不完全统计,英国、德国、法国、瑞士、荷兰、日本、澳大利亚等国家的50多家银行、对冲基金、养老基金及保险公司受到波及,损失上千亿美元。第三,美联储频繁降息,从长远看不利于美元现有地位的维持。可以预见,区域货币、金融合作将加强以抵消美元汇率波动。同时,美元的国内购买力难以维持,在美国仍然存在大量逆差的背景下,频繁降息造成的美元贬值压力从远期看将削弱美元的国内购买力,使通胀压力进一步加剧。第四,国际贸易格局将发生变化,对国际货币体系主导权的争夺日趋激烈。当前不平衡的国际贸易格局是与美国过度消费模式相联系的。国际金融危机促使各国反思过度消费模式,必然引起各国对外贸易的调整,以内需为主将成为各国的重点,贸易格局将趋于均衡化。国际金融危机引发的全球流动性的重新布局以及资产、公司价值的重估会引发新一轮的并购重组与财富争夺。第五,对国际金融市场的悲观预期。国际金融市场未来的前景具有极大的不确定性,由于次贷市场具有加大的分散度和极差的透明度,因而投资人难以确定谁持有高风险债务及这种风险的程度和密集度。

人们对不确定性产生恐惧感，进一步加重了市场的悲观预期。更为严重的是，向次贷市场发放的大部分贷款是通过表外业务进行的，因而未来的预期特征将非常不显著。由于次贷危机造成的对金融体系的冲击，已经通过不同的渠道影响到实体经济，造成了全球性的经济衰退。

2.3.4 主要原因分析

（1）过度创新与结构性产品的复杂性

金融创新是金融发展的内生性动力，也是最大的风险诱发因素。传统经济学理论告诉我们，金融创新与其他创新一样，它的目的是获得市场超额利润。在绝大多数情况下，创新的本质其实就是监管套利（Regulatory Arbitrage）。从这个意义上理解，监管部门不应当过分鼓励金融创新，因为对于金融市场和金融监管而言，信用和杠杆将使金融创新变成一把锋利无比的"双刃剑"。过度创新和盲目创新使金融创新离开了监管，必然会失去方向，带来危害——这一点已经在这场危机中得到了充分证明。另外，次贷危机也暴露了美国金融监管体制改革的滞后。1999年出台的《金融服务现代化法案》标志着美国金融业进入混业经营时代，但是美国仍然实行分业监管，金融监管机构多达七家，如果把带有某些监管职能的机构算进去，监管机构则更多。保险公司、商业银行、投资银行等分别属于不同的政府机构监管。次贷证券化过程中有众多不同类型的机构参与，需要各监管机构高度协调配合。监管机构过于庞杂就会出现协调不当和错配问题，更容易出现监管漏洞。此外，对金融创新的监管不力，鼓励多而监管少，特别是场外市场的衍生产品发展过快，导致监管滞后，而且对中介机构的监管乏力。基于此，监管与创新失衡，监管机构不能科学识别并正确处理创新过程产生并累积的风险。

引发本轮危机的次级信贷产品，从最初的房屋抵押贷款到最后的信用衍生产品CDO和CDS等，中间经过借贷、打包、信用增级、评级、销售等繁杂阶段，整个过程涉及数十个不同的机构参与，信息不对称的问题非常突出。如果追溯历史，CDO的始作俑者是迈克尔·米尔肯（Michael

Milken)。① 1987年，当时在德崇证券（Drexel Burnham Lamber）的米尔肯利用不同公司的垃圾债券组成了第一只CDO，目的是汇集众多债券能够降低投资者购买单一债券而承担的较大风险。但是，由于CDO具有交易结构的复杂性、资产出售和转让的复杂性、信用增级的复杂性，必然导致交易信息的不对称性。一般而言，资产在公开市场交易，价格公开透明，在私下的OTC交易，由于没有公开价格，资产透明度极差。次贷危机前，那些参与结构化产品的投资银行和经纪公司75%~80%的资产是不能马上在市场标价的，由于信息透明度不够，资产定价困难，市场参与者不知道所持有的资产风险究竟有多大，绝大多数投资者都依赖于评级机构的评级来确定投资的选择。正如海曼资本咨询公司（Hayman Capital Advisor）的凯尔·巴斯（Kale Bass）在众议院金融委员会作证时所说，CDO是晦涩难懂的结构性金融产品，那些精心设计出来的高风险、低评级次级贷层级对消费者极有吸引力，让他们上当受骗。②

（2）中介机构未能尽职履行他们的使命

美国金融危机调查委员会的结论之一就是"信用评级机构的失败是此次金融灾难齿轮中关键的一环。"委员会认为，信用评级机构没有履行它们的核心使命，没有通过提供准确的评级信息达到保护投资者利益的目的。③ 来自业界的评价更加直接："评级机构利用点金术和人们对做了手脚的相关性假设的疏忽，就达到了吸引投资者上钩的目的。"

具体地说，一是评级机构的市场地位及盈利来源容易导致评级行为的

---

① 迈克尔·米尔肯（Michael Milken），投资分析师，美国历史上的金融创新者，也是自J. P. 摩根以来美国金融界最有影响力的人物。20世纪80年代，米尔肯因发明"垃圾债券"（Junk bond）而驰骋华尔街。"垃圾债券"的诞生使很多中小企业可以通过融资方式实现收购，即杠杆收购。"垃圾债券"的出现不仅掀起席卷全美的企业购并浪潮，也深刻影响了美国金融证券发展的历史。1990年，法庭以6项罪名判处米尔肯10年监禁，赔偿和罚款11亿美元并禁止他再从事证券业。1993年，米尔肯被提前释放，他与家人创办了新的公司并从事慈善事业。2019年，在福布斯全球富豪排名中，米尔肯以36亿美元财富总额排名第597位。

② 王欣红，刘洪峰等译. 金融危机调查报告：美国金融与经济危机起因调查委员会最终报告［M］. 北京：社会科学文献出版社，2013：190.

③ 王欣红，刘洪峰等译. 金融危机调查报告：美国金融与经济危机起因调查委员会最终报告［M］. 北京：社会科学文献出版社，2013：279.

扭曲。在评级产业初创阶段，评级机构的报告是由投资者支付费用。20 世纪 70 年代，评级机构的商业模型开始改变，费用开始由证券发行人来支付。评级机构代表了投资者利益，但是大部分情况下收入来源是证券发行人，这就造成了潜在的利益冲突，即信用评级机构被认为在证券发行人的压力下给证券不公正的评级。这样信用评级会变得缺少精确性和诚实性，信用评级机构自身面临社会信用问题。数据显示，与传统的公司债评级业务相比较，评定同等价值的次级债券，评级公司得到的费用是前者的两倍，这是评级机构不能客观对次级抵押贷款证券风险做出评价的原因之一。

二是信用评价机构的亲周期性与预警能力的滞后性。首先，评级机构评级结果容易受到经济周期的影响，表现出与经济周期高度一致的特征。其次，很多证券风险已经显性化的情况下仍旧没有出现评级的变化。对于大多数投资者而言，由于自身风险估计能力有限，信用评级是其判断证券风险的主要依据，投资者对于评级机构过度依赖。一旦评级公司对于风险的预警出现滞后，投资者不能及时调整投资策略，此时的风险将会直接造成损失。同时，监管部门也会因为对评级信息的依赖而出台相对滞后的监管政策。最后，信用评级技术的缺陷。信用评级机构被指责的一个重要原因是对证券发行人信息不能精确地进行评估，进而造成证券信用风险估计的误差。证券信用风险估计过程，关键的估计因素是违约概率和违约回收率。在次贷危机的过程中，评级公司技术的缺陷导致对于违约概率和违约回收率的估计都存在偏差。

三是会计财务规划及风险定价公允性出了问题。从会计规则看，最近十余年来金融机构普遍采用的会计准则之一是市值定价，也被称为按公允价值定价，其核心在于金融机构应定期针对某项资产的市场价格，调整资产负债表上的相应资产价格。市值定价的确有助于让资产负债表更加公允地反映市场价值，但客观上，它使金融机构的资产负债表亲周期特征明显，在市场繁荣时期同时扩张而放大了进一步的繁荣，它也导致金融机构资产负债表在危机时期同时收缩而加剧危机的严重程度。金融机构资产负债表的收缩也将导致金融机构账面利润或亏损的同步变动，从而放大利润或亏损。从风险定价看，金融机构过分依赖数据模型对风险进行定价与计量，忽视了分析判断，过度依赖历史数据而忽视数据变化。在复杂衍生产品的定价和估值中，往往反应滞后，造成巨大损失。

(3) 金融机构的公司治理与风险控制形同虚设

美国金融危机调查委员会的另一个重要结论是"此次金融危机的一个关键原因是众多具有系统重要性的金融机构在公司治理和风险管理方面的严重失败"。[①] 大量事实表明，公司治理已经无法对过度贪婪和疯狂扩张形成约束。一些金融机构声称稳健的监管政策和经营政策阻碍了金融创新。其实，这背后的真正原因是金融机构对利益的过度追求。很多金融机构越来越多地经营高利润、高风险业务，在不断制造、打包、再打包并发行和销售数以万亿计的抵押贷款证券和衍生产品的同时，风险敞口越来越大。

具体来说，一是激励机制的扭曲表现在以当期业绩作为奖惩依据。对员工起薪较低，但对那些业绩优异的员工则给予重奖，股东对管理层也同样如此，看涨式期权类的奖金激励方式大行其道，极大地助长了金融业高管层的道德风险。二是金融机构风险管理实践中存在缺陷。对市场流动性、表外风险敞口及衍生产品风险等评估和管理不够严格，特别是美国实行的多元化监管，还存在较多空白。同时，在险价值模式为基础的资产负债管理方法，事实上使财务杠杆（负债与资本金比例）内生化，与上述会计规则共同作用，放大了周期性外部冲击的影响。三是美国投资银行经营边界模糊与高杠杆采用。传统投资银行以赚取佣金收入为主，20 世纪 90 年代以来，对资本金要求很低的投资银行在高利润的诱惑和激烈竞争的压力下，大量从事次级信贷产品市场投资，投资银行悄然变成了追逐高风险的对冲基金。高杠杆的大面积使用使投资银行的经营风险不断上升，一方

---

① 王欣红，刘洪峰等译. 金融危机调查报告：美国金融与经济危机起因调查委员会最终报告 [M]. 北京：社会科学文献出版社，2013：5.

面由于杠杆率较高,一旦投资出现问题会使其亏损程度远远超出资本金;另一方面高杠杆使这些投资银行对流动性要求很高,在市场较为宽松时,尚可通过货币市场融资来填补交易的资金缺口,而一旦自身财务状况恶化,评级公司降低其评级使融资成本上升,便可能造成投资银行无法通过融资维持流动性。

(4)金融规制及金融监管的失败

20世纪30年代大萧条后,美国国会银行调查委员会经过大量调查后提出,商业银行经营证券业务和保险业务,不仅造成短期负债与股票、债券等长期资产之间比例严重失衡,而且极大地影响了商业银行经营的稳定性,损害了储户利益,金融业必须实行分业经营和分业监管。1933年,作为罗斯福新政的重要内容之一,美国出台《格拉斯—斯蒂格尔法案》(Glass – Steagall Act,即《1933年银行法》),开始对金融业实行严格的分业经营和分业监管,商业银行不得经营证券业务,不得为自身投资而购买股票,为商业银行和证券业之间筑起一道"防火墙",目的在于控制银行资金进入资本市场进行套利活动。20世纪70年代"布雷顿森林体系"崩溃以后,国际经济金融环境发生巨大变化。美国资本市场迅速发展,资本商品和衍生商品大量产生,银行业也开始进入这个能够带来利润的新市场。加上保险业和名目繁多的投资基金兴起,资本市场在美国金融中的地位明显上升,为投资者和经营者提供了巨额回报。此时,金融机构为求发展空间,频繁使用相互持股、购并等手段以规避该法。人们普遍认为《格拉斯—斯蒂格尔法案》无法适应以金融控股公司为主金融行业发展模式,降低了金融业效率,已经成为制约金融业发展的桎梏。

到20世纪80年代,伴随着经济全球化的迅速发展,国际金融进入了新的竞争阶段。以撒切尔夫人、里根为首的英美政府鼓吹私有化和市场自我调节,新自由主义成为西方国家经济发展的主导思想和制定经济政策的理论基础,也成为美国在全球推行金融自由化的工具和理论根源。经济自由主义强调"市场自我调节"和"最少的政府干预,最大化的市场竞争。"对于美国而言,金融全球化趋势加快以及电子技术的发展,极大地促进了金融业国际交易成本的降低和交易规模的扩大，在新形势下美国金融业将国际竞争、赢得全球市场作为目标。在这样的背景下，鼓励和促进美国金融业增强国际竞争力成为理所当然的立法理念，新的金融立法新理论就产生了。1988年，第一次尝试废除《格拉斯—斯蒂格尔法案》，未获得国会通过。1999年，克林顿政府提交了1991年由老布什政府推出的《监管改革绿皮书》（Green Book），获得国会通过，最终形成了《金融服务现代化法案》（Financial Services Modernization Act），废除了《格拉斯—斯蒂格尔法案》有关条款，从法律上消除了银行、证券、保险机构在业务范围上的边界，结束了长达66年之久的金融分业经营的历史。

金融自由化的确带来了金融业比其他实体经济部门更快的增长，20世纪80年代以后的20年，美国金融部门产出占GDP比重从5%增长到8%，正是这种对市场过分信任的理念助长放任了市场微观主体的非理性行为，造成了金融市场的坍塌。美国金融危机调查委员会对金融监管者的结论是"监管者没有尽忠职守，因为人们普遍相信市场自我纠正的本性和金融机构有效自我管理的能力。"① 美国等西方发达国家在应对这场危机采取的干预，以至于收归国有等措施，包括时任美联储主席格林斯潘（Alan Greenspan）事后的认错，对美国来说是一个极大的讽刺。格林斯潘说："虽然监管经常面临多重目标，但在某些特定情况下，如果可以有效识别和抑制非理性行为，监管缺失能够发挥稳定作用。"② 事实上，在金融危机之前的30多年里，放松监管和依赖金融机构自我管理的观念一直不同程度地被监管部门和历届政府所接受。1999—2008年，金融机构对联邦政府的游说支出竟然达到惊人的270亿美元，这其中并不包括金融机构个人在竞选中超过10亿美元的捐款。这些数字足以表明，美国证券市场存在明显的监管俘获（Regulatory Capture）现象。金融危机调查

---

① 王欣红，刘洪峰等译. 金融危机调查报告：美国金融与经济危机起因调查委员会最终报告 [M]. 北京：社会科学文献出版社，2013：4.
② [美] 艾伦·格林斯潘. 动荡的世界：风险、人性与未来的前景 [M]. 北京：中信出版社，2014：7.

委员会得出的第一个调查结论就是"这场危机本来是可以避免的"！也就是说，那些本来可以帮助避免金融危机的防护性措施完全是人为地被一步步地拆除了。作为监管放松和监管缺失的一个必然结果，金融体系中迅速滋生出大量的影子银行。曾经任职国际证监会组织技术委员会和香港金融管理局的沈联涛（Andrew Sheng，2010）坚定地认为，次贷危机的根源是形成了缺乏监管的影子银行系统。在当时的监管环境下，正是以投资银行和各种基金形成的影子银行系统创造出数以万亿美元的风险资产出现监管缺口。

（5）金融体系和金融结构严重失衡

一是金融体系内部的流动性过剩与不足的失衡。自1973年美元与黄金脱钩后，国际货币体系成为美元本位，其实质上是信用本位，这为美元无限发行开了方便之门。全球流动性过剩成为一个基本态势，但是鉴于经济周期的影响，时而又出现流动性不足，这就导致货币当局时而放松流动性，时而采取紧缩。例如，2000年以来美国实行了宽松的货币政策，从2001年1月至2003年6月，美联储连续13次下调联邦基金利率，该利率从6.5%降至1%的历史最低水平，直接促成了2001—2005年美国房地产市场的繁荣。美联储实行低利率政策，让联邦基金利率在1%的水平上停留了一年之久，给美国社会提供了大量的廉价资金，推进了房地产泡沫持续膨胀。随着美国经济的反弹和通胀压力增大，从2004年开始，美联储启动了加息周期，在一年半时间内17次加息，一年期国债收益率从1.25%涨到5%。由于此前市场预期利率长期走低，借款人较偏好浮动贷款利率，加息后贷款利息负担大大加重，特别是次级贷款的借款人主要是抗风险能力弱的低收入人群，很多人在此情况下无力还款，房贷违约率上升。正是货币政策造成并刺破了美国房地产市场的泡沫。与此同时，美国国际收支经常项目逆差不断增加，高达GDP的5%以上，美国用信用美元换取了大量国外廉价的商品和劳务供美国消费，美国向全球输出流动性，又用各种美元金融资产换回美元。因此，国际货币体系的缺陷、流动性失衡是这场危机根源所在。

二是金融体系与实体经济的失衡。金融体系通常表现为虚拟经济，在市场经济中，金融表现为信用制度和资本证券化基础上产生的虚拟资本的活动。实体经济是经济活动的基础，虚拟经济是在经济发展进入一定阶段在实体经济基础上产生的经济形式，其发展必须建立在实体经济的基础上并与实体经济发展相适应。美国作为世界最强的经济大国和资本大国就在于其虚拟经济和实体经济都很强大，形成了美国资本市场垄断地位和美元霸权地位。当虚拟经济发展与实体经济发展相适应时，虚拟经济发展会促进整个经济发展；但当虚拟经济严重脱离实体经济而过度膨胀时，则会产生经济泡沫，造成经济虚假繁荣，必然会导致经济较大程度的波动甚至危机。美国金融危机爆发的根源之一是虚拟经济严重脱离了实体经济，也正是上述失衡进一步造成虚拟经济的膨胀，造成房地产市场、抵押证券市场失去价值基础，导致全球金融危机，使许多国家陷入经济危机。

三是全球金融资产配置与价格失衡。随着经济金融全球化进一步深化，国际经济贸易技术交流和往来日益加深，这种交流往来中所形成的债权债务关系必然通过双方认定的支付手段进行结算。目前，全球65%~70%的贸易通过美元计价结算。全球外汇储备中，美元也占70%左右。全球流通支付手段过分集中于美元，一旦美国经济金融出现问题，必然造成全球金融体系的不稳定。需要进一步指出的是，当前全球外汇储备的总量为6万多亿美元，由于国际收支的不平衡，使担当全球支付、计价、储备手段的美元在全球地区间、国家间、行业间配置失衡状况越来越严重（见图2-8）。

图2-8 美国次贷危机传导过程

2.4 2015年的中国股市大波动

发生在2015年6月中旬到8月下旬的股市大波动是中国证券市场自诞生以来真正意义上的一次危机，给广大投资者以及相关行业带来了巨大损失和沉重的打击，危机所产生的消极影响至今难以消除。与历史上发生在欧美等国的股票市场危机相比，2015年中国股市大波动既有共性特征，也有自身的特殊性。

2.4.1 发生背景

2008年对冲美国次贷危机爆发后，我国经济增长速度快速下降，出口甚至出现负增长，经济运行面临"硬着陆"的风险。为了对冲美国次贷危机给我国经济造成的影响，我国于2008年11月推出了进一步扩大内需、促进经济平稳较快增长的10项措施。初步匡算，实施这10项措施，到2010年底大约需要投资4万亿元。随着时间的推移，政府不断完善和充实应对国际金融危机的政策措施，逐步形成应对国际金融危机的一揽子计划，并在数量型货币政策框架下实行宽信用为主的货币政策。到股市危机爆发前，全社会信贷规模和M2持续快速增加（见图2-9和图2-10）。到2014年，"房地产化"为特征的经济增长下行压力越来越大，政府希望通过倾向性的政策推动中国股市的繁荣来摆脱当时经济的困境。

到2015年初，创业板平均市盈率已经达到64.51倍，大量资金流入股市使创业板指数在估值已经很高的情况下，在不到半年的时间大幅上涨170.58%。今天，当我们对2015年股市大波动进行回顾和反思时就不难理解，股市大波动前长达半年的牛市其实是沙滩巨塔——建立在高杠杆上的泡沫化牛市。形成高杠杆的资金有两种形式：一种是场内配资，另一种是场外配资。所谓场内配资是指在监管范围内的投资者融资模式，包括融资融券、扇形信托以及结构化产品（单一信托）等业务。2015年1月5日是年度首个交易日，沪市融资余额为7000.07亿元，深市融资余额为

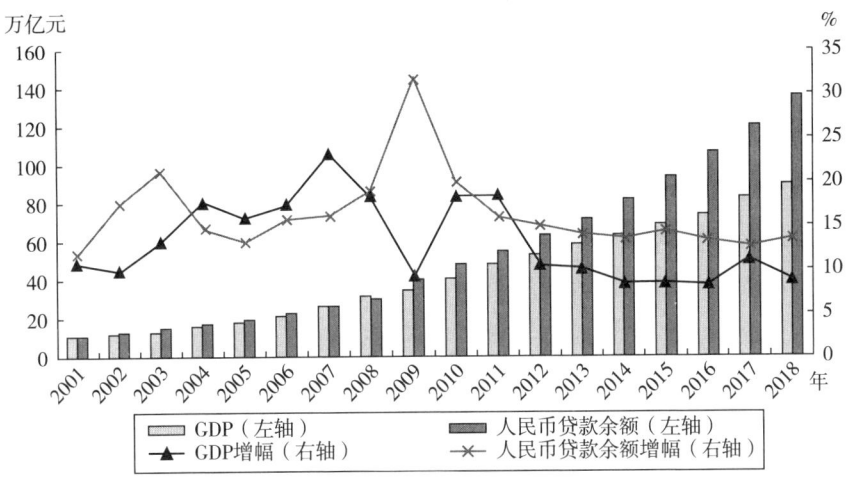

图 2-9 历年全国贷款总额、GDP 规模及其增幅变动（2001—2018 年）

（资料来源：青岛大学资本市场研究院）

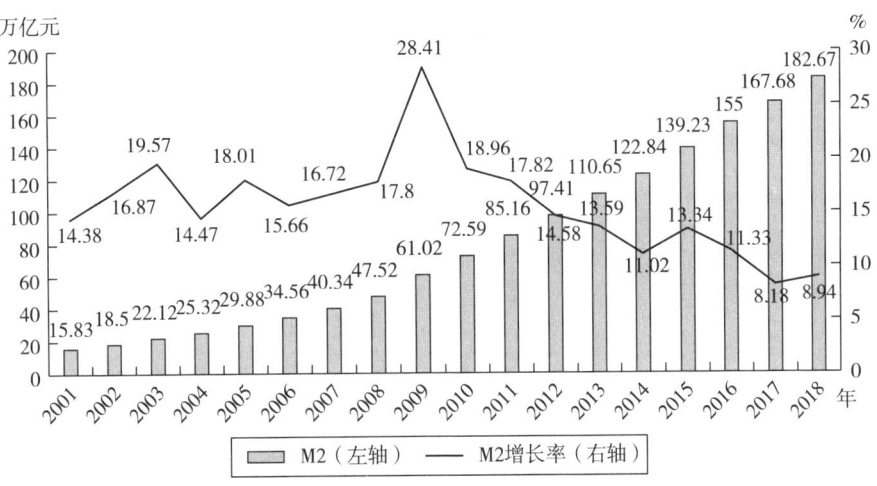

图 2-10 历年 M2 规模及增幅变化（2001—2018 年）

（资料来源：青岛大学资本市场研究院）

3295.75 亿元，沪深两市融资余额为 1.0295 万亿元。2015 年 6 月 18 日，沪深两市融资余额达到本轮牛市的顶点 2.3 万亿元，不到半年融资余额增加了 1 倍多。与场内配资相比，场外配资就显得复杂得多，它的本质特征就是不受监管。场外配资有多种形式，主要包括系统分仓模式（HOMS 系统和非 HOMS 系统）、①人工分仓模式、互联网平台模式（P2P）、私募基金模式以及员工持股计划等。2015 年 6 月初，中国证监会开始严查场外配资，要求证券公司全面自查参与场外配资的相关业务，其中包括恒生 HOMS 系统为场外配资提供服务，并停止 HOMS 系统向场外配资提供数据端口服务。6 月 15 日（星期一），上证综指从前一交易日的 5166 点下跌了 103 点，收于 5063 点，跌幅为 2%。2015 年 6 月 16 日，上证综指进一步下跌，收盘时跌破 5000 点，收于 4887 点，跌幅达到 3.5%。

根据申万宏源证券在股市大波动后的统计和预测：两融余额峰值出现在 2015 年 6 月 18 日，为 2.27 万亿元；收益互换业务总规模约为 5000 亿元；伞形信托和单一信托总量优先级资金峰值约为 1.1 万亿元；民间配资为 4000 亿~6000 亿元。为场外配资提供接口的平台，包括恒生电子（600570，SH）、上海铭创和同花顺（300033，SZ），数据显示中国证券业协会调研数据。三大系统接入的客户资产规模合计近 5000 亿元，其中 HOMS 系统约 4400 亿元，上海铭创约 360 亿元，同花顺（300033，SZ）约 60 亿元。2015 年 6 月 2 日和 3 日两天有 23 只进行新股申购，其中包括在 IPO 历史上募资规模排在第 26 位的大盘股中国核电（601985，SH），两天累计冻结资金分别达 4.7 万亿元。但由于场内资金流动性充裕，上证综指成交量甚至在打新资金回流后显著放大，但随后几日缩量明显，指数也开始高位滞胀。真正的下跌是从 2015 年 6 月 15 日开始的，6 月 17 日到 23 日，沪深两市有 25 只新股陆续发行，其中国泰君安（601211，SH）为大

---

① HOMS 系统的全名是"恒生订单管理系统"（HUNDSUN，OMS），是由恒生电子股份有限公司于 2012 年开发的一种基金资产管理系统。HOMS 系统有两个独特功能，一是可以将私募基金管理的资产分开，交由不同的交易员管理。比如一家私募基金管理资产 10 亿元，它就可以通过 HOMS 将其分成 10 份，交由 10 个交易员管理，这样就可以通过系统看到哪一个交易员买均价最低或者卖均价最高，这意味着 HOMS 系统既有评价机制又有风控机制。比如可以通过系统进行指令管理，要求交易员只能在一定的价格范围内购买特定的股票。对于私募基金来说，这些功能非常重要。二是灵活分仓功能。很多私募基金通过不同的公司来发行不同的产品，将这些产品分仓到各个地方不方便管理，HOMS 可以提供解决方案，为私募基金解决了既要产品分仓，又要将不同产品对应不同交易员管理的难题，私募基金的交易员不足和分仓的问题就得以解决。

盘股，募集规模在300亿元，此次打新的资金冻结规模在6.7万亿元，创2014年IPO重启以来新高。国泰君安（601211，SH）募资300亿元，成为有史以来第四大IPO。此次新股申购加剧了流动性收缩的紧张局面，成了股灾的导火索。

2.4.2 主要过程

（1）第一波大幅下跌

大幅下跌第一周（2015年6月15日至19日）。6月15日三大股指高开后震荡走低，上证综指午后跳水进逼5000点大关，创业板连失3900点、3800点、3700点三个整数关口。从盘面来看，银行、保险石油行业等权重板块领跌两市；互联网金融、文化传媒、网络安全等题材股集体熄火导致创业板指数大跌。对周一股市的大跌，市场多数投资者只是把它当成大盘大涨后的正常调整。周二、周四、周五大盘继续大幅杀跌，仅周三小幅上涨。本周上证综指跌13.32%，深证成指跌13.11%，创业板指跌14.99%。在板块方面，权重板块成为本周杀跌的主力军，对市场人气与信心的打击极大，恐慌的情绪已经在市场蔓延。

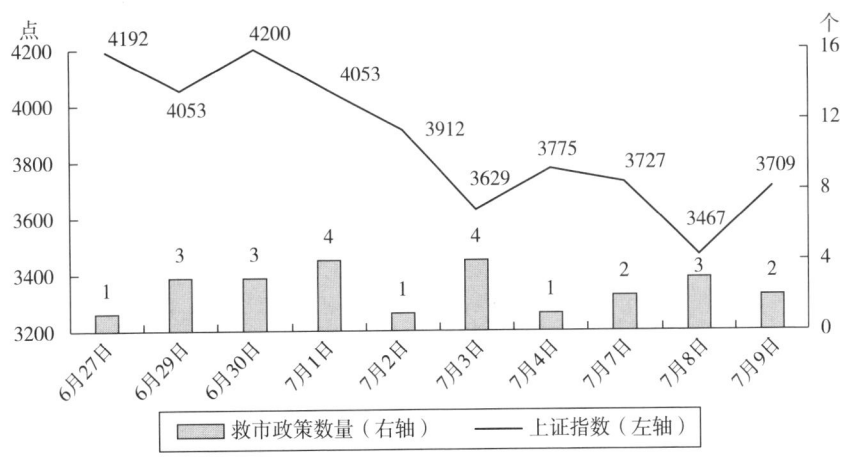

图2-11　2015年股市大波动救市政策

大幅下跌的第二周（2015年6月22日至26日）。尽管第二周的周二、周三期间三大股指均有所反弹，然而周四指数又开始了大跌，百股跌停的场景重现。周五市场的走势变得让人绝望，在这个"黑色星期五"，两市逾2000只股票跌停，其中上证综指的下跌幅度高达7.4%，深证成指和创业板指的跌幅则高达8.91%。在这一局面下，中国人民银行于2015年6月27日实施了定向降准的货币政策，存贷款基准利率同时下调0.25个百分点。

表2-1　　　　　　　　　2015年股市大波动救市政策

时间	政策数量	政策内容	上证综指
06-27	1	中央银行降息0.25个百分点并定向降准	4192
06-29	3	①中国证券金融公司罕见盘中答问：强制平仓规模很小，风险仍然可控。②养老金投资办法征求意见投资股票比例不超30%。③证监会深夜发文回调过快不利于股市的平稳健康发展	4053
06-30	3	①基金业协会倡议：不要盲目踩踏。②共13位私募大佬集体唱多：入市好机会。③证券业协会称场外配资7月底前完成核查	4200
07-01	4	①中金所称QFII与RQFII做空A股传闻不实。②证监会进一步拓宽券商融资渠道。③两融允许展期担保物违约可不强平。④沪深交易所调降交易结算费用三成	4053
07-02	1	证监会：对涉嫌市场操纵行为进行专项核查	3912
07-03	4	①四大蓝筹ETF四天净申购395亿，汇金出手护盘。②证监会：将相应减少IPO发行家数和筹资金额。③证监会：证金公司将大幅增资扩股维护资本市场稳定。④证监会：QFII额度将从800亿美元增加到1500亿美元	3629
07-04	1	共21家券商联合救市：各出净资产15%买蓝筹ETF	3775
07-07	2	①保监会放宽保险资金投资蓝筹股票监管比例，比例上限由5%调整为10%。②中金所大幅提高中证500股指期货交易保证金	3727
07-08	3	①新闻联播播报证监会、财政部、国资委要求上市公司6个月内不得减持。②并鼓励增持、回购、员工持股。③证金公司2000亿买入五大基金公司偏股基金	3467
07-09	2	①公安部副部长率队至证监会查恶意做空。②新闻联播再次播报证监会、保监会、公安部维稳措施	3709

资料来源：青岛大学资本市场研究院。

大幅下跌的第三周（2015年6月29日至7月3日）。周一，沪深两市指数高开低走，当日上证综指波动幅度为400点，两市有1500只股票跌停。周二，在密集利好推动下，上证综指上涨5%并立足于4200点，然而好景不长，周三、周四、周五大盘继续呈下降幅度，千股跌停的情形仍在延续。至此，自6月15日至7月3日，短短14个交易日，上证综指下降幅度达到28.64%，深证成指与创业板指更是同期下降幅度达32.34%与33.19%，一轮又一轮杠杆资金被爆仓，多数个股股价下跌幅度较大。值得注意的是，此时中国证监会也认识到股市连续下降所形成的巨大风险，并开始采取一系列措施稳定市场。7月2日晚，中国证监会宣布对涉嫌市场操纵行为进行专项核查。国家领导人表示，培育公开透明长期稳定健康发展的资本市场。7月4日下午，国务院召集"一行三会"、财政部及部分央企负责人开会，共同商讨救市对策。会议决定暂停IPO，已经申购的10家公司资金解冻后全部退还申购者。这些举措表明最高决策层强力救市意愿。

监管部门经过紧急磋商，开始调动一切可能资源救市。在中国证监会的组织下，中国证券业协会发出救市倡议，21家证券公司决定提供1200亿元资金用于投资蓝筹股ETF，并承诺上证综指4500点以下不减持自家股票。2015年7月4日下午，中国证券投资基金业协会召集25家公募基金开会并达成一致，积极引导申购资金，新增基金积极建仓。当日晚间，中国证监会宣布将相应地减少IPO发行家数和筹资金额，同时，将多举措引导长期资金入市。7月5日下午，中国证监会公告，中国人民银行将协助通过多种形式给予证金公司流动性支持。证金公司将大幅增资扩股，注册资本由240亿元增至1000亿元，这标志着以国务院协调的多部委联动救市开始实施，中国证券金融有限公司作为救市平台，中央银行提供流动性，则是最大限度的支持。同日，中国证监会还表示，将多举措引导长期资金入市，在引入境内长期资金方面，除基本养老保险基金投资管理办法近期已公开征求意见，机关事业单位职业年金办法也已下发，QFII额度、RQFII额度及可展业地区稳步扩充外，中国证监会正会同相关部门积极完善QFII、RQFII、QDII制度，完善内地香港基金互认制度，同时还将继续加快推动各类长期资金入市，努力推动各类长期资金与资本市场实现良性互动发展。

大幅下跌的第四周（2015年7月6日至10日）。大幅下降第四周的市场走势可谓是惊心动魄，其多空对决的惨烈程度足可载入中国资本市场以及市场经济史册。周一，受到周末诸多利好消息提振，上证综指以8%开盘，多方意图通过拉抬银行股和"两桶油"保卫指数，但空方在中小创业板股票及股指期货市场继续肆掠，盘中一度高开近8%的中证500期指最后下跌9%。上证综指当日收涨2.4%，但上千只股票从开盘涨停到收盘跌停，投资者对于救市结果深感失望。周二，市场继续下跌，国家队救市资金仍然只买入蓝筹股，创业板几乎全面跌停，为了自保，两市超过50%的上市公司停牌。周三，上证综指跌5.90%，两市除1400余家公司停牌外，逾1300只股票跌停。周四，开盘千股跌停，随后指数全线反攻，很多小市值股票被拉起，盘中成功收复3700点，截至收盘，上证综指涨5.76%，两市超千家个股涨停。同日，公安部开始打击证券期货市场的违法犯罪活动。周五，三大股指继续上涨，截至收盘，上证综指涨幅4.54%，两市逾1300只股票涨停，板块集体飘红。至此，股市持续三周多的暴跌走势终于被扭转。

市场暂时企稳的一周（2015年7月13日至8月14日）。从第五周开始，股市走势告别了连续大幅下降、上涨的走势，逐渐企稳，这次由股价大幅下降所引发的大波动暂时得到了平息。

（2）第二波暴跌来临

2015年8月18日至26日，受多种利空原因的影响，股市自8月18日开始了第二波大跌，8月24日，沪深两市大幅低开，上证综指开盘报3373点，直接跌破3500点和3400点两个重要关口。开盘后股指大幅下挫，各个板块全线暴跌。当日午后大盘几近跌停，最低见3191.88点。触底后出现小幅上扬，跌幅收窄至6%后因缺乏动力再次下探。创业板最低见2152.6点。综观整个中国股票市场，沪深两市所有板块全线暴跌，全天仅仅有15只股票上涨，近2200只股票跌停。8月25日，沪深两市延续跌势，大幅跳空低开，早盘上证综指一度跌幅收窄，当日午后两市进一步下跌不止，上证综指快速跌破3000点，坠入"2"时代，创下年内新低点。

与此同时，创业板跌破2000点。在一周的时间内，上证综指就从4000点直线下跌了1000余点，跌幅高达26.70%，年线以及3000点都已跌破。中小板和创业板分别下跌26.66%和29.11%。

(3) 股市大波动的初步平息

上证综指跌破3000点后，政府救市行动再次展开。8月25日，中国人民银行宣布从8月26日起再次下调银行贷款和存款基准利率0.25个百分点，自9月6日起再次下调金融机构人民币存款准备金率0.5个百分点。这也是股市大波动发生以来继6月27日中国人民银行宣布"定向降准降息"举措后，又一次推出降准降息组合。中央银行相关负责人表示，当前我国经济增长仍存在下行压力，全球金融市场近期也出现较大波动，需要更加灵活地运用货币政策工具，为经济结构调整和经济平稳健康发展创造良好的货币金融环境。

此次下调之后，一年前贷款基准利率和大型金融机构存款准备金率分别为4.6%和17.5%。根据券商研究报告计算，此次降准50BP将为市场增加流动性规模为6000亿~7000亿元。[①] 事实上，此次降息降准也是年内连续第四次降息降准，从降准释放的流动性规模来看，中央银行在降低资金利率促进信用派生方面进行了充分权衡。在股市连续大幅下跌、人民币突然贬值和全球市场动荡形成负反馈的情况下，监管部门稳定市场情绪的意图十分明显，随后，恐慌情绪逐步得到遏制，大盘出现了超跌反弹走势，配合交易量的放大，上证综指重新回到3000点上方。在此后的一个多月的时间里，股指走势基本稳定在3000点左右，这意味着，一场前所未有的中国股市大波动至此初步得到了平息。

2.4.3 主要经济后果

(1) 对宏观调控的影响

党的十八大以来，中央政府一直把去杠杆、降负债作为主要宏观调控

---

① http://www.qhrb.com.cn/2015/0826/184515.shtml.

目标。习近平总书记在 2015 年中央财经领导小组第十一次会议上首次提出"着力加强供给侧结构性改革"。习近平总书记说,供给侧结构性改革的重点是去产能、去库存、去杠杆、降成本、补短板,增强供给结构对需求变化的适应性和灵活性,推动我国社会生产力水平实现整体跃升。2015 年的中央经济工作会议把"去产能、去库存、去负债、降成本和补短板"确定为工作重点。阿代尔·特纳(Adair Turner)曾经说过,信贷周期是造成危机以及后危机时期经济衰退的根本原因。因此,他认为有三个问题值得关注:信贷增长速度、私人部门杠杆水平以及债务类型。信贷快速增长是潜在金融危机的关键指标,但是,一旦金融危机爆发,私人部门杠杆水平决定了债务积压的严重程度。2008 年国际金融危机时,特纳曾担任英国金融服务局(FSA)最后一任主席,参与了全球范围的危机处置工作,并在国际金融监管改革中发挥了重要作用。他在危机后出版的《债务与魔鬼:货币、信贷和全球金融体系重建》(Between Debt and the Devil: Money, Credit, and Fixed Global Finance)一书成为对危机诠释最权威和决策依据最有影响力的著作之一。在这本书中,特纳不无担忧地提出,中国面临着与发达经济体相同的两个问题:一是如何转变信贷密集型经济增长模式,二是原先的信贷密集型经济增长模式所形成的存量债务积压应如何解决。①

2015 年 7 月,经济学家李扬和他的研究团队完成了《中国国家资产负债表 2015》。研究显示,2007—2013 年,我国的国家总负债从 118.9 万亿元增加到 339.1 万亿元,增长了 220.2 万亿元,年均增长 36.7 万亿元。几乎同时,时任国泰君安研究员的任泽平分别采用了李扬研究方法和麦肯锡计算方法对 2015 年我国的债务规模进行计算和比较。采用李扬计算方法,截至 2015 年末,中国经济整体债务规模为 176.5 万亿元,全社会总杠杆率(债务规模/GDP)为 260.8%。按麦肯锡方法计算,中国经济总债务规模为 211.4 万亿元,全社会总杠杆率为 312.4%。2008 年国际金融危机后,我国总杠杆

---

① [英] 阿代尔·特纳. 债务和魔鬼:货币、信贷和全球金融体系重建 [M]. 北京:中信出版社,2015:126.

率大幅上升。若采用李扬计算方法，2008—2015 年我国总杠杆率增长了 90.8%；而采用麦肯锡方法计算，2008—2015 年我国总杠杆率上升了 127.8%。与此同时，来自中国人民银行的统计数据显示：2008—2015 年我国人民币贷款总额从 30.34 万亿元增加到 93.95 万亿元，贷款总额增加了 209.66%。

任泽平等人对我国的债务机构做了进一步研究。截至 2015 年末，我国政府部门债务已达 38.2 万亿元，占 GDP 比重为 56.5%。2008 年国际金融危机后，政府部门的杠杆率出现了较快上升，2008—2015 年增加了 16.5%。居民部门负债 27.0 万亿元，占 2015 年 GDP 比重为 39.9%。2008 年国际金融危机后，居民部门的杠杆率也出现了快速上升，2008—2015 年上涨了 21.5%。非金融企业债务总额为 105.6 万亿元，占 GDP 比重为 156.1%。2008 年国际金融危机后，非金融企业的杠杆率出现大幅上升，2008—2015 年增加了 58.1%。从这些数据看，在三类债务中，不论是从债务总额看还是从杠杆率看，非金融企业债务都是增加最快的，这与前面特纳所说的情况完全一致。这些研究结果表明，要实现去杠杆、降负债的目标，首先要降低企业部门的负债。历史经验证明，要降低企业负债，唯一有效途径就是降低债权融资比例、提高股权融资比例。2015 年中国股市危机显然破坏了股市融资功能的发挥，从供给侧结构性改革和"三去一降一补"的角度审视，股市危机对宏观调控的影响不可谓不大。从某种意义上说，这也是供给侧结构性改革以来，不论是企业部门杠杆率还是全社会总杠杆率不降反升的根本原因之一。

(2) 对金融体系和金融结构的影响

特纳指出了中国宏观经济运行中潜在的风险，但是他给出的解决方案却令人存疑。特纳认为，中国不通过货币化手段就能实现成功转型的可能性很大，原因是中国经济仍有较大空间维持快速增长，债务占 GDP 比例将随着分母增长而逐渐降低。但是，我们从图 2-9 可以看到，在过去将近 20 年的时间里，中国信贷增幅在绝大部分时间里远高于 GDP 增幅。这种情况其实就是特纳所说的由过度信贷导致的"金融密集度"（Financial Intensity）不断提高。要改变这种情况，就必须改变现有的金融结构。图2-10表明，我国信贷持续快速增长的根本原因是居民储蓄的持续快速增长。当我们说"去杠杆"时，必须从储蓄端入手，至少让储蓄增量部分以非信贷方式——股权融资方式进入企业部门。

在西方金融发展理论中，金融结构是一个非常重要的概念。自20世纪60年代末戈德史密斯（Raymond Goldsmith）提出金融结构以来，金融结构理论被不断丰富和完善。这一理论强调金融体系在经济发展中的重要作用，认为金融发展的实质是金融结构的变化，研究金融发展就是研究金融结构的变化过程和趋势。金融结构理论从研究方法到基本结构都对金融研究和金融发展产生了深远影响，已经成为继商业周期理论后的一种新的研究范式。20世纪末，我国学者开始应用金融结构理论研究中国的金融现实问题，认为随着经济增长，中国经济的货币化和金融化程度迅速提高，金融结构发生显著变化，推动了金融体系投资转化机制的形成，成为中国经济增长的重要推动因素。但是金融结构存在不足之处，一是以银行为主的间接融资比重在社会融资总额中居于主体地位，直接融资发展相对明显不足。由于历史原因，我国一直抑制直接金融和非银行金融机构的发展，形成了以间接融资为主，国有企业预算软约束导致对银行高负债的经营特征，提高了企业部门的杠杆率，加大了经济运行的风险。二是社会财富分布不合理，居民持有金融工具结构不合理，存款比重过大。储蓄过度集中于居民部门，投资过度集中于企业部门，储蓄与投资分离程度过高。三是国有银行居于金融体系中主导地位。统计显示，目前我国60%的GDP来自非国有经济，中小微企业占企业总数的90%以上，但为中小微企业服务的金融机构数量却远远不够，中小微企业通过金融机构获得的贷款比重仅有20%。融资结构不均衡一直是制约我国金融服务实体经济的短板。尤其是经济发展已经进入由要素驱动型向创新驱动型转变阶段，以银行间接融资为主导的金融体系越来越无法满足提高创新资本形成能力的要求。其实，在20世纪早期哈耶克（1930）提出的货币经济周期理论就认为，信贷过度扩张将导致过多信贷资金集中于周期长和资金密集的资产投资项目，造成过度投资，进而在金融市场上催生资产价格泡沫。伯南克等人提出的"金融加速器"理论（Financial Accelerator Theory）也认为，由于资产负债表渠道存在自强化、顺周期特征，货币政策的传导会通过资产负债表渠道放大，且主要通过信贷市场实现。回顾世界金融发展史就不难发现，在大国崛起的过程中，资本市场发挥着至关重要且无可替代的作用。经过近30年的快速发展，中国比以往更需要一个健康稳定的资本市场。

这场股市大波动不仅对金融结构和金融体系造成破坏，使与直接融资相关的交易大幅萎缩，对基金公司和投资银行造成巨大的冲击，对银行业也造成了较大的冲击。从券商角度来看，股市大波动对券商收入最直接的影响是交易佣金和融资融券中的融资收益。中国证券业协会统计数据显示，随着2015年市场交易的火爆，券商代理买卖证券业务净收入暴增，达到1584.46亿元，上半年的收入已超过2014年全年的150%；而股市大波动发生后，2015年下半年券商代理买卖证券业务净收入为1106.69亿元，比上半年下降30.15%。2015年上半年融资融券业务利息净收入为336.53亿元，而到下半年下降为224.73亿元，比上半年下降38.69%。对于银行而言，冲击主要体现在中间业务收入上。

（3）对消费和投资的影响

股市大波动前高净值客户快速增长得益于可运用的杠杆较多，伴随着股市大波动的发生，考虑到大部分投资者风险控制意识不足且主动减仓的行为较少，很多高杠杆投资者被强制平仓，因此投资者的金融资产缩水严重，这势必传导和影响到消费。从我国的实际情况看，个人投资者进入股票市场的比例相对较低，根据中国西南财经大学《中国家庭金融调查报告》，2015年第一季度仅6%的中国家庭持有股票。另有统计显示我国总人口中投资股票的人口比重为8.8%，以及家庭部门资产在股市的配置比重大约为8%（Raydiao，2015），因此股市下跌对股票持有人自身财富影响不大，这次股市大波动并不影响投资者的生活必需品的消费，短期内可能影响投资者的奢侈品消费。另外，中国股票市场的投机性相对较高，因此股市收入基本被视为暂时收入，对未来收入预期影响较小。同时，企业自身股票资产比例不高，因此股市变动对企业财务影响有限。

此次股市大波动使得直接融资尤其是股权融资受到很大影响。2015年7月4日，上海证券交易所公布了暂缓10家公司发行的公告，而深圳证券交易所则公布了暂缓18家公司发行公告。这次IPO的暂停或拖累投资增速，加剧其回落。自2014年IPO重启以来，A股市场IPO募资总规模接近2000亿元，其中2015年第一季度459.9亿元，第二季度983.8亿元。假定IPO为暂停，而下半年IPO募资规模与上半年相等，则第三、第四季度IPO募资规模均值约为721.9亿元。而考虑到2015年上半年股权质押率在40%左右，这意味着新增IPO融资可通过质押贷款获得288.8亿元。中国证监会在2015年11月重启IPO，下半年IPO募资总额为323.2亿元，因此实际上这次股市大波动使下半年投资规模缩水1000亿元左右。

2.4.4 主要原因分析

(1) 经济泛债务化与股市过度杠杆化

一直以来，我国的金融结构是一个银行主导型金融结构。2008年以来，过分宽松的货币政策使全部金融资产中的信贷资产比重超过80%，这一指标远远高于德国、日本等典型的银行主导型金融结构的国家。加之M2/GDP已经接近200%，经济和金融呈现明显的泛信贷化特征，这意味着在整个金融体系中聚集了风险。根据中国社科院的研究，中国是目前世界上企业负债率和社会负债率最高的国家。2013年以来，政府一直把去杠杆作为宏观调控的重点。2014年，当股市开始回升时，人们希望通过股市改变金融结构。客观地说，只有股市才能够成为改变原有金融结构的工具和途径。如果股市能够吸纳泛滥的流动性，成为将大量信贷资产转变为权益类资产的"蓄水池"，那么，资本市场将对国有企业改革、金融改革、养老金制度改革和"大众创业，万众创新"产生巨大的促进作用。但令人遗憾的是，在大量信贷资产进入股市后并不是为了完成向权益类资产转变，而是通过一些创新工具，比如HOMS和P2P等，放大更多的债权类资产，在二级市场获得短期收益。

本次股市大波动与以往最大的不同之处在于 A 股市场存在大量杠杆资金。据统计，A 股市场达到顶峰时杠杆资金规模在 4 万亿元以上，其中，场内融资规模 2.27 万亿元；场外配资规模约 1.8 万亿元，主要包括伞形信托、分级基金、民间配资、P2P 等结构化产品。从国内外股市的发展经验来看，当股市上涨时杠杆资金会加速股价上涨，而在股市调整时杠杆资金会加速股价下跌。监管部门意识到杠杆融资工具对资本市场的影响，监管部门着手对场外配资进行清理，以降低市场杠杆率。2015 年 6 月 12 日，中国证监会要求各证券公司不得通过网上证券交易接口为任何机构和个人开展场外配资活动、非法证券业务提供便利。6 月 13 日，中国证监会官方微博在发布《关于加强证券公司信息系统外部接入管理的通知》后，6 月 15 日股市开始暴跌。市场下跌初期，只有少数杠杆率过高的配资账户出现强平，但市场在 6 月 23 日、24 日小幅反弹后，便开始加速下跌，进而导致大面积的杠杆资金被动强行平仓并使市场恐慌情绪升级，资金出逃而相互踩踏，进一步加剧市场恐慌。市场陷入了不断轮回的"暴跌→杠杆账户被平仓→股价进一步下跌"的恶性循环中（见图 2–12）。

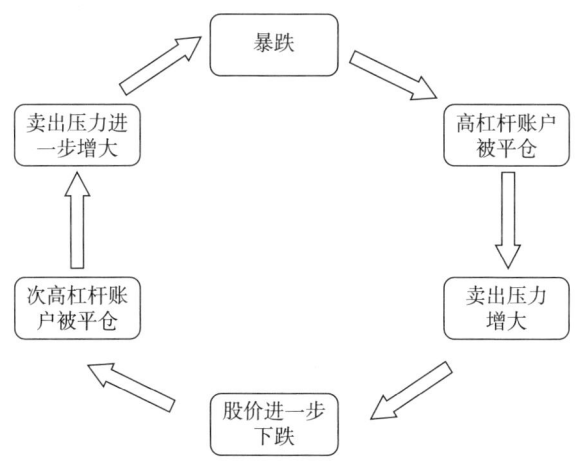

图 2–12　股市暴跌循环传导机理

特别是在本次股市大波动中多次出现 1000 只以上的个股跌停，而在大批个股跌停致使用杠杆过高的投资者在下跌中杠杆率急速提高，导致流动性枯竭，投资者无法通过减仓控制损失，只能依靠股指期货对冲，引起股指期货贴水严重并引来恶意做空资金趁火打劫，加剧市场下跌趋势。

（2）市场对经济转型与改革预期的偏离

自2010年以来中国经济增长速度不断放缓，经济下行压力较大，到2015年GDP增速进一步下滑到6.9%。尽管在中国经济增长放缓的同时，经济结构得到了一定程度的优化，2013年第三产业产值占GDP的比重达到46.7%，开始超过第二产业（44.0%）。在股票市场上，中小板企业和创业板企业的净利润增速超过主板上市公司在一定程度上可以被解释为经济结构转型的效果。股市是经济的"晴雨表"，下行趋势的经济增长难以支撑起股市的上涨。党的十八届三中全会以来，新一轮市场化改革给企业带来了发展的活力和竞争的动力，这无疑让市场产生了一个美好的预期。股市本质上反映的就是预期，上涨的股市反映的是市场对未来的经济预期会很好。

在我国经济增长放缓的过程中，企业仍面临融资困难、成本高等问题，这将使发展困难的企业雪上加霜，严重制约着企业的持续发展，而这与我国的社会融资结构不合理有关。过高的债务负担加重了企业的经营成本，扭曲了企业的经营行为，部分企业依靠从银行"借新还旧"甚至"借新还息"，勉强维持资金周转，容易引发企业债务风险，并可能沿债务链、产业链蔓延，产能过剩行业及部分地区的企业间互保联保现象相对普遍，将可能导致交叉违约和风险"多米诺骨牌效应"，更容易触发或加剧企业债务风险。基于这样的宏观背景，十八届三中全会提出了金融改革的部署，明确资本市场改革的目标是"提高直接融资比重"，而增加股权融资比重的重要方法是"推进股票发行注册制改革"和"多渠道推动股权融资"。政府希望通过尽快建设市场化程度较高的多层次资本市场来调整中国以银行融资为主导的融资结构，提高直接融资比重，降低企业融资成本，并且能通过股市的财富效应增加居民的购买力，以此振兴实体经济。为此，政府加快了利率市场化、债转股等一系列金融改革的措施。2015年，政府工作报告中将金融业发展的主基调定位"围绕服务实体经济推进金融改革"，2016年则为"深化金融体制改革"，更注重金融自身体制完善和建设。政府对资本市场的鼓励与金融改革举措，提高了投资者的风险偏好和预期。

（3）无业绩支撑的股市泡沫与"羊群效应"

在2015年股市大波动发生前，市场已经表现出明显的泡沫化特征。数据显示，到2015年4月，国内主要股指的动态市盈率中值远高于美国股市（见表2-2）。值得注意的是，如果从整体上看，国内股市估值似乎并不算高，这是由于银行业在市场中的比重太大的原因。

表2-2　　　　　　　　全球不同股票市场市盈率比较

不同市场股票指数	市盈率（倍）
上证综指	30
深证成指	39
中小板指数	50
创业板指数	80~90
标准普尔500	18
罗素2000（美国小企业）	18
纳斯达克	18

资料来源：新浪财经/英为财情。

股市大波动发生前银行板块市场占比超过30%，PE水平常年保持在低位，这在很大程度上"压制"了整个市场的平均市盈率。如果不考虑总体平均值而用中值来衡量的话，市场的动态市盈率要高得多。而代表了中小企业和科技股的创业板泡沫情况更为严重，市场最高点时市盈率为60倍左右。

再从市净率看，2015年4月，创业板市净率为8~9倍，这已经超过了2000年美国股市互联网泡沫时8倍市净率水平。经济运行的基本规律是价格反映价值，并围绕价值上下波动，因此没有业绩支撑的股市暴涨必然带来股市的暴跌。从2014年6月20日到2015年6月12日，上证综指从2013点涨到顶峰5178点，上涨了1.5倍，股市前期的快速上涨为股市大波动的发生埋下了隐患。本轮股市行情之所以变化太快，迅速转变为危机，原因之一就是上市公司缺乏业绩支撑。一方面，由于改革发展的需要，政府需要为民营企业的直接融资提供便利渠道，降低企业的成本。同时政府实行适度宽松的货币政策和扩张的财政政策，导致流通中的货币供应过多,大量资金流入股市,推动股价不断走高。另一方面,随着我国经济进入新常态,GDP增速下降,实体经济出现低迷;企业生产成本居高不下、利润减少等问题使上市公司的基本面不断恶化,上市公司股票价值下跌。经济基本面与股票价格的背离使股票市场孕育着下跌的风险。

此外,我国股市的一个重要特征就是个人投资者多,专业机构投资者少。但是,市场大部分资金掌握在专业投资者手里,因此个人投资者在投资中处于劣势。另外,个人投资者的专业技能不高,风险意识较低,容易受"羊群效应"影响,对股市的助涨杀跌起到了重要的推动作用。在本次股市震荡中,当股价持续快速下跌时,由于"羊群效应"的存在,个人投资者争相抛售手中持有的股票,卖盘集中增加了股市向下的压力,从而推动股市进一步下跌。

这些因素逐步引导市场形成了一种强烈的牛市一致性预期,资本市场以"一步到位"的方式把一个长周期利好的因素在很短的时间里表现出来,过高预期就是"疯牛",造成阶段性泡沫。然而,转型和改革都一定会遇到不可避免的阻力,难以一蹴而就,是一个长周期的慢过程。加上2015年第一季度和第二季度实体经济的增长依然堪忧,在实体经济下行压力增大下,各上市公司业绩无明显增长,由此使上市公司的市盈率大幅上涨。A股估值明显偏高,股价严重脱离财务基本面现象十分普遍,这很容易造成市场对改革和转型短期过高预期的失落,改变牛市一致预期,导致股市泡沫破裂。详见图2-13和附录1。

图2-13 2015年中国股票市场风险传导过程

2.5 证券市场系统性风险案例启示

2.5.1 证券市场系统性风险容易引发金融危机

在本章开篇部分我们已经介绍,证券市场大大小小的股市危机不计其数。从我们分析的上述几个典型案例可以看出,证券市场系统性风险极易引发整个金融体系发生危机。与货币市场和银行体系不同,证券市场上的各种交易机构和流动的资本绝大部分带有极强的投机性。为了套利,这些机构和资本常常要进行跨时间和跨空间交易,这种天然的交易属性使得发生在证券市场上的风险具有很强的传染性。1987年10月美国股灾发生后,风险快速蔓延至全球股市。事实上,当时世界范围的网络信息技术还没有诞生,贸易全球化和金融自由化程度也远非像今天一样。更重要的是,各国股票市场的交易方式、交易设施以及通信技术差异很大,股灾的迅速蔓延说明系统性风险的传导无须借助技术手段。其实,金德尔伯格早就说过:"在世界范围内交易的证券,价格涨跌也是国际性的,但仅在国内交易的证券即使不交易,也会发生随着其他证券价格波动的同步变化,这主要是心理传导机制或通过短期资本流动对利率的影响而产生的。"[1]

"黑色星期一"之后,金融危机的迅速蔓延现象引起了国际学术界广泛关注,国外很多学者开始研究股灾和金融危机。在报纸、杂志和各种媒体上,人们创造了很多词汇用来描述风险的传导,将危机蔓延现象形容为"金融病毒"(Financial Virus)和"传染"(Contagion),一些学者提出了风险传导理论和模型。这些理论认为,传统的金融危机的国际传导机制主要是接触性传导,也称金融危机溢出效应(Spillovers Effects),它包括贸易溢出效应和金融溢出效应,指某些经济要素的变化引起其他要素变化,最

---

[1] [美] 查尔斯·P. 金德尔伯格. 疯狂、恐惧和崩溃:金融危机史 [M]. 北京:中国金融出版社, 2007:154.

终引起经济金融的某些方面或整体变化,其传导机制大致是从一国危机中的本币贬值和股市暴跌开始,通过汇率的相对价格机制作用于国际贸易和国际资本流动两个渠道,导致另一国家或几个国家的本币贬值和股市暴跌,出现竞争性贬值的过程,从而实现金融危机的跨国传导。贸易全球化和金融自由化刺激货币竞争性贬值效应加剧,而大规模的国际资本流动激活了资本投机的效应,因此,所有金融危机都具有溢出效应。来自 IMF 的经济学家 Paul Masson 提出的危机蔓延的"季风效应"(Monsoonal Effects)和"传染效应"(Pure Contagion)理论却有别于传统的危机传导机制,Paul Masson 通过实证研究方法,证明系统性风险在不同条件下能快速传导。

2.5.2 证券市场系统性风险具有共性特征

莱因哈特(Carmen M. Reinhart)说:金融危机在资产价格、经济活动、外部指标等方面会有一些共同的宏观经济前奏,危机演变的顺序(暂时顺序)也呈现类似的共同特征。[1] 的确,如果我们对发生在不同年代、不同地区的风险案例进行耐心观察,总会发现一些似曾相识的东西。第一,证券市场系统性风险具有明显的顺周期(Procyclicality)特征。金融稳定理事会(FSB)将金融体系的顺周期定义为:金融体系通过金融部门与实体经济的相互作用(正反馈机制),放大经济周期波动的程度并可能导致金融不稳定的内在属性。证券行业的顺周期性内生于金融周期或经济周期中,证券市场的系统性风险通过证券市场内的多种参与交易的市场主体与实体之间相互作用而被放大,加剧了经济周期波动,使整个金融体系不稳定。顺周期性是金融体系与生俱来的天然特征。[2] 证券市场的合成谬误、投资者的"羊群效应"以及系统重要性证券机构的外部性等都是形成

---

[1] [美] 卡门 M. 莱因哈特,肯尼斯 S. 罗格夫. 这次不一样:八百年金融危机史 [M]. 北京:机械工业出版社,2016:10.
[2] Borio C., Furfine, C., and Lowe, P., 2001. Pro-cyclicality of the Financial System and Financial Stability: Issues and Policy Options [R/OL] www.bis.org/publ/bppdf/bispap01a.pdf.

证券市场顺周期性的重要因素。在金融周期或经济周期中，证券市场内的多种市场主体面临市场风险，可能会做出相同反应，同质化的群体行为使市场风险强化自我实现（Self-fulfilling）。在本章的风险案例中，无论是"黑色星期一"中的投资组合保险抛售，还是中国2015年股市大波动中的千股跌停，都是自我实现风险强化的最好例证。

第二，证券市场系统性风险总是伴随着宏观经济的泛债务化。按照海曼·明斯基（Hyman Minsky）金融不稳定理论，经济周期在很大程度上其实就是债务周期或者说是信贷周期。股市危机发生时其实就是"明斯基时刻"的到来。历史地看，股票价格与宏观经济运行的景气程度正相关。来自BIS的Borio等人的实证研究发现，1980—1999年，美国、日本、德国、英国、瑞典、芬兰和挪威7个国家的"信贷/GDP"与经济周期高度相关。事实上，大多数国家的股市都经历了经济上行期资产价格暴涨和经济下行期暴跌的过程，两者的相关性显著，并且资产价格的"拐点"与经济增长几乎保持一致。经济上行会使金融机构的风险偏好增强，开始盲目扩张，导致杠杆率大幅提升。与此同时，资产价格上涨带来的财富效应，使投资人开始变得贪婪，努力获得更多的信用贷款。但是，在经济周期的下行阶段，由于作为抵押品的股票价格下跌以及违约率的上升，金融机构不得不对投资人实行强行平仓来确保自身资产安全。但是，强行平仓行为会导致股票价格进一步下跌。整体上讲，在经济的上行期，以信贷的快速扩张和资产价格的暴涨为标志的金融体系过度繁荣，为随之而来的金融危机埋下种子。一旦经济发展进入下行周期，证券市场系统性风险将不可避免。2015年6月以前，中国股票市场杠杆资金规模已经超过4万亿，股市大波动将从加杠杆到去杠杆的过程演绎得淋漓尽致。

第三，证券市场系统性风险与群体非理性总是如影随形。行为金融学认为，投资者总是受到种种非理性思维和决策模式的影响，过度自信、过度恐慌和"羊群效应"等非理性行为在人们的决策过程中普遍存在。诺贝尔经济学奖得主席勒把这些非理性行为定义为动物精神，在他看来，动物精神是全球金融危机的根源。① 如果个人投资者占绝大多数、机构投资者也不成熟的话，那么投资者的非理性行为对股票市场的影响被放大。从本章的案例看，过度自信和过度恐慌都会导致过度交易，不仅大大提高交易成本，降低投资回报，而且可能陷入"过度自信—过度交易—回报率下降—更过度交易"的恶性循环。过度自信还会产生另一个结果，使杠杆交易对市场流动性扩张和收缩具有放大效应。以我国股市为例，2015 年，我国股票市场仍处于金融综合化经营稳步推进、金融创新不断加快、金融杠杆不断提升的时期，杠杆工具初具规模。杠杆交易本身是中性的，在成熟市场中被广泛运用，但在投资者不足够成熟以及监管不力的情况下，大量的杠杆交易无疑会放大市场波动并引发系统性风险。

2.5.3　发生证券市场系统性风险时，政府必须果断干预

鉴于证券市场系统性风险的溢出效应和巨大的负外部性，政府必须快速、果断地对风险进行干预。实际上，政府救市既是监管的重要组成部分，也是逆周期调节的重要部分。股票市场是现代金融体系的核心组成部分，对整个市场经济体系具有牵一发而动全身的作用。因此，政府必须把监管手段、市场干预手段和逆周期调节手段都列入监管工具箱里的必备工具。比如股市过热时加息、增加 IPO 供给等，股市暴跌时注入流动性、降息、减少股票供给等，只有这样，股灾发生时政府救市才能及时有效，防止股灾对金融体系和实体经济的过大伤害。同样处于经济周期的拐点，1987 年"黑色星期一"发生时，由于里根政府及时采取强有力的救助政策，没有放任股灾蔓延成金融危机和经济危机，美国经济很快进入复苏阶段（见图 2-1）。金德尔伯格事后说："美联储在 1987 年'黑色星期一'危机中对时机的掌握无可挑剔。"② 同样，2008 年次贷危机由于美国政府

---

①　[美] 乔治·阿克洛夫，罗伯特·席勒. 动物精神：人类心理如何驱动经济、影响全球资本市场 [M]. 北京：中信出版社，2016：202.
②　[美] 查尔斯·P. 金德尔伯格. 疯狂、恐惧和崩溃：金融危机史 [M]. 北京：中国金融出版社，2007：220.

及时启动注入流动性、QE 等，被称为"百年一遇"的股灾也没有对实体经济造成太大冲击，股灾后美国经济恢复较快。

对不同案例总结归纳后发现，政府在系统性风险发生后常用的对市场的干预措施主要有几条。一是发布声明，建立常态透明的沟通机制，稳定预期。比如美国 1987 年股灾，里根总统和财政部长贝克发布稳定市场预期的声明，对投资者和整个市场进行理性引导。二是向市场释放流动性，降息降准，减缓或暂停 IPO。释放流动性和降息降准属于货币政策内容和逆周期调节工具。三是政府以及政府控制的资金直接入市，包括但不限于收购金融机构不良资产，对金融机构增持股份以及保险资金入市等。四是严厉打击所有做空投机套利，禁止裸卖空。五是平准基金增持股票，或者鼓励上市公司回购股票，稳定投资者对公司发展的信心。美国 1987 年"黑色星期一"中，鼓励上市公司回购股票这一重要举措产生了立竿见影的效果。六是继续推进金融监管改革，推动以立法为主要内容的金融立法和监管体系完善。引导包括投资者在内的社会各界改变对股市的预期，增强证券市场发展的信心。

2.5.4 预测系统性风险发生的人永远是极少数

华尔街次贷危机之后，宏观审慎监管已经成为各国金融监管的共识。宏观审慎监管之所以能够成为全球范围内制定金融监管政策的依据和行动指南，主要基于人们对宏观审慎监管和经济周期、金融周期的认识。宏观审慎监管所关注的重点是金融体系的顺周期问题，以防范系统风险为目的，采用与微观审慎完全不同的监管方式，倾向于宏观的、主要是逆周期的视角，侧重于维护整个货币体系、金融体系和宏观经济稳定的金融监管理念和机制。其实，早在半个多世纪前，明斯基提出的金融不稳定理论也表达了同样的思想。今天，我们很容易理解，在很多情形下系统性金融风险其实是经济周期内生化的金融现象。甚至，《两次全球性大危机的比较研究》首次将危机可能发生的时间缩短在重大技术革命发生之后。那么，这是否意味着，我们可以预测系统性风险什么时间爆发呢？

答案显然是否的。从宏观经济角度看，不论是宏观审慎监管的逆周期调节理论还是金融不稳定理论，它们都是对的，但是，从行为金融学角度看，不确定性是金融最本质的特征之一。金融的不确定性决定了金融的风险性，如果要消除金融的不确定性，金融也就不再是金融了。"黑色星期一"之后，SEC对纳斯达克股灾做过特别调查，发现在崩盘前一个月内各大投资银行推出的400多份研究报告中，建议卖出的只有5份，这意味着，即使是世界上预测水平最高的专业人员，对股灾预测的准确率也只有1%左右。[①] 因此对于普通投资者而言，要预测金融市场或者金融市场参与者的群体行为几乎是不可能的。从这个意义上讲，政府和监管部门对投资者进行适当性教育是必要的，要提醒投资者，防止由于贪婪而导致的非理性行为。

---

① 金岩石. 从纳斯达克股灾看中国股市. 中国证券报 [J]. 2007-09-14.

第3章　证券市场系统性风险形成机理①

2017年7月召开的第五次全国金融工作会议就提出，防止发生系统性金融风险是金融工作的永恒主题。要把主动防范化解系统性金融风险放在更加重要的位置，科学防范，早识别、早预警、早发现、早处置，着力防范化解重点领域风险，着力完善金融安全防线和风险应急处置机制。党的十九大再次明确，坚决守住不发生系统性金融风险底线。2019年初，习近平总书记在中央政治局第十三次集体学习时再次强调，防范化解金融风险特别是防止发生系统性金融风险，是金融工作的根本性任务。从习近平总书记关于金融供给侧结构性改革系列讲话可以看出，党中央把防范金融风险提高到前所未有的高度。之所以如此，是因为一旦我国发生系统性金融风险并引发金融危机，不仅将使改革开放40年来经济发展所取得的成果将毁于一旦，并且还将引发严重的社会后果和政治后果，不仅严重干扰我国经济社会的高质量发展，甚至有可能导致实现"两个一百年"奋斗目标的战略进程终止。

从历史上看，金融系统性风险是指受宏观经济形势的好坏、财政政策和货币政策的调整、政局的变化、汇率的波动、资金供求关系的变动等因素影响，引起金融市场价格发生剧烈波动的风险。阿代尔·特纳

---

① 本章由上海证券交易所联合研究计划《证券市场宏观审慎监管框架体系研究——基于系统性风险视角》（项目编号：RH1900015892）第二部分改写而成。济南人学商学院赵建教授对研究计划的该部分有贡献，作者深表感谢。

(Adair Turner)认为,过度负债是人类历史上所有金融危机的共同原因。在《债务和魔鬼:货币、信贷和全球金融体系重建》一书中,特纳指出,信贷快速增长是潜在金融危机的关键指标。① 对于证券市场的投资者而言,通常,系统性风险是无法通过传统的对冲手段消除的。然而对于宏观管理部门,却需要对风险做出甄别,提前做出预警,并在发生大型危机时果断采取救助和应有的处置措施,否则可能会产生更加严重的后果。

我国金融市场的异常波动,本质上是流动性危机和投资者悲观预期的双重反馈。股票市场的惨烈下跌,根源上是由中央银行和商业银行资产负债表调整行为,加上外部环境压力下投资者信心衰竭引发的"流动性危机"。亚洲金融危机之后,诺贝尔经济学奖得主梯诺尔(Jean Tirole)曾经说过,新生危机总是出现在金融自由化和较大规模的资本流入之后,尤其是解除对资本流出的控制导致大规模和快速的流入。② 在本书中,我们从资产负债表视角,研究了最近几年我国中央银行和商业银行的资产负债表调整周期,以此观察基础货币和广义货币的周期变动,从而考察中国金融周期与流动性波动之间的关系。我们发现,基础货币投放方式的转变(中央银行资产负债周期)以及影子银行的无序发展(商业银行资产负债周期),造成了整个中国金融体系资产负债期限错配程度的加大,加剧了货币供需结构的扭曲和系统流动性风险。来自实体需求和市场信用的内生流动性衰竭造成了金融市场的大幅波动,并成为最近几年资产定价的决定性变量。参照银行业的宏观审慎管理体系,监管机构需要将资本市场的流动性指标纳入管理体系,从而更好地维护金融市场的稳定。

---

① [英]阿代尔·特纳. 债务和魔鬼:货币、信贷和全球金融体系重建[M]. 北京:中信出版社, 2015: 169.
② [法]让·梯诺尔. 金融危机、流动性与国际货币体系[M]. 北京:中国人民大学出版社, 2003: 2.

3.1 中国证券市场系统性风险形成机理：流动性冲击

3.1.1 主要原因与冲击路线

改革开放以来，我国金融业不仅为经济增长提供支撑，同时也伴随着经济增长而高速增长。国家统计局发布的改革开放40年经济社会发展成就系列报告指出，我国银行、证券、保险等金融体系日益健全，金融业繁荣稳定发展。1979—2017年，金融业增加值年均实际增长12.2%，高出服务业年均实际增速1.7个百分点。尤其是最近10年，我国金融业迎来了蓬勃发展，货币深化程度和金融市场容量也步入世界前列（见图3-1）。

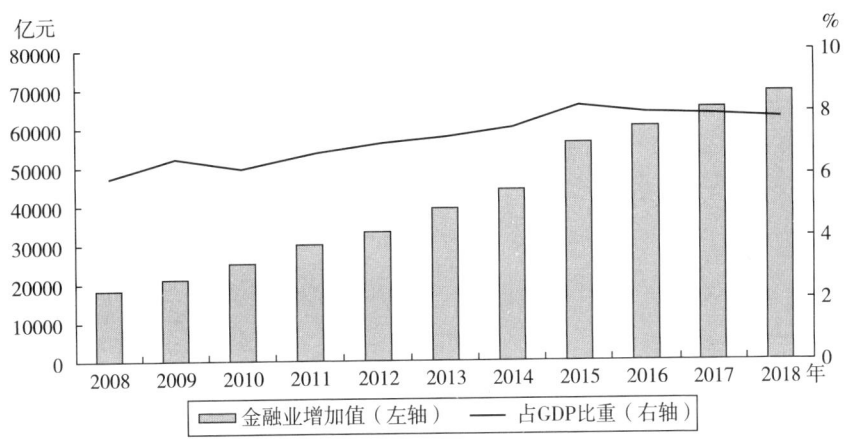

图 3-1 历年金融业增加值占 GDP 比重变化（2008—2018 年）

（资料来源：青岛大学资本市场研究院）

国际金融危机以后，实体经济在短期财政刺激之后迎来周期性调整，增速不断下滑并进入了"L"形阶段。然而与经济增长态势形成鲜明对比的是，金融业却迎来了史无前例的"J"形繁荣：金融产能"大跃进"。统计显示，2015年我国金融业增加值占GDP的比重达到8.4%的峰值，尽管此后几年金融业增加值增速再次低于GDP增速，但金融业增加值占GDP

比重仍然远高于英、美、日等国，2017年金融业增加值占GDP比重为7.9%，2018年为7.7%。2019年我国金融业增加值为77077亿元，较上年增长7.2%，占GDP比重为7.8%。

目前，我国金融业增加值占GDP比重已经超过英美等国，层出不穷的互联网金融等新金融业态提高了"无风险"利率水平，金融机构之间的同业业务也为不同金融机构之间带来巨额利润。然而2014年美国退出QE是全球金融周期的一个重要拐点，此后中国的证券市场——股市、汇市、大宗、债市陷入轮番震荡时段，资本市场的调整给投资者和监管部门带来巨大的影响，也引起了全社会的深刻反思。尤其是对监管部门来说，导致系统性风险的根本原因是什么？当前推进的宏观审慎管理对象、边界和核心关键点是什么？我们只有从金融周期的视角审视中国金融系统的稳定性问题，特别是银行系统资产负债表调整所引发的宏观流动性变动，以及当前对证券市场产生的巨大冲击，才能从本质上理解流动性危机和系统性风险相互勾连的内在机理，从而为监管部门的宏观审慎管理提供理论依据。图3-2是关于"金融周期—流动性结构—证券市场波动"的基本传导机理，在本书的后文中还将进行详细阐述。

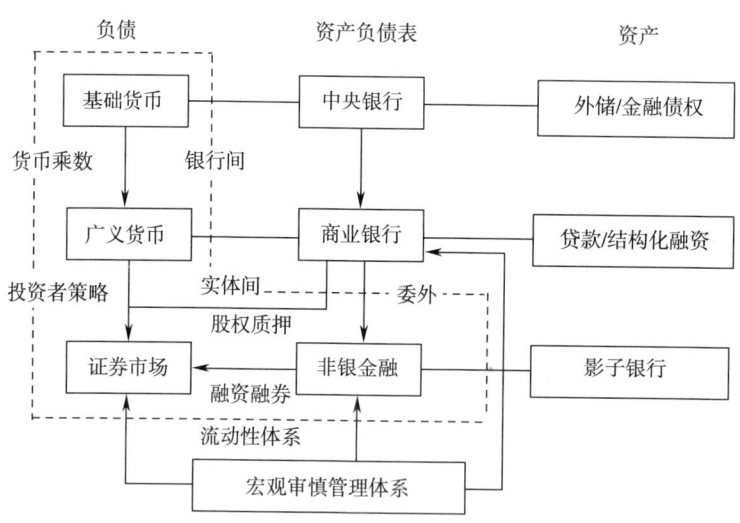

图3-2 流动性—证券市场波动传导

3.1.2 波动根源：经济周期与金融周期的错配

自从 100 多年前英国经济学家白芝浩（Walter Bagehot）提出经济周期和金融周期的规律特征后，① 实体经济与金融体系之间的关系，历来是学术界和政策层研究的重点。作为支持经济发展的重要媒介，金融业以其跨时空资源配置的功效引导资金高效流通，为经济发展提供支持。作为金融体系的基石，一国中央银行发行的货币是经济运行的基础媒介，为经济发展提供了支付结算手段，并通过金融体系的放大不断反哺经济。在一定的限度内，以货币供应量等为核心变量的金融产能扩张，增大了经济体内部资金的供给，提高了企业投资热情，最终促进了经济的增长。在这一理论框架下，金融周期与经济周期相辅相成、互相促进，呈现出良性的互动情形。同时大量的研究表明，如果金融产能过度扩张，对经济带来的不是促进而是伤害（见图 3 - 3）。

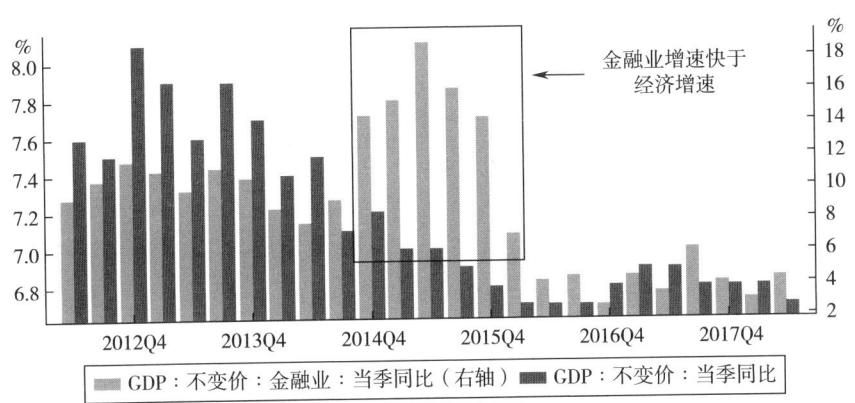

图 3 - 3　金融业增速与经济增速

（数据来源：Wind.）

中国当前的金融体系就可能处于过度扩张的区间。宽松的货币政策为经济体注入大量货币，商业银行的表内外资产也快速膨胀，各种非银金融

---

① ［英］沃尔特·白芝浩. 伦巴第街：货币市场记述［M］. 上海：上海财经大学出版社，2008：57.

机构蓬勃发展,影子银行呈现出指数级形态的野蛮生长。然而与之形成鲜明对比的是,实体经济在经历短暂反弹之后依然步入周期性下行轨道。以广义货币总量 M_2 与 GDP 比值所代表的金融周期自 2011 年开始却一路上行,与代表经济发展速度的 GDP 增长率相背离,渐行渐远。金融周期与经济周期的背离,是构成当前中国经济金融波动的主导力量。这种扭曲的动态结构可能会造成三个异常后果。一是"资产荒",源自经济周期下行导致的优质项目短缺,即实体经济缺乏好的现金流量表;二是"钱荒",金融体系尤其是影子银行的自生长,需要消耗大量的基础货币,需要中央银行小心翼翼地维持金融机构同业间的流动性平稳;三是巨大的资产泡沫,过剩的金融产能追逐房地产等所谓的"核心资产",从而形成巨大的资产泡沫,导致实体经济出现失真的资产负债表(见图 3-4)。

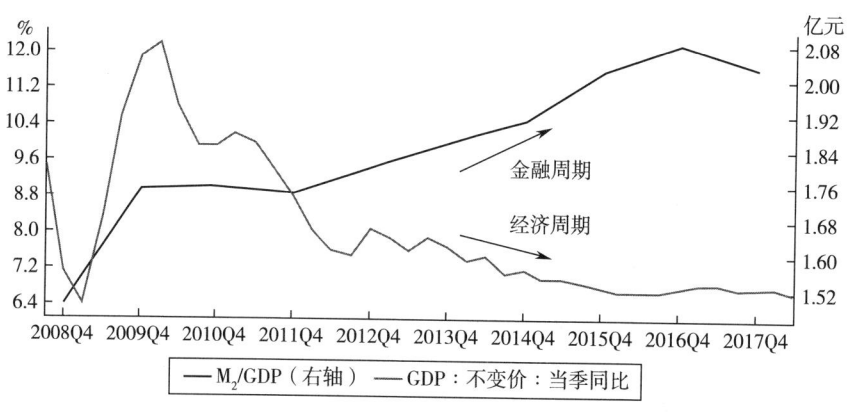

图 3-4 金融周期"J"形与经济周期"L"形

(数据来源:Wind.)

由资金空转导致的金融系统的一家独大往往会为金融危机埋下伏笔,这是因为金融机构具有强烈的顺周期特征,形成了资产价格和资产负债规模的正反馈扩张。如果金融监管部门不进行逆周期调节,或者调节不当,很可能引发剧烈的金融市场波动。在上行期金融周期和经济周期的态势几乎相似,但在下行期金融周期的调整往往是以惨烈的危机和崩溃作为出清手段。这是金融周期和经济周期在动态特征上最大的不同之一。

3.2 基础货币与金融同业流动性

作为基础货币的供给方，中央银行的货币创造行为对应着当期资产负债表的变化。中央银行的资产负债表可以看作国家资产负债表的母表。虽然货币供给是从负债端发起，但作为发行准备的资产端也在对应发生着变化。进一步，中央银行资产负债表周期对应着中国的基础货币周期。根据资产端的变化，可以简单分为三个阶段：商业银行再贷款、外贸企业结汇、其他金融机构债权。三个阶段对应着不同的经济金融含义。

阶段一：商业银行再贷款，对应着改革开放初期商品和要素货币化。20世纪80年代以来，随着中国经济体制改革不断深化，金融体系也逐步发展，形成了以银行为主导的金融体系。中央银行向商业银行提供再贷款，形成基础货币。商业银行依靠从中央银行获得的基础货币，通过向实体企业发放贷款，货币从银行体系逐渐派生（见图3-5）。

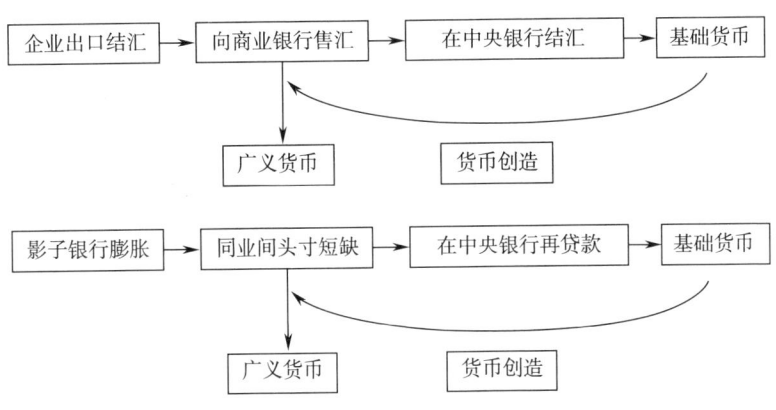

图3-5　中央银行两种不同的流动性创造过程

阶段二：外贸企业结汇形成的外汇储备，对应的是进入21世纪，中国不断参与全球经济而获得的贸易全球化所带来的巨大红利。进入21世纪以来，随着中国加入世界贸易组织（WTO），对外开放程度不断提升。作为劳动力资源丰富、制造业体系完善的发展中大国，中国以其廉价的劳动力、完善的工业体系，为世界生产出物美价廉的"中国制造"，满足了世界各国，特别是发达国家的物质需求。外向型经济模式决定了彼时中国货币创造的主要方式。在不可能三角的约束下，为保有独立的货币政策工具，对于外贸企业的出口结汇，中央银行需要以外汇储备为基础发行基础货币。在这一模式下，货币的创造依托对外贸易，内生于经济体系，并通过货币乘数不断壮大，促进经济的发展。

阶段三：购买其他金融机构债权（SLF、MLF等），为维护流动性进行的公开市场操作。始于2008年的国际金融危机给包括美国在内的资本主义世界造成严重打击，也对彼时贸易依存度极高的中国经济产生了严重的负面影响。危机之后，外部需求持续低迷，对依赖出口贸易的中国经济造成沉重打击，造成了外汇流入的减少，降低了经济体内生性的货币创造能力，迫使中央银行通过新的方式为实体经济注入货币流量（见图3-6）。

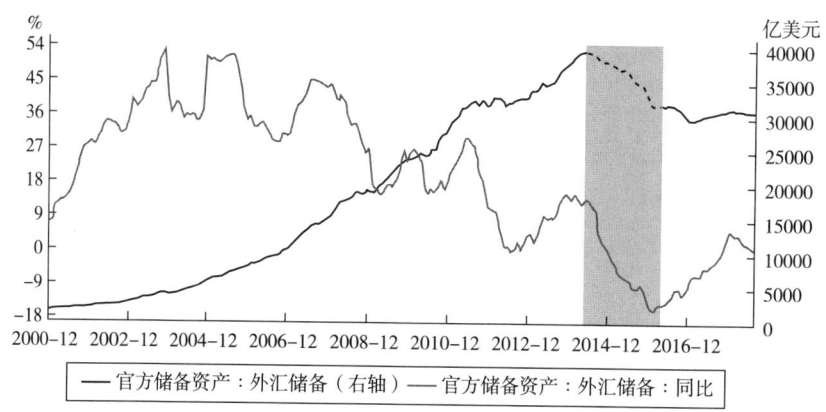

图3-6 中国官方外汇储备的变化

货币内生性渠道的受阻需要通过中央银行领导的银行体系有效对冲。通过公开市场操作，中央银行资产负债表的结构也悄然改变：内生于经济体系、以外汇占款为依托的广义货币让位于调整银行流动性缺口的基础货币（见图3-7）。

与内生于出口贸易的货币供应不同，中央银行公开市场投放的货币缺乏实体经济支撑。相对以实际出口产品为支撑的外汇占款，公开市场操作投放

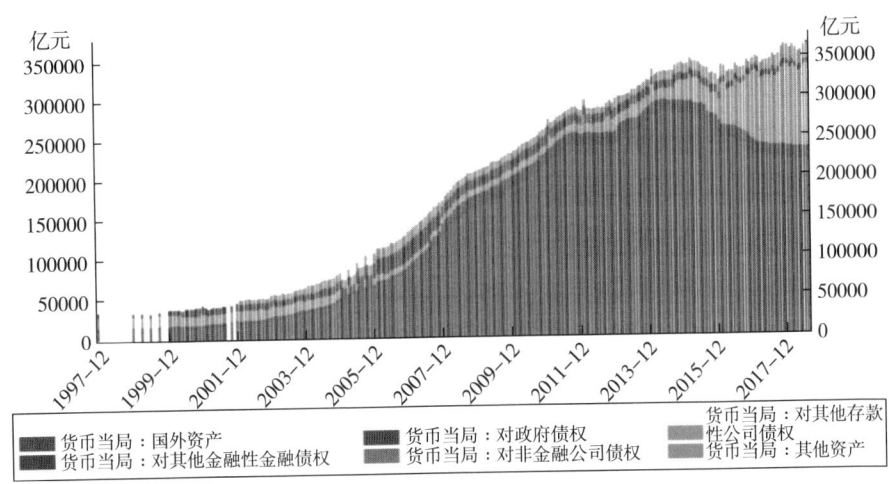

图 3-7 中央银行资产总量与结构变化

（数据来源：Wind.）

的货币呈现出"期限短、成本高"的特点，容易诱使金融机构通过期限错配增厚投资收益，加大金融系统的整体风险敞口。本质上，以中央银行公开市场操作为基础的货币生成体系是一种所谓的"资金空转"系统，通过金融创新和同业合作，资金在中央银行、商业银行以及非银行金融机构之间循环往复，加大了实体企业的融资成本，通过逆向选择机制，迫使企业提高自身风险偏好，弱化了经济、金融系统的防风险能力（见图3-8）。

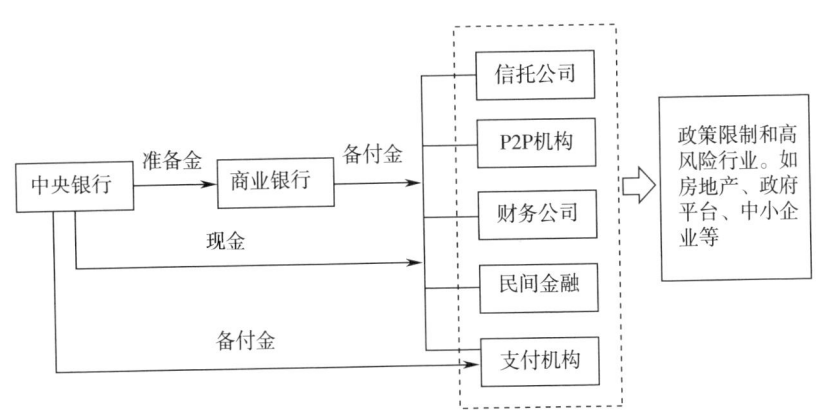

图 3-8 中央银行基础货币变化与影子银行流动性创造

3.3 广义货币与实体经济流动性

商业银行的资产负债表建立在中央银行的资产负债表之上，通过向实体经济提供信贷资产从而创造广义货币，形成在中央银行的准备金便是基础货币。近30年来，广义货币周期也经历了三个阶段，对应着商业银行资产负债表的结构调整，分别是基于工业化的制造业投资、基于城市化的房地产和平台、基于金融化的影子银行。商业银行的资产负债表调整直接影响到证券市场的流动性问题，而大幅的冲击又与监管政策相关。

如果审视商业银行最近几年的资产负债表，可以发现最近几年发生了巨大的变化。从资产端来看，表3-9中贷款的"对非金融机构债权"的缓慢降低以及表中对非银行金融机构资金融出的"对其他金融机构债权"的相对提升似乎预示着中国金融体系的去中介化，以及以直接融资为特征的金融市场的发展壮大。从负债端来看，商业银行从中央银行融入更多资金，并通过发行同业存单等方式实现主动负债，也证明中国商业银行的市场化程度不断提升。但宏观层面数据的表征是否真正代表了微观世界的真实状况？我们需要透过银行资产负债表的表象，探寻资产负债表背后深层次的关联（见图3-9）。

依托中央银行在银行间市场的新型货币投放方式，商业银行可以通过银行间融资迅速扩大规模，实现负债端的扩张。相对于成本低廉且稳定性好的一般存款，通过同业拆借融入的资金成本较高，稳定性较差，需要商业银行寻找更高收益的资产来对接。当传统的信贷投放不能满足不断升高的融资成本时，影子银行业务便在银行的资产负债表之外逐渐发展壮大。

与传统商业银行相比，影子银行的本质是逃避监管。[1] 具有中国特色的影子银行业务事实上包括两个方面，一是以"类信贷"为特征的银行的

---

[1] 辛乔利. 影子银行：揭秘一个鲜为人知的金融黑洞 [M]. 北京：中国经济出版社，2010：7.

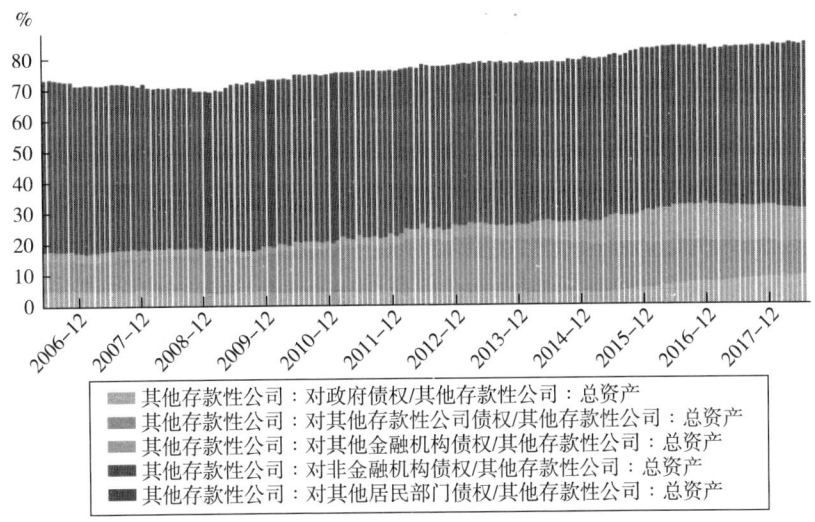

图 3-9 商业银行资产结构变化

(数据来源：Wind.)

影子业务，即在银行资产负债表上不被统计为信贷的信用创造活动。[①] 二是通过同业合作实现货币转移从而为企业融资的传统影子银行业务。"类信贷"业务的兴起源于商业银行规避监管的诉求。对于商业银行来说，"类信贷"业务往往需要借助非银行金融机构作为通道。因此，该类业务往往以"同业资产"或"投资资产"的形式出现在商业银行的资产负债表上，或者以表外同业资产的形式转移出银行的资产负债表。传统的影子银行业务主要通过非银行金融机构展开，但不管是以贷款为底层资产的证券化产品，还是作为银行表外理财投资重要标的的非标资产，其背后都少不了商业银行的身影。

影子银行业务的逐步壮大与商业银行表内资产的停滞不前形成鲜明对比，也造成了宏观层面金融周期与经济周期的背离。得益于影子银行系统的不断扩张，过剩产能行业得以暂时续命，但却延缓了正常的市场出清，为经济的长远发展埋下了隐患。同时，等级分明的新型流动性投放体系具

---

① 尹剑锋，王增武. 影子银行与银行的影子 [M]. 北京：社会科学文献出版社，2013：1.

有天然的资金空转倾向，层层交叉的金融往来放大了系统性风险，也压缩了实体企业的融资诉求（Bengtsson，2013）（见图3-10）。

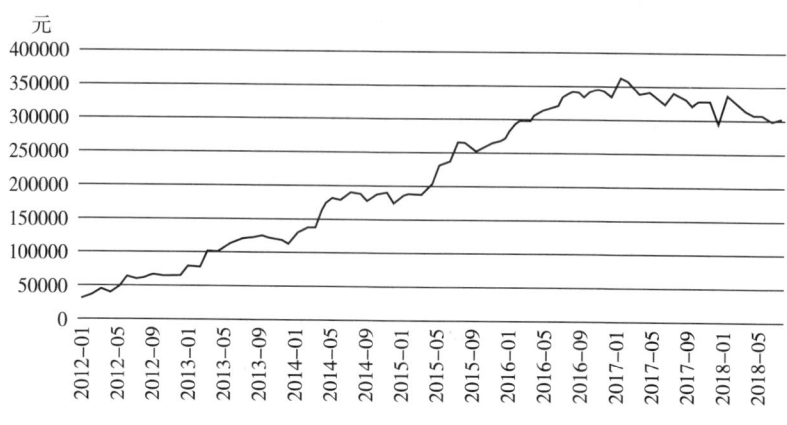

图3-10 中国影子银行规模测算

等级分明是我国银行体系的基本特征之一。基于银行体系的新型货币投放方式是商业银行获取利润新的渠道。当依靠外汇占款投放的货币投放方式的时代逐渐过去，通过公开市场操作补充流动性的时代来临之时，金融机构之间可以通过资金拆借随时调整弹药储备，资金空转的局面也开始形成。原本连接金融与实体经济之间的线性渠道被同业存单、同业理财、资管计划等为代表的具有脱媒特征的金融工具改造成了循环渠道。在这个闭环渠道中，虽然资金的流通速度在不断加快，但实体企业却经历着逐渐走高的融资成本冲击——这也是为什么习近平总书记和党中央、国务院反复强调金融服务实体经济的根本所在。

3.4 证券市场流动性冲击的基本机理

我们已经强调了，金融周期与经济周期不同步是我国金融市场大幅波动的内在机理。必须站在金融周期与经济周期相互作用的视角来分析我国金融市场波动的原因。金融危机后美国在五年的时间里先后实施了四轮量化宽松货币政策，目前，在全球主要货币区开始相对收缩货币政策的大背景下,中国经济的风险压力实际上已经从信用风险转移到流动性风险,这是近几年我国证券市场大幅波动的本质原因之一。

3.4.1 宏观流动性传导机理

中国当前的流动性供给和需求都形成了层级结构,这是一种特有的货币金融现象,源自中国以政府信用和国有企业为主导的经济金融结构。图3-10勾勒了中国金融流动性供给的基本结构和向实体经济传导的过程机理。

第一层,流动性供给结构是与信用结构紧密对应的,形成了特有的"核心—夹层—外围"三个基本结构。核心层为中央银行和政策性银行,它们形成紧密的资产负债关系,比如中央银行直接持有政策性银行的资产,为国开行、农发行等直接注入货币,即中央银行以抵押方式向商业银行发放贷款(PSL)。

第二层,再向外扩展为五大国有银行。国有银行的公司治理紧紧围绕国有资本开展,无论是重大战略的决策、重大人事任免,还是重要的信贷投向、对货币政策的执行,都体现着政府和政策的意志。同时,国有银行作为信贷政策执行的主要载体,与中央银行也紧密相连,作为一级交易商能直接与中央银行进行交易(OMO、MLF等)。国有银行再作为基础货币的批发商向外围传导流动性。

第三层,较大的股份制商业银行,它们具有较高的专业化水平和灵活的创新能力(一些国有氛围比较浓厚的股份制银行除外),由于具有市场化的资产负债管理技术,因此它们能较好地管理流动性风险。当然,由于交易结构的设计,它们的流动性风险往往具有外溢效应。

第四层,地方性商业银行,包括城市商业银行、农村商业银行和村镇银行,它们与地方政府和地方国企有着千丝万缕的联系。对于流动性的地位来说,大部分银行不是一级交易商,因此无法直接从中央银行获得流动性便利,在流动性遇到问题的时候需要从作为一级交易商的大中型银行拆借。

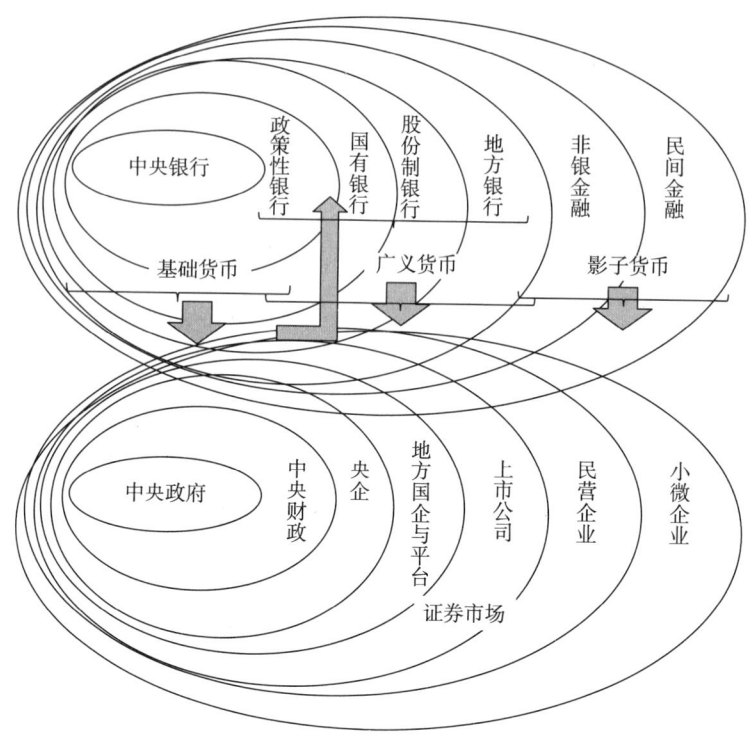

图 3-11 中国宏观流动性结构

第五层，券商、基金、信托、持牌私募、财务公司等非银金融，它们从银行体系批发资金，是最近几年影子银行的主要制造商。尤其是国有企业的财务公司，它们利用国有企业的核心信用，从商业银行低价批发资金，然后再贷出去到最外层赚取利差。

第六层，影子银行机构，包括各类投资机构、民间借贷以及地下金融等。按照现有的监管制度，这一类影子银行机构无法直接与银行体系建立资金"管道"，因此利用的都是一些"另类信用"。

与金融体系的流动性供给层级结构相对应的是实体经济的流动性需求，也形成了类似的层级结构，分层的主要依据是信用的等级，信用层次决定了所能获得的流动性的优先位置。第一层（核心层）是中央政府以及中央财政部门。第二层是中央企业，其拥有最高的企业信用。第三层是地方政府信用兜底的地方国企和政府融资平台。第四层是与资本市场相联系的上市企业，它们拥有二级资本流动性的优势。第五层和第六层则是民营企业和小微企业。

3.4.2　流动性波动对金融市场的冲击

相对实体经济的缓慢反应，金融市场对流动性波动的反应更加敏感。尤其是交易比较活跃的二级市场，对流动性变化异常敏感，主要是因为金融资产的二级市场本身就承担着流动性转换的某种职能。

关于流动性波动对证券市场的传导机制和冲击路线问题，许多学者已经进行了深入的研究（Fang，Qian 和 Wang，2014；Adrian 和 Shin，2008；Acharya 和 Pedersen，2005 等）。我们认为两者之间主要有三个宏观传导机制和三个微观行为机制，总体的路线图如图 3-12 所示。

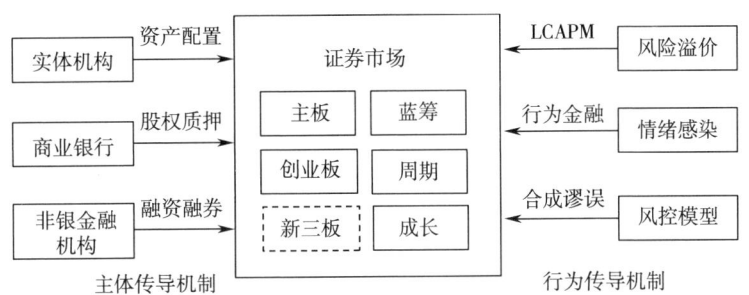

图 3-12　证券市场整体流动性冲击

（1）基于三个主体的传导机制

主体的传导机制主要基于实体机构、非银金融机构、商业银行三个主体。

——实体机构。包括企业和居民，这里主要是居民，企业需要通过金融机构间接进入资本市场（投资或者现金管理）。对于居民也就是个人投资者来说，可以用自有资金，取决于可支配收入，也可以用杠杆资金，取决于信用水平。根据中国证券投资者保护基金有限责任公司发布的《中国资本市场投资者保护状况白皮书（2017）》，截至 2017 年底，A 股投资者账户总数为1.34亿户,其中自然人占99.73%,非自然人占0.27%。《上海证券交易所统计年鉴(2018)》显示,截至2018年6月,A股个人投资者持有自由流通市值占比达40.5%,而机构投资者持有自由流通市值占比仅为31.5%,个人投资者持有的流通市值占比不仅超过机构投资者,而且远高于欧美机构投资者持有股票市值占比。中国证券市场以个人投资者为主的基本特征,决定了会出现一些非理性决策行为,比如"羊群效应"、追涨杀跌、心理账户问题等。实体机构一方面依靠自身的资金头寸进行证券投资,另一方面又通过实体经济的信用活动创造着广义货币。因此在流动性分析中,最根本的内生流动性还是来自实体经济的货币创造活动。

——非银金融机构。投资者可以加杠杆(融资)投资或者卖空(融券),主要通过券商和场外机构配资。而非银金融机构除了部分自营资金外,也会从商业银行通过通道获取资金,这些都提高了流动性结构的波动性和复杂性。事实证明,在2015年的股票市场大幅波动中,场内融资和场外配资等加杠杆行为要为这次大波动负主要责任。

——商业银行。对于中国的企业来说,上市本身代表着一种来自资本市场(流动性)的背书,因此上市公司可以通过股权来获取债务性融资。然而,在流动性危机中,当股票市场的价格下跌到某个阈值,就可能引发一个"股价下跌—质押预警—银行平仓—股票抛售—股票下跌"的正反馈过程。这个时候就可能引发流动性危机。2018年股票大跌实际上主要触发的因子就来自股权质押爆仓引发的恶性正反馈。

(2) 对于三个行为传导机制

——风险溢价超调行为。将流动性风险也纳入资本资产定价模型,投资者对证券进行定价的时候,需要计量内嵌的流动性风险。这是投资者微观角度的考量,对宏观稳定性造成的影响是,对流动性风险的同质性计量会引发金融市场的大幅波动。

Acharya 和 Pedersen(2005)给出了在"红利和非流动性成本跨时间不相关"的假设下导出的基于流动性风险的资本资产定价模型(LCAPM):

$$E(r_t^i - r_t^f) = E(c_t^i) + \lambda\beta^{1i} + \lambda\beta^{2i} - \lambda\beta^{3i} - \lambda\beta^{4i} \qquad (3-1)$$

其中：

$$\lambda = E(\lambda_t) = E(r_t^M - c_t^M - r^f) \quad (3-2)$$

$$\beta^{1i} = \frac{cov(r_t^i, r_t^M - E_{t-1}(r_t^M))}{var(r_t^M - E_{t-1}(r_t^M) - [c_t^M - E_{t-1}(c_t^M)])} \quad (3-3)$$

$$\beta^{2i} = \frac{cov(c_t^i - E_{t-1}(c_t^i), c_t^M - E_{t-1}(c_t^M))}{var(r_t^M - E_{t-1}(r_t^M) - [c_t^M - E_{t-1}(c_t^M)])} \quad (3-4)$$

$$\beta^{3i} = \frac{cov(r_t^i, c_t^M - E_{t-1}(c_t^M))}{var(r_t^M - E_{t-1}(r_t^M) - [c_t^M - E_{t-1}(c_t^M)])} \quad (3-5)$$

$$\beta^{4i} = \frac{cov(c_t^i - E_{t-1}(c_t^i), r_t^M - E_{t-1}(r_t^M))}{var(r_t^M - E_{t-1}(r_t^M) - [c_t^M - E_{t-1}(c_t^M)])} \quad (3-6)$$

其中，r_t^i 代表证券 i 在 t 时刻的收益率，r_t^f 代表 t 时刻的无风险利率，c_t^i 代表证券 i 在 t 时刻的非流动成本，对于单只证券的非流动程度，Amihud（2002）给出了如下的衡量指标：

$$ILLIQ_t^i = \frac{1}{Days_t^i} \sum_{d=1}^{Days_t^i} \frac{|R_{td}^i|}{V_{td}^i}$$

其中，R_{td}^i 代表单只证券在第 t 月第 d 天的，回报 V_{td}^i 代表单只证券在第 t 月第 d 天的成交额，$Days_t^i$ 代表单只证券在第 t 月具有成交的天数。

从公式中可以看出，在 LCAPM 框架下，单只证券的预期风险溢价取决于该证券预期的非流动成本以及该证券与市场整体非流动性的相关性程度。除了单只证券回报与市场整体回报之间的相关程度，单只证券的回报还受流动性风险因素的影响，而流动性风险由三个变量衡量。其中，β^{1i} 衡量了单只证券的非流动成本与市场整体的非流动成本之间的相关程度。一般来讲，投资者需要更高的回报来弥补市场流动性恶化造成的单只证券流动性的收紧。这是因为，在市场流动性变差时，投资者更倾向于以较低的成本交易那些流动性相对较好的证券，因而对于那些流动性情况与市场整体流动性情况比较一致的证券，投资者的期望回报率相对较高。β^{2i} 衡量了单只证券回报率和市场整体非流动成本之间的关系。对那些在市场整体流动性较差时回报率较高的资产，投资者乐于以较低的回报率持有这些资产。β^{3i}衡量了单只证券的非流动成本与市场回报率的相关程度,这一想法背后的机理是对于在市场走弱的情形下流动性相对较好的资产,投资者乐于以较低的预期回报率持有它们。

——情绪感染机制。由流动性引发的市场波动往往是巨大的,从而引起投资者情绪方面的变化并在整个市场蔓延。从过去发生的几次危机可以看到,即使市场上依然具备流动性缓释能力,比如2009年美国次贷危机和2013年钱荒的时候,金融机构的超储率并没有明显的下降,只有由于投资者恐慌引发的"买盘"消失,即所谓的"流动性黑洞"问题(Persaud,2001)。

——机构风险管理的合成谬误机制。逐日盯市制度、抵押品担保合约、追加保证金和风险价值模型(VAR)是当前金融机构主要的四个市场风险管理模型。虽然这些管理技术从微观个体来说都是有意义的,但事实证明,当证券市场中大部分金融机构都采用这些风险管理技术时,往往会引发流动性的大幅波动。

第4章 证券市场系统性风险传导：来自上市公司的证据①

华尔街次贷危机让全世界的经济学家想起美国经济学家——海曼·明斯基（Hyman P. Minsky），这一位曾经被认为是非主流的经济学家早在半个世纪前就提出了金融不稳定性假说（Financial Instability Hypothesis，FIH）并准确预测了这场旷世危机。明斯基认为，由于经济周期天然的存在，商业银行成为一种内生性不稳定因素。在经济繁荣时，商业银行容易发放贷款，企业也更容易获得贷款，整个经济体系中流动性充足，信贷释放出极大的生产力。但是，当扩张过度或经济萧条时，商业银行与金融系统就很容易因流动性消失而遭遇危机。换句话说，商业银行的运行模式决定了金融危机不可避免。在以商业银行为核心的金融体系中，居民、企业、政府甚至国家都变成金融体系的一部分，不可能不受到金融冲击。明斯基进一步指出，企业为扩大生产规模而进行的融资（为投资而进行融资）是经济不稳定的来源。明斯基对现代金融学开创性的贡献在于，他根据不同债务人类型和债务—收入结构关系，将融资活动划为三类，即对冲性融资（Hedge Finance）、投机性融资（Speculative Finance）和庞氏融资（Ponzi‐Finance）。要防止金融危机或经济危机，关键在于对商业银行资产增长的数量和速度加强管理，防止企业大规模出

---

① 本章由上海证券交易所联合研究计划《证券市场宏观审慎监管框架体系研究——基于系统性风险视角》（项目编号：RH1900015892）第四部分改写而成，美国依隆大学（Elon University）商学院经济系助理教授陈国文博士对研究计划的该部分有贡献，作者深表感谢。

现庞氏融资和投机性融资转化为庞氏融资。① 其实，王国刚等国内学者也认为，系统性金融风险主要是由微观主体引发的，不是由宏观因素造成的。② 在最近几年的证券市场上，这种观点得到越来越多的证实，上市公司股权质押违约产生的风险也越来越令人担忧。虽然上市公司进行股权质押的历史并不短，但质押规模快速扩张却是从2015年开始，并在此后持续大幅增加，2016年新增质押规模的高点达到4.8万亿元。到2018年上半年，上市公司股权质押的总规模达到7.2万亿元，占上市公司总市值的13%，对股票市场波动造成巨大的影响，对于上市公司和质押股权的大股东资质影响不断加大。从这一点上说，上市公司股权质押违约风险与一般企业的信用风险并不相同，对金融经济具有更大的破坏性，更易导致系统性金融风险。本章我们在分析整体和宏观的流动性结构和冲击路线的基础上，再利用上市公司的数据，对证券市场内部的流动性交叉和跨部门、跨行业传染性进行分析。因为我们对系统性风险的典型案例研究过程中发现，外部和宏观的流动性冲击（基础货币和广义货币）固然是根本原因，但引发证券市场大幅波动的还有其内部的交叉传染问题。其中不同行业的杠杆率、流动性需求、财务特征等不一样，决定了风险的抵御能力和爆发路径以及对整个证券市场的影响不同。本部分的主要内容是利用上市公司数据，来分析企业的风险问题。在中国经济步入新常态以后，经济增速略微有所放缓，但多部门的债务杠杆率却在不断攀升。债务比例的提高往往伴随着风险的增加。我们以上市公司为例，来分析企业部门风险的变化水平、不同部门间的风险特点，以及风险在不同部门之间的传染行为。

---

① [美]海曼·明斯基. 稳定不稳定的经济：一种不稳定视角[M]. 北京：清华大学出版社，2015：278.
② http://finance.ifeng.com/a/20180125/15948088_0.shtml.

4.1 行业风险测算与整体特点

4.1.1 不同行业风险测量与变化趋势

当前文献提供了多种风险的测算方法,如资产收益率、股本回报率、资本结构、债务资产比率等,这些风险测算的方法均与债务和收益水平有关。鉴于上市公司数据部分指标的可得性,我们利用企业的利润总额与总债务的比例来衡量企业的偿债能力,从而测算企业的债务违约风险。企业的偿债能力越高,债务违约风险越低;反之则越高。

本章采用数据全部来源于 Wind 数据库。数据包括全部上市公司 2008 年至 2018 年 6 月末的季度数据。相关变量包括企业名称、企业所属行业、企业证券代码、企业成立时间、企业性质、利润总额、总债务、总资产、所有者权益等内容。对于企业所属行业,我们选取中国证监会对上市公司的分类标准,截至 2018 年年中,有包括金融业在内的 19 个行业数据。由于金融业资产与债务统计方法和特点与其他行业不一致,因此,在下文的分析中,我们把金融业剔除。基于数据的可得性,我们以测算出的企业利润总额与总债务的比值来表示企业的偿债能力。同时,利用算数平均法可以获得不同时期企业的整体偿债能力,从而来衡量系统性风险。

上市公司在不同年份的整体风险水平如图 4-1 所示。可以看出,企业整体的抵御风险能力在下降。在 2008 年与 2009 年国际金融危机之后,企业整体抵御风险能力明显上升,利润总额与总负债比例超过 30%,抵御风险能力较高。但在 2012 年经济进入新常态之后,企业整体抵御风险能力甚至出现负值,此时企业面临着较高的风险。虽然在 2015 年之后,企业整体偿债能力有所上升,但与之前偿债能力较高的年份相比,企业的整体偿债能力下降较为显著。因此,当前上市公司整体面临较低的抵御风险能力。

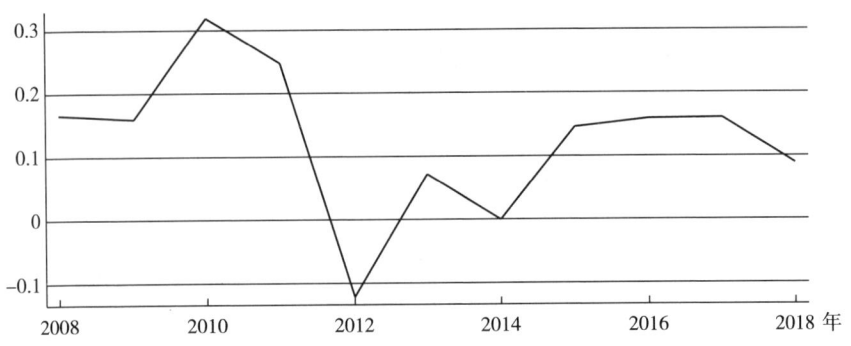

图 4-1 上市公司抵御风险能力（2008—2018 年）

4.1.2 不同年份行业风险变化

上市公司整体上面临着偿债能力降低的问题，接下来对不同行业风险水平进行分析。

图 4-2 显示了除金融业外其他行业的风险变化特点。首先，多数行业的平均抵御风险能力均有不同程度的下滑。像采矿业、制造业、交通运输、仓储和邮政业以及住宿和餐饮业等行业，利润总额与总债务的比例在不断下降，并且在 2008—2018 年出现了较大幅度的下滑。其次，多数行业平均利润总额与总债务比例下滑至 10% 以下，抵御风险能力较低。如农林牧渔业在 2010 年左右利润总额与总负债比例维持在 10% 以上，近年已跌至零值附近。类似行业还有建筑业、住宿和餐饮业、房地产业以及综合类企业等，偿债能力均较低。最后，还有部分行业的偿债能力变化不大，但一直维持在较低的水平，如电、热、燃气和水的供应业以及房地产业等。

附录 2 给出了不同行业在不同年份具体的偿债能力以及变化情况。截至 2018 年 6 月末，偿债能力较低的行业有农林牧渔业、建筑业、住宿和餐饮业、房地产业、教育业以及综合类企业，这些行业的偿债能力均在 5% 以下，即利润总额不足总负债的 5%。偿债能力较高的行业有制造业、交通运输、仓储和邮政业、科学技术服务业、居民服务业以及文化体育娱乐

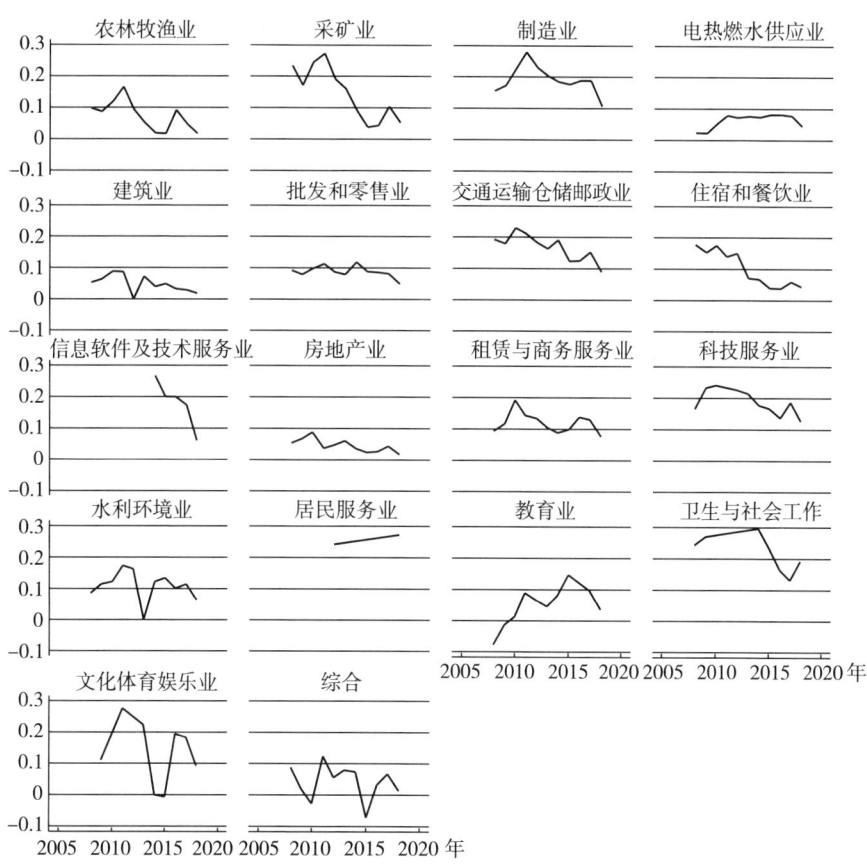

图4-2 不同行业抵御风险能力变化

业,但即便是偿债能力较高的企业,部分行业在2018年6月底利润总额与总负债比例也低于10%,并且部分行业在其他年份的偿债能力也经历过较低的水平。

前文从整体上分析了上市公司偿债能力在不断降低的情形,通过进一步对不同行业的偿债能力进行分析,发现多数行业已经出现显著的偿债能力下滑的现象,这说明系统性风险已经蔓延到多个行业。相比于偿债能力最低的行业,部分行业的偿债能力相对较高,但偿债能力相对较高的行业,其偿债能力的数值也较前些年有明显的下滑。因此,与之前年份相比,多个行业的抵御风险能力在不断下滑。

4.1.3 行业内部风险特点

通过对不同行业抵御风险能力的变化进行分析，我们发现多数行业抵御风险能力在显著下降，并且部分行业抵御风险能力已经降低到很低的水平。在本章中，接下来我们还要对行业内部企业特点进行分析，观测不同性质企业的抵御风险能力变化。

图4-3显示了不同行业国有企业与非国有企业抵御风险能力的变化趋势。对于农林牧渔业，2010年左右国有企业和非国有企业抵御风险能力均较高，但在之后的年份，国有企业抵御风险能力下降明显，利润总额与总负债的比例接近零，非国有企业抵御风险能力虽然高于国有企业，但抵御风险能力也有所下降。对于采矿业而言，在2012年之前国有企业和非国有企业抵御风险能力均较高，而在之后的年份均经历了较大的下滑，最近年份国企和非国企抵御风险的能力均相对较低。制造业的利润总额与总负债比例变化相对平稳，但在2012年之前，国企和非国企抵御风险能力均较高，此后有所下滑，但对比部分行业，仍具有相对较高的风险抵御能力。对于电、热、燃气和水的供应业，国有企业和非国有企业的利润总额与总负债的比例相对平稳，抵御风险能力变化相对较小。建筑业的国有企业和非国有企业抵御风险能力一直较低，尤其是国有建筑企业，利润总额与总负债的比例接近于零。批发和零售业的国有企业风险抵御能力要高于非国有企业的风险抵御能力。2008—2018年，国企的利润总额与总负债比例一直高于非国企的这一比例，但无论是国企还是非国企，批发和零售业的风险抵御能力均有所下滑。2015年之前，交通运输、仓储和邮政业的国有企业风险抵御能力要高于非国有企业，但在2015年之后，两者的数值差不多。同批发和零售业类似，住宿和餐饮业的国有企业风险抵御能力要高于非国有企业的风险抵御能力，并且非国有企业的风险抵御能力在近些年接近零。信息软件技术服务业的国企和非国企的风险抵御能力均经历了显著的下滑，2012年之前国企和非国企的风险抵御能力均相对较高，到2018

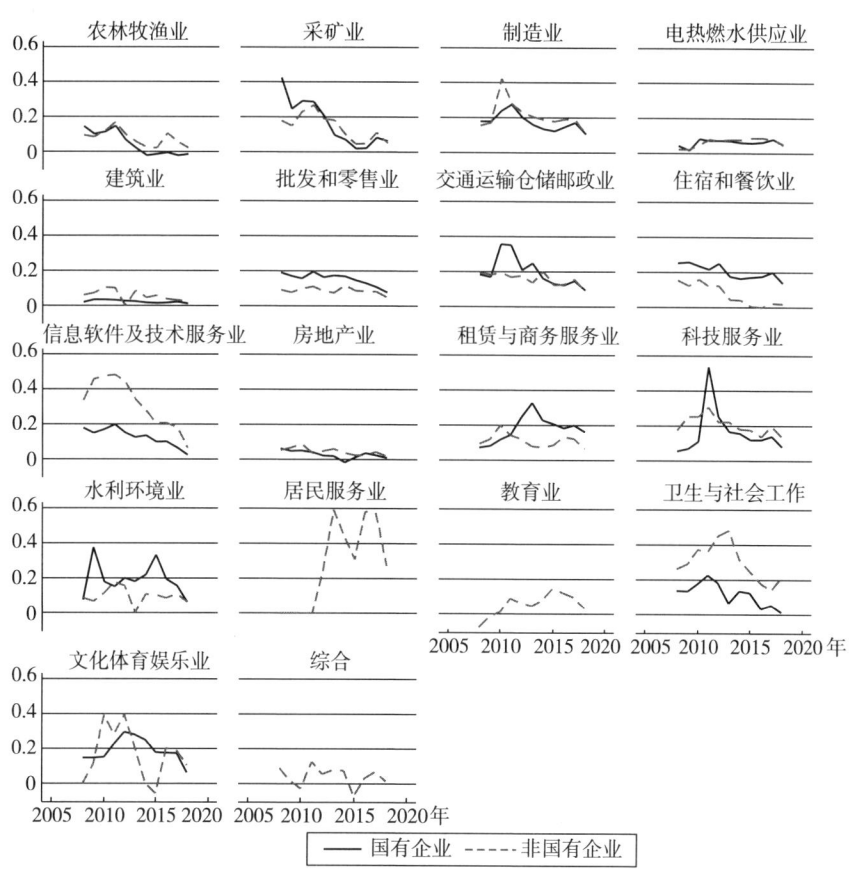

图 4-3 不同性质企业风险抵御能力

年 6 月，两者的风险抵御能力均相对较低。房地产业的风险抵御能力一直维持在低位，国有企业的风险抵御能力还略低于非国有企业的风险抵御能力。租赁与商务服务业的国有企业风险抵御能力在 2014 年达到峰值，但在后面年份有所下滑，而非国有企业抵御风险能力平均低于国有企业风险抵御能力。科技服务业的国有企业风险抵御能力在 2012 年达到峰值，利润总额与总负债的比例超过 50%，但随后年份下滑剧烈，且之后年份维持在较低水平，非国有企业的风险抵御能力也超过国企风险抵御能力。水利环境与公共管理业的国有企业风险抵御能力要高于非国有企业，且两者的风险抵御能力均相对较高。卫生与社会工作行业非国有企业的风险抵御能力要远高于国有企业，同国有企业一样，非国有企业的风险抵御能力也经历了较大的下滑，但仍处于相对较高的水平。文化体育娱乐业的国有企业和非国有企业的风险抵御能力当前也处于相对较高水平。

通过对图4-3的分析发现，大部分行业的国有企业和非国有企业的风险抵御能力均出现了显著的下滑，并且大部分行业的国有企业风险抵御能力要弱于非国有企业的风险抵御能力。这说明在行业内部，不同性质的企业风险抵御能力均出现了下降，而非仅仅部分企业出现风险抵御能力下降的现象。

4.1.4 行业风险与行业结构

如前文所述，企业的风险与企业的盈利能力和债务水平有关，而企业的债务与资产结构可能与企业抵御风险能力有一定关系。因此，本研究进一步观测企业风险和债务与资产比例变化来寻求风险抵御能力与企业资本结构之间的关系。我们利用企业的总负债与总资产的比例来表示企业的资本结构。

图4-4显示了企业资本结构与企业债务抵御能力的变化趋势。可以看出，从2008年开始，上市公司的平均债务与资产比例有所下降，且在2011年之后下降至50%以下的水平。总债务与总资产比例的下降，说明整体上企业的杠杆率在下降，而上市公司的平均偿债能力却出现了下滑的趋势。在2010年，上市公司平均利润总额与总负债比例达到最高点，约为3%，2012年再下滑至负值，说明平均意义上企业出现了亏损，且在2013年和2014年，企业的利润总额与总负债比例都非常低。2015年以后企业偿债能力有所上升，但仍维持在较低水平，且2018年企业的整体偿债风险又有所下滑。因此，我们看到虽然企业的总负债占总资产比例在缓慢下滑，但企业的抵御风险能力也在下降。

图4-5给出了不同行业资本结构与企业风险抵御能力的具体变化趋势。农林牧渔业的风险抵御能力有所下滑，而其资本结构变化相对稳定，总负债占总资产比例略微有所上升，但仍低于50%。采矿业的总负债与总

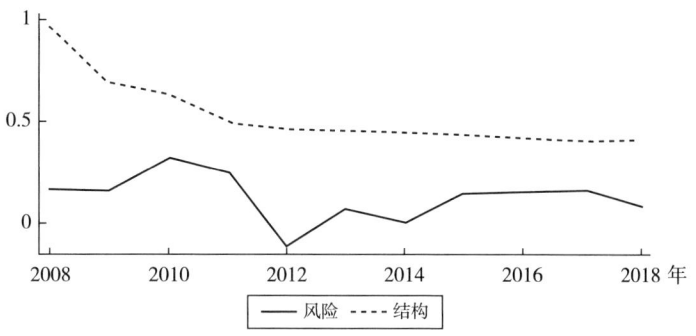

图 4-4 企业债务与资产比例与抵御风险能力

资产比例在 2013 年之前处于非常高的水平,且这一比例急剧降至 50% 以下,并且维持在 50% 左右,而采矿业的风险抵御能力也显著下降。制造业的资本结构也在缓慢下滑,2011 年之后均维持在 50% 以下,风险抵御能力也有所下降。电、热、燃气和水的供应业总负债占总资产的比例一直相对较高,虽然有所下滑,但也在 50% 以上,而其风险抵御能力也一直处于相对较低的水平。图 4-5 不同行业金融结构与风险抵御能力变化建筑业和零售批发业类似,总债务与总资产比例虽然有所下降,但一直处于较高位置,且风险抵御能力均不高。交通运输业等的债务资产比例一直维持在 50% 左右,债务比例和风险抵御能力均有所下降。住宿和餐饮业的债务资产比例之前一直处于相对较低的水平,而近些年份却大幅提升,债务占资产比例提高到了 50% 左右,而风险抵御能力也出现了显著下滑。信息软件服务业的总负债与总资产比例在显著下滑,并且达到了较低的水平,而其风险抵御能力也出现了显著下滑。房地产业的总债务与总资产比例一直处于较高水平,杠杆率下降后负债水平仍很高,但其偿债能力却很低。租赁与商务服务业的总负债与总资产比例在 2008—2011 年大幅下降至 50% 以下,此后年份也都维持在 50% 以下,风险抵御能力变化不大,维持在中等水平。科技服务业的总负债与总资产比例与风险抵御能力均出现了轻微下滑的趋势。水利环境与公共管理业的总负债与总资产比例在下降,偿债能力也在下降。居民服务业总负债与总资产比例显著下降,且企业的平均风险抵御能力较高。教育业的总负债与总资产比例和风险抵御能力均有所上升。卫生与社会工作行业总负债与总资产比例相对平稳，而偿债能力下降较多。文化体育娱乐业和综合类企业总负债与总资产比例显著下降，但两个行业的偿债能力均相对较低。同时，表4-2（见附录3）也给出了不同行业金融结构变化的具体数值。

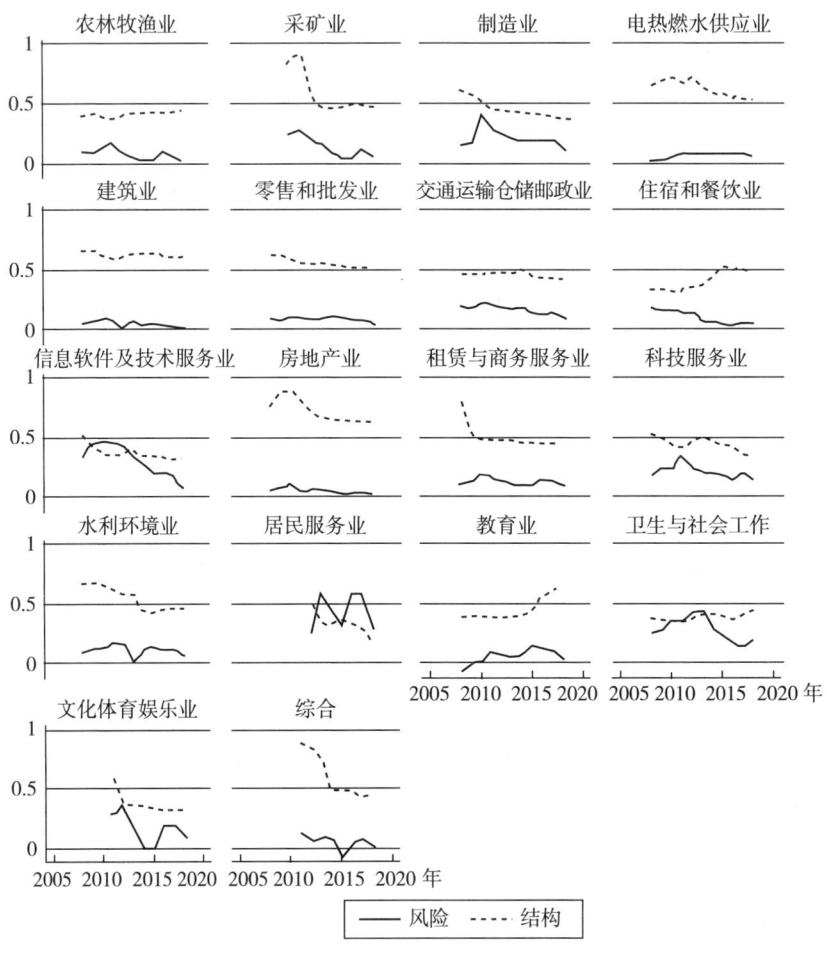

图4-5 不同行业资本结构与企业风险抵御能力

总体而言，多数行业的风险抵御能力均出现了下降的趋势，同时，多数行业的总负债与总资产比例也在不断降低。不断降低的总负债与总资产比例与去杠杆政策有关。而部分行业，如住宿和餐饮业等，债务与资产比例却在提高。因此，在去杠杆政策的推动下，多数行业的平均债务与资产比例有所下降，但多数行业的利润总额与总债务的比例却也在不断下降，这意味着去杠杆政策可能并未有效降低企业的债务违约风险。

4.2 不同行业风险比较

从整体上对上市公司风险抵御能力进行分析后，我们发现，上市公司风险抵御能力在快速降低，并且不同性质的上市公司的整体风险偿债能力也在不断降低。接下来，我们再对不同行业上市公司的风险抵御能力进行比较，目的是观测不同行业上市公司风险抵御能力的差异。

首先，图4-6显示了所有上市公司利润总额与总负债比例的分布。可以看出，2016年、2017年与2018年上市公司利润总额与总负债的分布较为类似，2018年的分布出现了明显的尖峰特征，而2016年与2017年则出现右侧厚尾特征，说明与2016年和2017年相比，2018年更多上市公司的利润总额与总负债比例在降低。同时，三个年份的上市公司均出现了较多的利润总额与总负债比例为负值的现象，说明相当部分上市公司的利润总

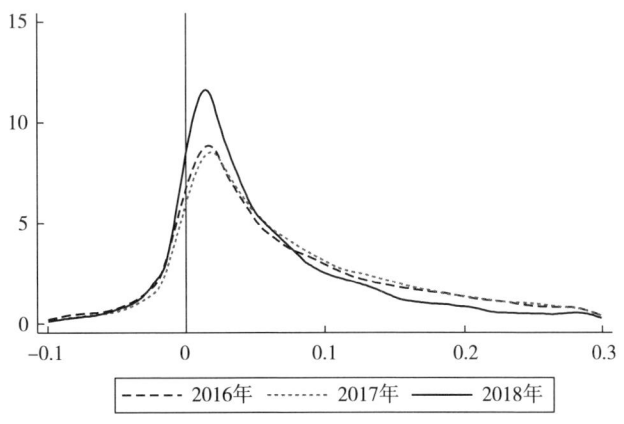

图4-6　不同年份上市公司偿债能力分布

额为负,面临较大的债务违约风险。而且,大多数上市公司的利润总额与总负债比例低于10%的水平,说明上市公司整体上偿债能力较弱。

其次,图4-7显示了制造业与非制造业风险抵御能力的分布对比。我们把样本分为制造业和非制造业,第一是因为制造业为最重要的经济部门,第二是因为所有上市公司中约为一半企业为制造业。2008—2018年,

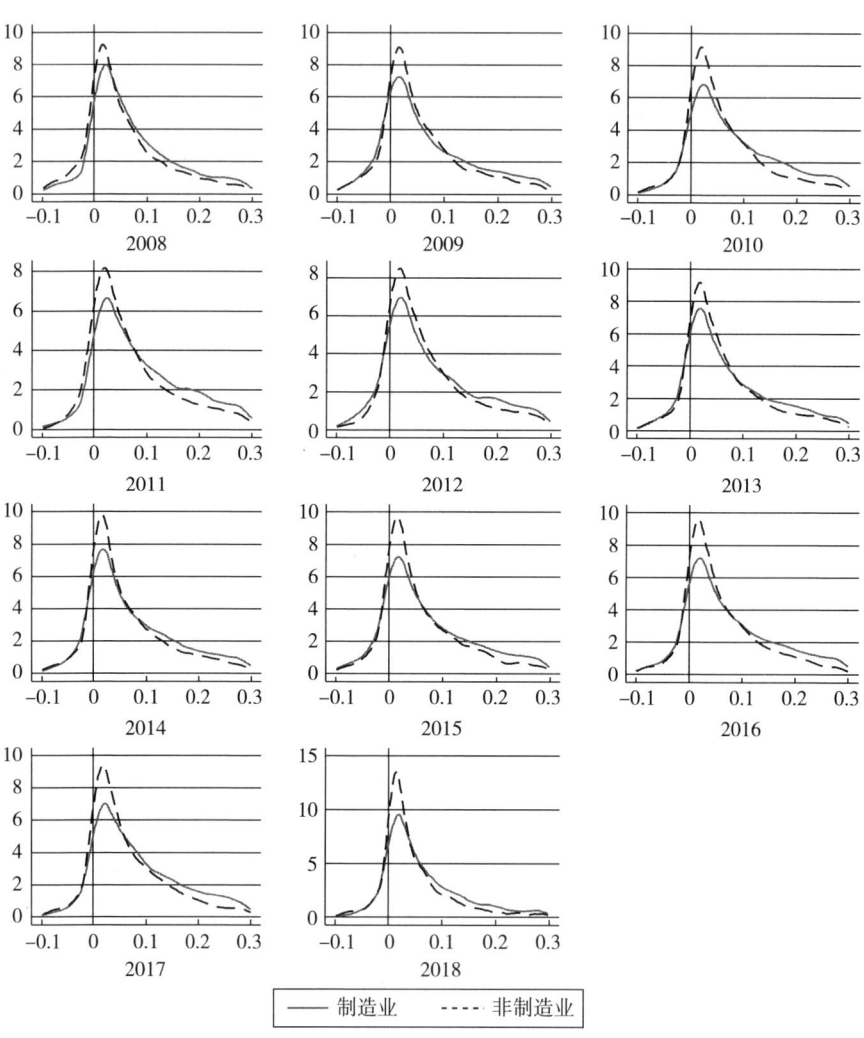

图4-7 制造业与非制造业风险抵御能力分布

制造业与非制造业的利润总额与总负债分布较为相似。如在 2008 年，制造业和非制造业的风险抵御能力分布类似，但制造业风险抵御能力分布具有右侧厚尾的特征，说明有较多的制造上市公司具有相对较高的风险抵御能力。而制造业和非制造业上市公司均出现相当部分的负的利润总额。在 2010 年和 2011 年，制造业相对于非制造业似乎有着更明显的右侧厚尾特征，并且峰值更低，说明更多的制造业上市公司在此年份有着更加的风险抵御能力。

因此，从整体上说，制造业的风险抵御能力要高于其他非制造业的风险抵御能力，但是无论是制造业还是非制造业，两者均有相当部分企业的利润总额为负值，说明这部分上市公司存在有很大的信用风险，从而可能导致行业内存在较高的信用违约风险。

4.3 行业间风险传染分析

鉴于前文的分析，我们发现不同的行业均出现了风险抵御能力下降的现象，并且抵御能力的大幅下降导致多个行业面临可能严重的信用违约风险。虽然绝大部分行业的风险抵御能力比之前年份有显著的下滑，但仍有部分行业的风险抵御能力相对较高，且不同行业在不同年份开始出现风险抵御能力下降的趋势。因此，我们进一步研究不同行业间是否存在风险传染的情形。

基于 2018 年 6 月不同行业的利润总额与总负债的比例，我们把除金融业之外的 18 个行业分为高风险行业、中等风险行业与低风险行业。其中高风险行业包括风险抵御能力较低的行业，一般利润总额与总负债比例在 4% 及以下，并且高风险行业包括农林牧渔业、建筑业、住宿和餐饮业、房地产业、教育业和综合类行业。低风险行业主要是指行业的利润总额与总负债比例在 10% 及以上的行业，包括制造业、交通运输、仓储和邮政业、科学研究和技术服务业、居民服务、修理和其他服务业、卫生和社会工作，以及文化体育和娱乐业。其他行业则归类于中等风险行业。

我们采用的是高、中、低三组行业在不同年份的风险抵御能力数据，时间序列数据一般具有自相关性，因此，我们在探究风险在不同行业间传递之前，需要对时间序列进行平稳性检验。平稳性检验结果显示，三组数据均为一阶平稳。接着，在平稳数据的基础上进一步检验。AIC 等检验标准均显示滞后四阶为最优滞后期，因此选取滞后四期进行向量误差修正模型检验。

高风险行业对中等风险行业和低风险行业的冲击影响如图 4－8 所示。左上图显示，来自高风险行业的冲击在第一期对中等行业有着正向影响，说明高风险行业抵御风险能力的提高会提高中等风险行业的抵御风险能力，或者说高风险行业风险的提高会增加中等风险行业的风险。在第二期，来自高风险行业的冲击对中等风险行业的冲击变为负值，说明来自高风险行业的冲击对中等风险行业具有负向影响，或者说高风险行业风险增加，中等风险行业在第二期风险会降低。在第三期及以后，来自高风险行业的冲击逐渐变为零。右上图显示了高风险行业对中等风险行业冲击效果

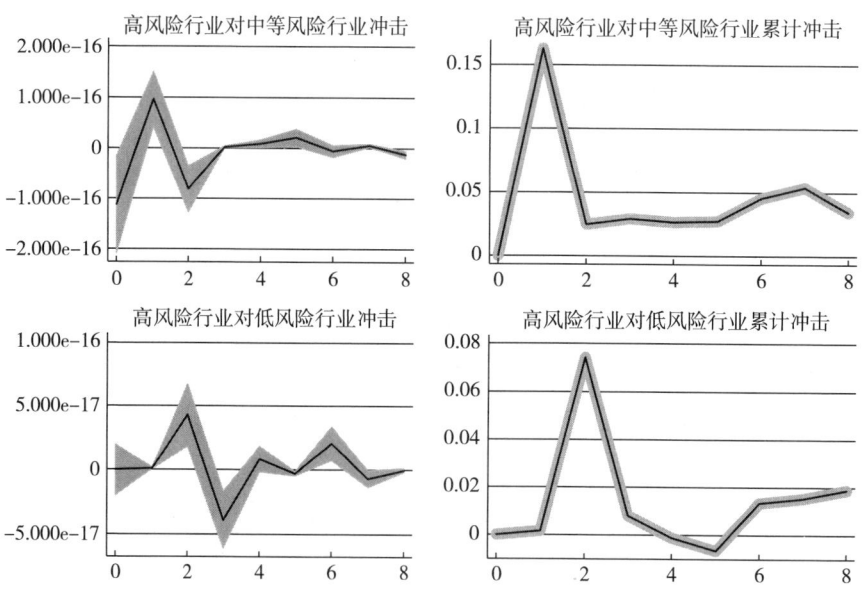

图 4－8　高风险行业对低风险行业冲击增加的趋势

的累计值，高风险行业对中等风险行业的冲击在第一期则出现了较高的正值，说明高风险行业风险的提高，会导致中等风险行业风险的提高。冲击在第二期下降较多，但仍为显著的正值，且在此后几期内为正值，说明高风险行业风险的提高，会提高中等风险行业的风险水平。在第六期以后，这种正向的冲击又出现了，说明高风险行业风险的增加对中等风险行业风险增加具有持续的影响。同时，左下图显示了高风险行业对低风险行业的冲击。正向冲击效果在第二期开始显现，并且第三期冲击效果变为显著的负值，而在第六期，冲击效果又变为显著的正值，此后的冲击效果不再显著。这说明来自高风险行业的风险冲击会在第二期和第六期增加低风险行业的风险水平。右下图显示了高风险行业对低风险行业的累计冲击效果。结果显示，在第二期低风险行业出现显著的风险增加，并且在第三期之后风险开始下降，到第五期开始出现累计的负向影响。而在第六期之后，累计冲击效果又出现正向影响，这说明高风险行业风险增加会提高低风险行业的风险水平。

如图4-9所示，左上图显示了中等风险行业风险对高风险行业的影响，影响效果直到第四期开始显现。在第四期，中等风险行业风险的增加，会导致高风险行业风险降低，而在第五期则变为正值，中等风险行业风险增加，会导致高风险行业风险的增加。图4-9风险中等行业对其他行业冲击后的滞后期内这种冲击效果不再显著。右上图显示了中等风险行业对高风险行业风险的累计冲击，结果显示这种风险冲击到第四期开始显现，并且此后多期冲击效果均为负值，说明中等风险行业的风险增加难以传递至高风险行业风险增加。中等风险行业对低风险行业的影响如左下图和右下图所示。在左下图中，中等风险行业风险增加在第四期开始对低风险行业风险增加有负向作用，且第六期也有显著负向作用，第七期出现显著的正向作用。右下图则显示了中等风险行业对低风险行业的累计风险冲击。在第四期开始出现负向冲击，并且在此后多期内均为显著的负向冲击，说明来自中等风险行业的风险不会增加低风险行业的风险。

因此，不同风险水平的行业之间确实存在有风险传染情形。高风险行

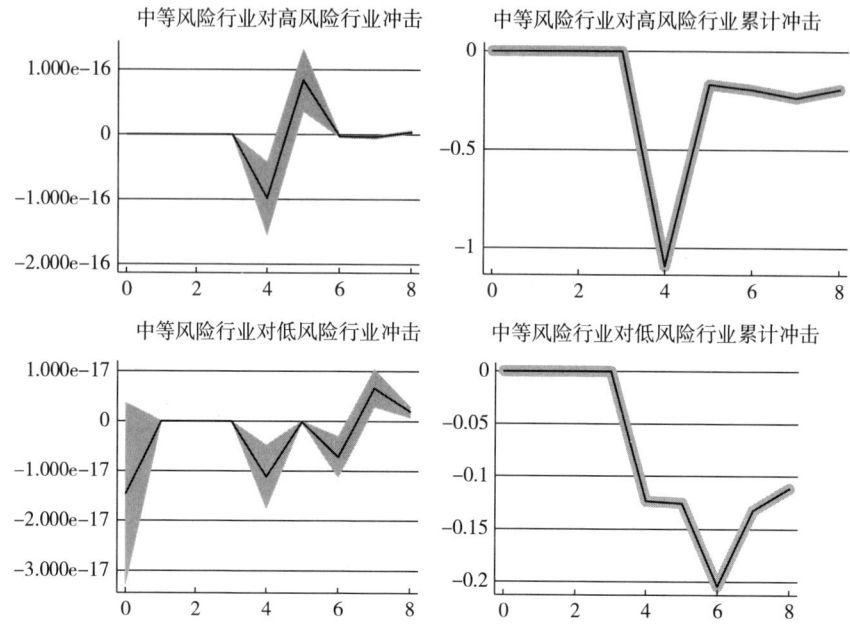

图 4-9　中等风险行业对高风险和低风险行业的冲击效果

业的风险会向中等风险行业和低风险行业传染债务风险，而中等收入风险则无法向高风险行业传染。同时，我们还观测了来自低风险行业的风险对高风险行业和中等风险行业风险的影响，并未发现显著的冲击效果。

综上所述，在本章我们以利润总额与总负债的比例来衡量企业的偿债能力即风险抵御能力，发现大部分行业风险抵御能力均在降低，并且降低至很低的水平。行业内无论是国有企业还是非国有企业，风险抵御能力都在不同程度地降低。虽然近些年行业降杠杆的迹象较为明显，但企业的风险抵御能力并未随杠杆率的降低而提高。制造业的风险抵御能力虽然也下降明显，但相比其他行业，仍有相对较高的风险抵御能力。并且通过向量误差修正模型发现，风险会从风险高的行业向风险低的行业传递。

第5章 宏观审慎监管：
证券市场系统重要性机构[①]

《巴塞尔协议Ⅲ》提出的监管三大支柱是最低资本要求、外部监管和市场约束。其中采用资本充足率作为银行稳健经营、安全运行的核心指标并对这一指标进行了两项创新：一是在资本充足率的计算公式中全面反映了信用风险、市场风险、操作风险的资本要求；二是引入了计量信用风险的内部评级法。基于《巴塞尔协议Ⅲ》的监管逻辑，本书提出两个核心观点：一是证券公司是证券市场宏观审慎监管的重点。根据中国人民银行等三部委联合出台的《关于完善系统重要性金融机构监管的指导意见》（以下简称《意见》）要求，对证券公司实行包括最低资本要求在内的宏观审慎监管。二是必须对证券市场实行逆周期监管。在完成本书之前，作者连续八年主编《中国证券公司竞争力研究》年度研究报告（中国社科院蓝皮书），对中国证券公司的发展进行了系统研究，并积累了较为充分的信息资料。2018年11月出台的《意见》明确了系统重要性金融机构的定义和范畴，规定了系统重要性金融机构的评价流程和总体方法，这既是对党的十九大关于防范系统性金融风险要求的具体落实，弥补传统微观审慎监管短板，也是响应金融稳定理事会（Financial Stability Board，FSB）要求，与国际上宏观审慎监管做法接轨。在本章，我们根据国际经验，对构建系统重要性证券公司的评价指标体系进行了积极探索，识别出我国的系统重

---

① 中国社会科学院工业经济研究生博士研究生李猛对本章有贡献并参与了部分内容撰写。

要性证券公司,为金融监管部门提供决策参考。通过对系统重要性证券公司的识别、监测和监管,旨在发现风险、预防风险、降低资本市场的风险程度,防范系统性金融风险,同时提出了完善系统重要性证券公司将作为宏观审慎监管体系的补充和完善。我们的研究结果还表明,目前,我国的证券公司在系统重要性方面还远远达不到《意见》规定的标准。《意见》规定,证券行业参评机构表内外资产总额不低于监管部门统计的同口径上年末该行业总资产的75%;如果采用金融机构数量指标,参评机构不少于10家。但我们的研究结果是,达到上年末行业总资产75%的证券公司家数为29家。如果仅从对大而不倒金融机构风险处置角度理解,这也许是个好事,但是如果着眼未来,考虑到在中国金融业全面开放条件下的市场竞争,目前的行业集中度不免令人担忧。

5.1 系统重要性金融机构评价理论

"系统重要性金融机构"(Systemically Important Financial Institutions, SIFIs)最早由国际清算银行(BIS)、国际货币基金组织(IMF)和经济合作与发展组织(OECD)联合发布的《关于金融部门合并的报告》(*Report on Consolidation in the Financial Sector*, 2001)提出。该报告将系统重要性金融机构定义为大而不倒(Too Big To Fail)的金融机构并指出,对这类机构的有效监督可以在早期纠正错误以避免系统重要性金融机构面临清算风险。2008年国际金融危机爆发前,对系统重要性金融机构的研究并未受到普遍重视。金融危机后,人们不仅开始重视系统重要性金融机构可能产生的系统性风险,而且随着金融学者和监管部门的深入研究,系统重要性金融机构的内涵也得到了提高和拓展。FSB将系统重要性金融机构定义为那些由于自身业务规模、复杂性和系统关联性较强等原因,如果倒闭将会给整个金融体系和实体经济带来重大破坏的金融机构,同时提出将系统重要性金融机构纳入宏观审慎监管框架。

来自BIS的Borio是较早对宏观审慎监管和系统重要性机构进行研究的

学者，并建立了相对完整的理论框架。Borio 认为，宏观审慎监管应当从时间和横截面两个维度进行。① 在时间维度上，宏观审慎监管应当把金融顺周期性问题和建立逆周期缓冲资本来保障金融体系的稳健性作为监管对象；在横截面维度上，宏观审慎监管应当把金融机构的系统性风险扩散机理和系统重要性金融机构评价作为监管对象，通过对系统重要性机构的监管防止系统性风险发生，确保金融系统健康运转。Borio 由此断定，宏观审慎框架下的系统重要性金融机构评价至关重要。此后，Borio 与 Tarashev 在分析系统性风险时，又将合作博弈论中的 Shapley Value 用于度量单一金融机构对系统性风险的贡献（金融机构的系统重要性）。② Shapley Value 所表达的是一般性分配原理，基于这一原理进行系统性风险分配其实取决于具体使用的风险测度。运用 Shapley Value 可以分析违约概率、规模和对共同风险的敞口等因素对金融机构系统重要性的影响作用。Borio 与 Tarashev 进一步研究发现，金融机构的规模与其能给系统提供的金融服务数量成正比③。金融机构资产负债表内和表外风险暴露规模、参与交易规模、库存或者管理资产规模，从不同角度表明其客户资金匮乏的程度、其与其他机构的业务可能中断的程度、其交易对手可能面临的损失程度。金融机构特定的业务模式和组织结构对规模标准的影响也非常明显。此外，虽然某类机构规模不大，但可能因它们在经营模式、关联资产或者负债的风险暴露、风险管理方法等方面十分类似，易于在同时陷入困境，或者在面对危机时有十分类似的行为反应，这一类机构的总体规模也被视为十分显著。近年来，虽然国内外学者对宏观审慎监管和系统重要性机构的研究越来越多，但就对金融现实和理论应用的影响而言，Borio 等人在这一领域建立的理论框架迄今为止尚无人超越。

---

① Tarashev N，Borio C，Tsatsaronis K. The systemic importance of financial institutions [J]. BIS Quarterly Review，2009.

② Tarashev, Nikola & Borio, Claudio & Tsatsaronis, Kostas. Attributing Systemic Risk to Individual Institutions. Bank for International Settlements，BIS Working Papers，2010.

③ Tarashev, Nikola, Tsatsaronis, et al. Risk Attribution Using the Shapley Value：Methodology and Policy Applications [J]. Review of Finance，2016.

根据《意见》规定，系统重要性金融机构是指"规模较大、结构和业务复杂度较高、与其他金融机构关联性较强，在金融体系中提供难以替代的关键服务，一旦发生重大风险事件而无法持续经营，将对金融体系和实体经济产生重大不利影响、可能引发系统性风险的金融机构"。我国系统重要性金融机构的定义强调了金融机构破产倒闭或出现财务困难的系统影响，而不强调其倒闭或出现财务困难的可能性。由此可以看出，监管部门希望重点关注那些对金融体系和实体经济有重要影响的金融机构，通过抓大放小，采取差异化监管，防范系统性金融风险。

《意见》将系统重要性金融机构划分为四类：系统重要性银行业机构、系统重要性证券业机构、系统重要性保险业机构，以及国务院金融稳定发展委员会（以下简称金融委）认定的其他具有系统重要性、从事金融业务的机构。"银行业机构"指依法设立的商业银行、开发性银行和政策性银行，"证券业机构"指依法设立的从事证券、期货、基金业务的法人机构，"保险业机构"指依法设立的从事保险业务的法人机构。相比国际上对系统重要性金融机构的范围认定，我国把证券业机构单独分类认定，体现出证券业作为我国金融体系的重要组成部分，其影响力越来越大。而且相较原有针对商业银行的宏观审慎监管框架，《意见》中系统重要性金融机构认定范围的扩大也意味着针对证券业的宏观审慎监管即将展开，宏观审慎监管体系日益健全。

5.2 证券公司系统重要性评价方法

5.2.1 国外评价方法

系统重要性证券公司的评价是进行宏观审慎监管的首要问题，在国际金融组织共同推动下不断完善。评价系统重要性金融机构的方法目前主要分为市场法和指标法两类。市场法是通过计算金融机构风险对市场的影响程度来衡量系统重要性。指标法是由国际金融组织提出的评价方法，通过确定一系列可量化指标来衡量系统重要性，具有较高可操作性，各国金融监管机构都在采用这种方法。

2009 年，BIS、IMF、FSB 首次联合发布了系统重要性金融机构评估指引①，将规模、可替代性及关联度作为核心评价指标。两年后，巴塞尔银行监管委员会（Basel Committee on Banking Supervision，BCBS）发布了面向全球系统重要性银行（G-SIBs）的评价方法，该方法基于规模、跨境业务、关联性、复杂性、可替代性 5 个维度及 12 项二级指标。之后，FSB 在 2015 年又发布了《除银行保险外其他全球系统重要性金融机构评价方法》（Assessment Methodologies for Identifying Non-Bank Non-Insurer Global Systemically Important Financial Institutions），首次针对证券公司的系统重要性构建了评价指标体系，如表 5-1 所示。

表 5-1　　　　　　　FSB 系统重要性证券公司评价指标

评价指标	指标解释
规模	总资产、表外风险暴露、存量顾客资产
关联度	金融机构间资产、金融机构间负债、杠杆率、短期负债比率、场外衍生品资产与负债、在中央对手方需缴纳的保证金总额
可替代性	市场对该机构依赖程度的定性分析、市场占有率（每日交易量在当地交易所占比、全球交易总额）
复杂性	结构复杂度（附属公司数量）、运营复杂度（低流动性资产总额）
跨境业务	从事业务的司法辖区数量、跨境债券规模、跨境负债规模

5.2.2　国内评价方法

在宏观审慎方面，全球金融监管标准自《巴塞尔协议Ⅲ》开始就更正了传统金融监管理论只专注于单个金融机构风险而忽视对系统性风险的缺陷，不仅加强了对单个金融机构的风险监管，而且更加注重对整个金融体系的系统性风险控制，将微观与宏观审慎监管有机结合，这将推

---

① IMF/BIS/FSB（2009）Guidance to Assess the Systemic Importance of Financial Institutions, Markets and Instruments: Initial Considerations. http://www.bis.org/publ/othp07.pdf.

动全球金融体系向更加稳健的方向发展。① 但是，新的巴塞尔协议也给各国金融改革提出了许多新挑战、新问题，尤其是像中国这样金融结构以银行为主导，并正在积极发展资本市场的国家，需要研究更加适合和有效推动我国金融发展的宏观审慎监管体系。张顶天等（2018）经过研究国际实践经验后认为，全球性的金融危机带来了全球监管思想的转变，系统性风险防范的研究重点已经从强调时间维度的风险集聚变化转向强调横截面维度的风险分布研究，系统重要性金融机构的识别成为宏观审慎政策框架最主要的内容之一，从微观审慎转向宏观审慎监管过程中，需要注重宏观审慎监管与货币政策之间进行充分的协调，健全并且不断地完善囊括二者的双支柱框架。② 此外，完善宏观审慎监管框架和防范系统性金融风险首先应建立评价风险的工具，横截面维度的宏观审慎强调某一时点上金融系统风险的分布，特别是个体金融机构之间的相互作用，监管的关键是确定监测指标的临界值以及确定监管的范围，其核心是采用自上而下的方法对系统性尾部风险进行量化，再计算单个金融机构对系统性风险的边际贡献度，相应调整监管工具，实行差别化的监管标准。系统性重要金融机构的风险容易引起系统性金融风险，因此对业务活动的监管以及金融机构共同风险敞口的监管是宏观审慎监管重要内容。③ 马理等（2014）认为对系统重要性商业银行进行科学评价，可以为监管部门宏观审慎监管提供依据，从而有效防范金融体系的系统性风险的集中爆发并促进金融体系的稳定发展。④

在系统重要性金融机构评价方面，目前主要有两类⑤：一类是国际监管部门针对金融机构自身的发展状况特点提出的指标法，是依据国际

---

① 范小云，王道平. 巴塞尔Ⅲ在监管理论与框架上的改进：微观与宏观审慎有机结合 [J]. 国际金融研究，2012（1）：63 - 71.
② 张天顶，张宇. 宏观审慎监管、系统性风险及国内外金融监管实践及启示 [N]. 证券市场导报，2018（4）：61 - 68.
③ 黄孝武，唐毅. 宏观审慎监管理论研究新进展 [J]. 财经问题研究，2012（5）：13 - 20.
④ 马理，葛斌. 基于宏观审慎的系统重要性商业银行评价与监管 [J]. 金融监管研究，2014（9）：12 - 25.
⑤ 宋丽. 我国系统重要性金融机构研究综述 [J]. 海南金融，2016，327（2）：21 - 24.

组织界定出的系统重要性金融机构的核心特征,构建出评估指标,测算出不同的指标值,以此为依据列出评价名单。指标法的优点是快捷、透明,能比较清晰地识别金融机构,是一种较为直观的理解和判断,其缺点是指标的设置以及赋权更多地依靠研究者的经验和主观判断,不能客观地反映金融机构的系统重要性。另一类则是学术界以金融机构在金融市场的实时数据为基础开发的市场法,以金融机构在金融市场的实时发展数据为基础,衍生出很多种模型,其优点是可以全方位、多角度地考察其系统重要性,但是由于市场数值获取难度较大,且数值不稳定易受市场行情变化的影响,因而各监管部门在实务中极少采用。周强等(2014)认为,CoVaR、MES及SRISK等市场法倾向于解释系统性风险来源的不同方面,缺乏整体性。[①]

此外,贾彦东通过将金融网络结构因素纳入对系统风险的衡量中,并依此建立了以直接贡献和间接参与两种方式分析和评价金融机构系统重要性的模式,研究得到了当前金融网络条件下我国各银行机构的系统重要性分值及排序,为宏观审慎工具的设计、开发及进一步运用打下了基础。[②] 梁琪等借鉴 Brownlees 和 Engle 提出的系统性风险指数 SRISK 方法,在适当改进的基础上,计算了我国 34 家已上市金融机构的资本短缺程度[③],研究发现商业银行与保险公司的实际杠杆率都要明显大于其适用杠杆率,因此,监管部门有必要在对系统重要性金融机构实施最低资本充足率监管的同时,加强其审慎杠杆率的监管。杨子晖(2018)利用多种风险测度方法识别了我国金融部门风险集聚的尾部事件,发现金融体系整体上存在较为明显的跨部门风险传染效应,提出了通过防范跨市场、跨产品、跨机构的

---

① 周强,杨柳勇. 论中国系统重要性银行识别——市场模型法还是指标法 [J]. 国际金融研究, 2014 (9): 70 - 79.

② 贾彦东. 金融机构的系统重要性分析——金融网络中的系统风险衡量与成本分担 [J]. 金融研究, 2011 (10): 21 - 37.

③ 梁琪,李政,郝项超. 我国系统重要性金融机构的识别与监管——基于系统性风险指数 SRISK 方法的分析 [J]. 金融研究, 2013 (9): 56 - 70.

风险传染完善我国金融风险防范体系与监管机制的建议。[1]

关于国内系统重要性证券公司的评价指标和计算方法,《意见》指出"评价指标主要衡量系统重要性金融机构经营失败对金融体系和实体经济的潜在影响,包括机构规模、关联度、复杂性、可替代性、资产变现等一级指标","每一参评机构具体指标值占全部参评机构该指标总和的比重与该指标相应权重的乘积之和,即该参评机构的系统重要性分值"。从主要的一级指标和计算逻辑上,国内系统重要性金融机构的评价和国际上系统重要性证券公司的评价基本保持一致。

中国人民银行会同中国银保监会、中国证监会根据各行业特点和发展状况设置二级指标及相应权重。在评价过程中,中国银保监会、中国证监会负责制作数据模板,进行数据收集,计算参评机构系统重要性分值,向金融委办公室报送系统重要性金融机构初始名单。中国人民银行、中国银保监会、中国证监会可根据其他定量或定性辅助信息,提出将其他金融机构初始名单一并提交金融委审议。系统重要性金融机构最终名单经金融委确定后,由中国人民银行和相关监管部门联合发布。系统重要性金融机构的评价流程每年开展一次。金融委每三年对评价流程和方法进行审议,并进行必要调整与完善,或按需进行额外审议。

5.3 证券公司系统重要性评价体系构建

5.3.1 评价指标构成

结合我国证券公司发展现状及《意见》关于系统重要性金融机构的评估指导,本书选取机构规模、关联度、可替代性、复杂性和资产变现5项作为证券公司系统重要性评价的一级指标,同时确定了13项二级指标。

---

[1] 杨子晖,陈雨恬,谢锐楷. 我国金融机构系统性金融风险度量与跨部门风险溢出效应研究[J]. 金融研究,2018,460(10):23-41.

(1) 机构规模

由反映证券公司规模大小的营业收入、总资产和净资产构成。规模大是证券公司系统重要性的主要特征之一，规模大的证券公司业务种类复杂、业务数量和客户数量非常多，发生危机将引起巨大损失。大型证券公司往往具有示范效应，风险信号会引发市场恐慌从而危及整个金融体系。

(2) 关联度

由反映证券公司与其他金融机构、非金融机构之间资产联系的金融机构间资产、金融机构间负债和杠杆率构成。证券公司的负债往往是另一家金融机构的资产，我国大部分证券公司在相当程度上都存在这种关联性，建立于金融资产上的大大小小的机构间关联形成了金融风险传染的第一通道。

(3) 可替代性

由经纪业务收入、投资银行业务收入、资产管理业务收入构成，反映证券公司核心业务市场竞争情况。核心业务收入越高，可替代性越低，如果一家具有无可替代市场地位的证券公司发生风险，整个市场的核心业务将会受到严重打击。

(4) 复杂性

FSB认为业务结构与金融机构复杂性正相关，可以用场外市场衍生品名义本金、交易类和可供出售类证券、公司结构和运作的复杂程度、信息管理系统的效率、缺少流动性的资产规模来衡量。受限于数据获取问题，本书将融资融券余额、股票质押回购规模作为证券公司复杂性的评价指标。

(5) 资产变现

由净资本、净资本/净资产构成，反映了证券公司快速利用自有资金抵抗风险的能力。

以上所有指标数据均来自2018年证券公司年度报告公开披露的数据。

5.3.2 评价方法

本书采用国际通用的等权重法[①]对我国证券公司系统重要性进行计算,根据表5-2列示的证券公司系统重要性评价指标体系,具体计算方法如下。

表5-2　　　　证券公司系统重要性评价体系　　　单位: %

评价指标		权重(Q)	分项指标		权重(q)
机构规模	D_1	20	营业收入	$d_{1,1}$	100/3
			资产规模	$d_{1,2}$	100/3
			净资产	$d_{1,3}$	100/3
关联度	D_2	20	金融机构间资产	$d_{2,1}$	100/3
			金融机构间负债	$d_{2,2}$	100/3
			杠杆率	$d_{2,3}$	100/3
可替代性	D_3	20	经纪业务收入	$d_{3,1}$	100/3
			投资银行业务收入	$d_{3,2}$	100/3
			资产管理业务收入	$d_{3,3}$	100/3
复杂性	D_4	20	融资融券余额	$d_{4,1}$	50
			股票质押回购规模	$d_{4,2}$	50
资产变现	D_5	20	净资本	$d_{5,1}$	50
			净资本/净资产	$d_{5,2}$	50

证券公司系统重要性与定量因素 D_i 存在函数关系,即

$$F = f(D_1, D_2, D_3, D_4, D_5) \tag{5-1}$$

式中,F 为证券公司系统重要性分值;D_i 为机构规模、关联度、可替代性、复杂性、资产变现($i = 1, 2, 3, 4, 5, 6$)。

证券公司系统重要性单项指标和综合分值的计算公式分别为:

$$F = \sum_{i=1}^{5} D_i Q_i \tag{5-2}$$

$$D_i = \sum_{j=1}^{n} d_{ij} q_{ij} \tag{5-3}$$

[①] 等权重指数是指标的指数采用等权重编制方法,赋予每个指数成分股相同的权重,并通过定期调整,确保单个成分股保持权重的相等。

式中，Q_i 为各指标权重，d_{ij} 和 q_{ij} 为决定前述各项指标的因素与权重。

5.4 证券公司系统重要性评价结果分析

根据证券公司系统重要性评价指标体系，本书对截至 2018 年底全国 131 家证券公司系统重要性进行评价，并根据评价结果的分数进行排名和分析。

5.4.1 证券公司系统重要性总体分析

131 家证券公司系统重要性平均分值为 36.02 分（百分制），标准差为 18.5。按分数区间划分，证券公司系统重要性分值呈现出倒 U 形（见图 5-1），即高分和低分证券公司都较少，85% 的证券公司分值都在 50 分以下。说明我国证券公司系统重要性具有头部集中性特征，即头部 10 家证券公司系统重要性远高于中部单个证券公司，这表明在我国证券行业确实存在"太大而不能倒"的风险。

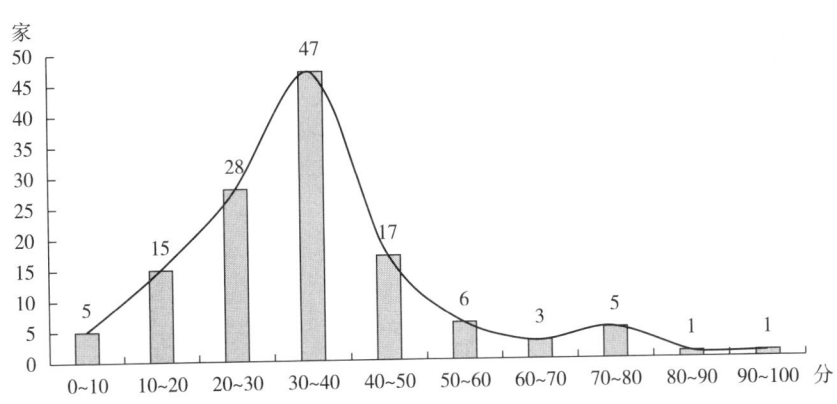

图 5-1 证券公司系统重要性分值区间与家数分布

假如分值呈 U 形，则说明大部分证券公司系统重要性处于非常重要和非常不重要的两极，U 形右侧的证券公司任何一家发生风险就会导致整个金融体系失败。事实证明，此种现象是一种极不稳定的状态，因此并不存在，从而验证了本文评价体系和评价结果具有与现实情况一致的客观性。

中国证券公司系统重要性前三名分别为中信证券（600030，SH）、海通证券（600837，SH）和华泰证券（601688，SH）（见表5-3）。系统重要性排名TOP20证券公司的总资产合计为5247亿元，占全行业的68.25%。《意见》指出，所有参评机构表内外总资产总额不低于监管部门统计的同口径上年末该行业总资产的75%。按照这一资产占比来看，系统重要性排名前29家证券公司总资产合计为5806.47亿元，占全行业的75.53%，因此，按照本报告研究的系统重要性评价体系和计算方法，至少需要有29家证券公司参与评价，才能达到监管意见所规定的标准。

表5-3　　　　　　　证券公司系统重要性排名TOP20

公司简称	系统重要性排名	机构规模排名	关联性排名	可替代性排名	复杂性排名	资产变现排名	系统重要性分值
中信证券	1	1	1	1	8	34	100.00
海通证券	2	2	3	8	2	63	93.40
华泰证券	3	4	10	3	3	73	86.79
广发证券	4	5	2	5	7	35	86.71
国泰君安	5	3	6	2	9	28	86.31
申万宏源	6	7	5	10	4	10	84.72
银河证券	7	8	13	11	1	7	84.14
国信证券	8	11	7	12	5	45	77.49
招商证券	9	6	11	7	6	59	77.20
中信建投	10	12	17	4	10	18	73.46
光大证券	11	13	19	13	11	60	65.94
东方证券	12	10	8	6	29	30	63.50
中金公司	13	9	4	9	65	97	61.48
平安证券	14	17	22	15	12	36	58.95
中泰证券	15	16	14	14	14	99	57.17
兴业证券	16	18	9	19	19	8	55.55
方正证券	17	15	15	16	20	102	52.72
长江证券	18	19	29	17	17	29	51.87
安信证券	19	14	18	18	13	105	51.08
国海证券	20	34	12	40	25	1	49.10

注：全国131家证券公司系统重要性排名请详见表5-7。

5.4.2 证券公司系统重要性结构分析

(1) 系统重要性结构分析及相关性检验

机构规模、关联度、可替代性、复杂性和资产变现组成了证券公司系统重要性的结构,每项指标都代表着证券公司系统重要性不可或缺的一个方面。表5-4列出5项指标分别排名前20的证券公司,中信证券(600030,SH) 的机构规模、关联度和可替代性排名都是第1名,海通证券(600837,SH) 的机构规模、关联度和复杂性三项指标排名进入前三,国泰君安(601211,SH) 的机构规模、可替代性等两项指标进入前三,华泰证券(601688,SH) 的可替代性、复杂性两项指标进入前三。

全行业证券公司机构规模平均为45.96分,标准差为16.99;关联度平均19分,标准差为19.20;可替代性平均15.22分,标准差为20.83;复杂性平均14.23分,标准差为21.75;资产变现平均67.57分,标准差为13.58。分项指标计算方法采用相对值,平均数值越大代表指标差异性越小。因此,影响证券公司系统重要性分值差异的因素从高到低分别是复杂性、可替代性、关联度、机构规模、资产变现。标准差表示该项指标偏离平均值的离散程度,离散程度较大的是复杂性、可替代性和关联度,两极分化明显。

表5-4　证券公司系统重要性分项指标排名 TOP20

排名	机构规模	关联度	可替代性	复杂性	资产变现
1	中信证券	中信证券	中信证券	银河证券	国海证券
2	海通证券	广发证券	国泰君安	海通证券	国开证券
3	国泰君安	海通证券	华泰证券	华泰证券	财达证券
4	华泰证券	中金公司	中信建投	申万宏源	浙商证券
5	广发证券	申万宏源	广发证券	国信证券	红塔证券
6	招商证券	国泰君安	东方证券	招商证券	信达证券
7	申万宏源	国信证券	招商证券	广发证券	银河证券
8	银河证券	东方证券	海通证券	中信证券	兴业证券
9	中金公司	兴业证券	中金公司	国泰君安	江海证券

续表

排名	机构规模	关联度	可替代性	复杂性	资产变现
10	东方证券	华泰证券	申万宏源	中信建投	申万宏源
11	国信证券	招商证券	银河证券	光大证券	广州证券
12	中信建投	国海证券	国信证券	平安证券	湘财证券
13	光大证券	银河证券	光大证券	安信证券	华创证券
14	安信证券	中泰证券	中泰证券	中泰证券	中银国际
15	方正证券	方正证券	平安证券	国元证券	中航证券
16	中泰证券	山西证券	方正证券	中投证券	太平洋证券
17	平安证券	中信建投	长江证券	长江证券	西藏东方财富
18	兴业证券	安信证券	安信证券	华泰资管	中信建投
19	长江证券	光大证券	兴业证券	兴业证券	九州证券
20	东吴证券	东北证券	天风证券	方正证券	申万宏源西部

注：全国131家证券公司系统重要性分项指标排名请详见表5-7。

根据评价结果数据对分项指标和系统重要性进行相关性检验分析（见表5-5）后发现，机构规模是影响系统重要性最重要的因素，复杂性和资产变现的影响相对较低，可替代性和关联度对系统重要性影响程度仅次于机构规模。高度不可替代性证券公司发生风险后不一定会导致系统性金融危机，因为金融市场是一个高度竞争的市场，根据市场竞争理论，当市场业务出现盈利机会，竞争者将立刻进入和起到维持市场正常运转的作用。然而，具有高关联度的证券公司发生风险所引起的市场连锁反应很可能造成多家金融机构接连出现风险，使市场出现短期内无法自动修复的大崩溃，这种风险可以称为"太关联而不能倒"。

表5-5　　　　　　分项指标与系统重要性分值相关系数

	机构规模	关联度	可替代性	复杂性	资产变现	系统重要性
机构规模	1					
关联度	0.8757	1				
可替代性	0.8612	0.8625	1			
复杂性	0.7973	0.7253	0.7253	1		
资产变现	0.3542	0.3634	0.2618	0.2080	1	
系统重要性	0.9263	0.9032	0.9068	0.8564	0.5622	1

（2）系统重要性结构拟合优度检验

为了更好地分析证券公司系统重要性组成结构各个部分与系统重要性整体的具体关系，利用评价结果得到的数据，通过建立分项指标分值与系统重要性分值散点图并进行拟合。

图 5-2 为证券公司系统重要性分值与机构规模分值的分布情况，机构规模分值主要集中在 0.2~0.6 分，该区间证券公司数量有 108 家，占比 82.44%。从趋势上来看，随着系统重要性升高，机构规模表现为较高拟合度的线性变化趋势。

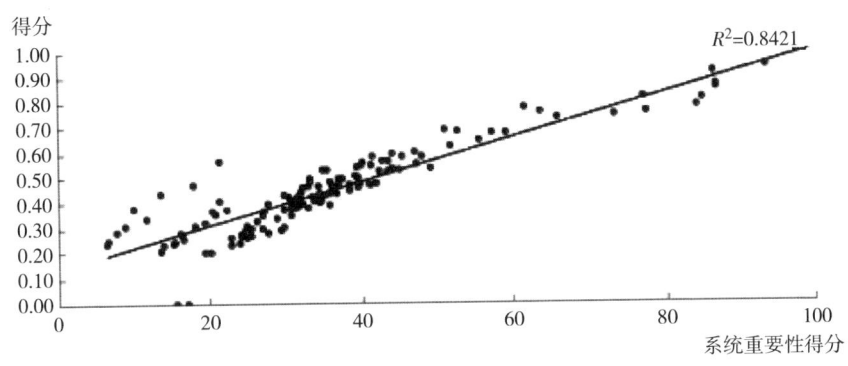

图 5-2　系统重要性与机构规模分值分布

图 5-3 为证券公司系统重要性分值与关联性分值的分布情况。关联性分值主要集中在 0~0.3 分，该区间的证券公司数量有 118 家，占比 90%，0.3 分以上的仅有 13 家，说明关联性将对头部系统重要性证券公司系统重要性具有重要影响。从趋势上来看，关联性分值与系统重要性具有较高拟合度的正向关联。

图 5-4 为证券公司系统重要性分值与可替代性分值的分布情况。可替代性分值主要集中在 0~0.2 分，该区间的证券公司数量有 113 家，占比 86.26%，0.2 分以上的仅有 19 家，大部分证券公司的可替代性与头部系统重要性证券公司差距较大。可替代性分值与系统重要性拟合度最高，具有非线性变化趋势。

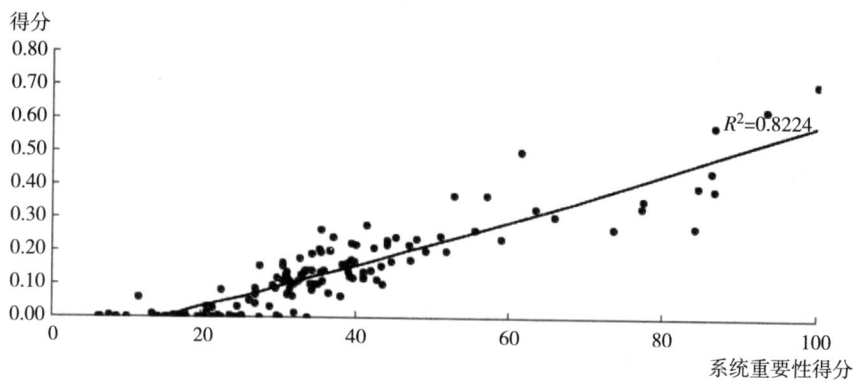

图 5-3　系统重要性与关联度分值分布

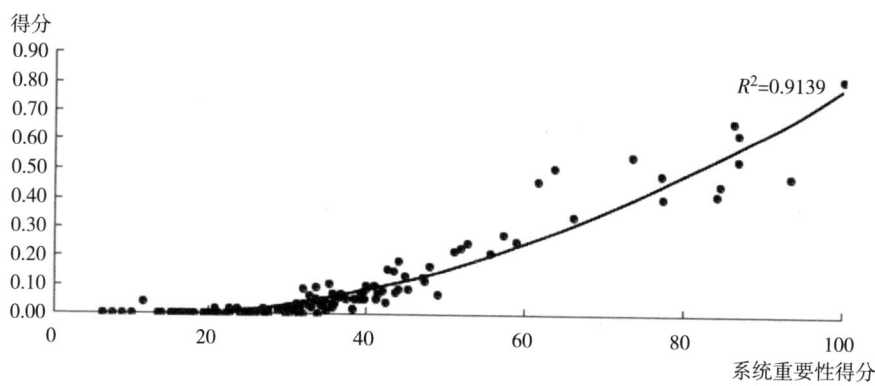

图 5-4　系统重要性与可替代性分值分布

图 5-5 为证券公司系统重要性分值与复杂性分值的分布情况。复杂性分值主要集中在 0~0.3 分,该区间的证券公司数量有 117 家,占比 89.31%,0.3 分以上的仅有 14 家。从趋势上来看,复杂性同样具有较高拟合度的非线性变化趋势,在其他条件不变的情况下,随着机构复杂性增大,系统重要性快速升高。

图 5-6 为证券公司系统重要性分值与资产变现分值的分布情况。资产变现分值主要集中在 0.5~0.8 分,该区间的证券公司数量有 98 家,占比 74.81%,资产变现与系统重要性没有明显的线性变化趋势关系,趋势线拟合程度相比其他分项指标较低,且呈现出倒 U 形的非线性关系。如果将资

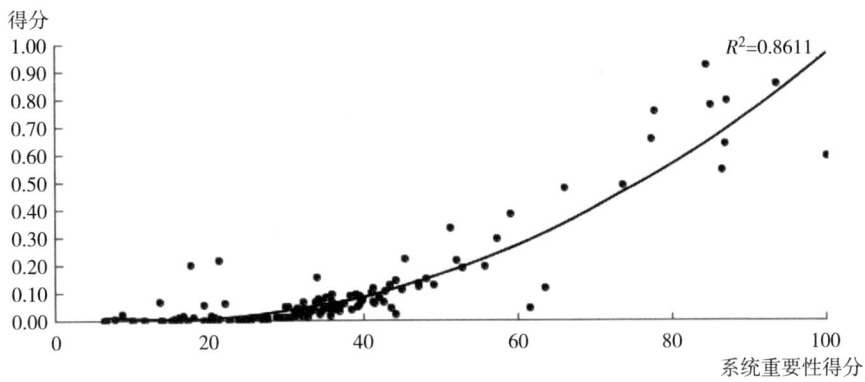

图 5-5 系统重要性与复杂性分值分布

产变现在 0.4 分以下的 22 家证券公司排除,剩下的 109 家证券公司的系统变现分值趋势线可拟合成为一条略微向上的直线,但拟合度仍然较低($R^2 = 0.0736$)。

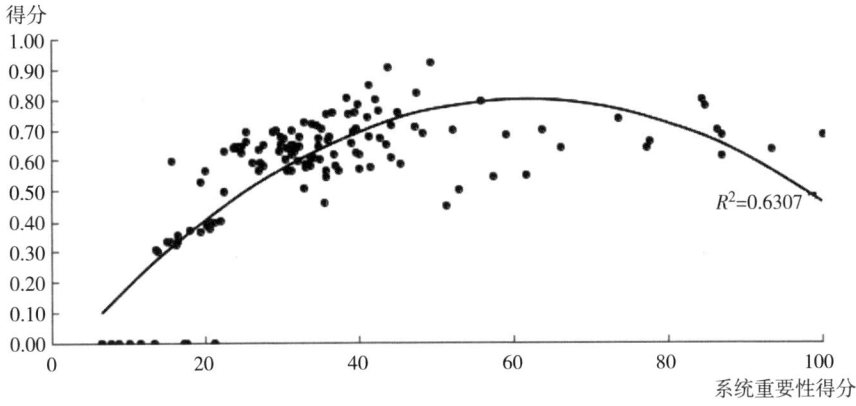

图 5-6 系统重要性与资产变现分值分布

5.4.3 证券公司系统重要性聚类分析

根据证券公司系统重要性排名及分值,可将我国证券公司系统重要性分为三类,按照系统重要性程度分类监管。

第一类是系统极为重要的证券公司,包括中信证券(600030,SH)、海通证券（600837，SH）、华泰证券（601688，SH）、广发证券（000776，SZ）、国泰君安（601211，SH）、申万宏源（000166，SZ）、银河证券（751372，ZQ）、国信证券（002736，SZ）、招商证券（600999，SH）和中信建投（601066，SH）等10家，通过换算成百分制后，系统重要性分值为70~100分，系统重要性平均分值为85.02分，特点是系统重要性的五项指标分值都较高，任何一家证券公司发生风险都会对整个行业产生严重影响。这10家证券公司机构规模平均分值为0.85分，营业收入总和、资产规模总和与净资产总和分别占行业总额的45.25%、48.24%和43.05%；关联性平均分值为0.44分，远远高出行业0.13分的均值，除中信证券（600030，SH）、海通证券（600837，SH）、广发证券（000776，SZ）和国泰君安（601211，SH）关联性较高外，其余证券公司的关联性都相对较低；可替代性平均分值为0.54分，第一类的经纪业务收入、投资银行业务收入、资产管理业务收入分别占行业总额的46.25%、42.13%和42.29%；复杂性平均分值为0.70分，是与行业均值差距最大的一项，高出行业平均水平80多倍，这是因为系统重要性证券公司第一类业务创新能力强，业务种类较多，产生了高度的复杂性；第一类的资产变现平均分值为0.69分，高于行业0.57分的平均水平。

第二类是系统重要性证券公司，包括光大证券（601788，SH）、东方证券（600958，SH）、中金公司（03908，XG）等26家证券公司，系统重要性分值为40~70分，平均分值为48.73分，其特点是系统重要性分项指标有一项或两项分值较高。如中金公司（03908，XG）的机构规模和关联度分值较高，但在可替代性、复杂性和资产变现方面分值较低；中泰证券（600918，SH）的机构规模和资产变现分值较高，但在关联性、可替代性和复杂性方面分值都较低。

第三类是系统重要性相对较低的证券公司，包括信达证券（751340，ZQ）、山西证券（002500，SZ）、财达证券（751425，ZQ）等95家证券公司，系统重要性分值为0~40分，平均分值为27.38分，其特点是除资产变现外，其他系统重要性分项指标没有任何一项表现得较为突出，在关联程度较低的情况下，一家证券公司出现风险对行业的影响较小。如财达证券（751425，ZQ）的资产变现分值为 0.85，该单项指标在全部证券公司中位列第三，但在关联度、可替代性和复杂性方面分值都较低。

5.5　宏观审慎监管下的证券公司系统性风险

从证券公司系统重要性评价结果来看，至少需要对三种引发金融系统性风险的问题制定针对性宏观审慎监管，分别为"太大而不能倒""太关联而不能倒"和"太多而不能倒"风险。受 2008 年国际金融危机的影响，各国金融监管机构已经将"大而不能倒"列入宏观审慎监管框架。然而这里所说的"大"并不仅仅是指规模意义上的大。表 5-6 的相关性分析表明，虽然机构规模是影响证券公司系统重要性的核心指标，但是，如果从深层次去理解，"大"更体现的是"重要"，"大而不能倒"本质上是"重要而不能倒"。如果从一般意义上理解，规模大的证券公司只要与其他金融机构资产负债方面的关联程度足够低，同时不考虑人们的心理预期，发生风险产生的影响就可能会局限在某一地区或相关产业范围内，能够给监管当局留有充分的时间应对风险。

基于关联性形成的风险传染通道是系统性风险发生的另一重要途径，甚至比"大而不能倒"的影响更深。当证券公司与其他金融机构关联性过强，即使这家证券公司规模不是特别大，也很有可能因风险传染迅速引发全国金融系统性危机，由于风险传染的速度过快，监管机构在发生危机之前采取有效解决措施相对困难。中金公司（03908，XG）的规模性在全行业排名第9，其 2018 年总资产为 2754.21 亿元，仅为中信证券（600030，SH）的 42.12%。中金公司（03908，XG）规模相对较低，但关联性在全行业排名第4，如果发生重大风险，与中金公司（03908，XG）相关联的其他金融机构和非金融机构有可能产生重要影响。

将证券公司系统重要性分为三类，并非意味着单个证券公司系统重要性排名较低的一类就不需要宏观审慎监管。实际上，随着我国金融体系不断深化发展，金融机构之间的关联性更加复杂，彼此之间形成了相互影响的风险链条,如果一家规模较小的证券公司出现流动性问题,其他与之有密切资产、负债关联的小规模证券公司也将出现一定程度的风险。结果是一家证券公司发生的风险将蔓延至多家证券公司,这可能比一家大型证券公司发生风险对金融体系造成的冲击还要严重。本书将这种多家系统重要性相对较低的证券公司同时发生风险所引发的系统性金融危机称为"太多而不能倒"风险或群体性风险。

表 5-6 给出系统重要性排名第 8 位的国信证券(002736,SZ)和其他五家系统重要性排名较低的证券公司。国信证券(002736,SZ)在 2018 年的营业收入为 100.31 亿元,总资产为 2118.14 亿元,净资产为 515.20 亿元,西南证券(600369,SH)、长城证券(002939,SZ)、江海证券、东莞证券和华福证券(751563,ZQ)是系统重要性排名第三类的证券公司,它们的营业收入合计为 106.12 亿元,总资产合计为 2152.04 亿元,净资产合计为 597.56 亿元,规模情况与国信证券(002736,SZ)高度相似。假如这五家证券公司同时出现问题,因此引发的风险可能与国信证券出现风险对金融体系的影响程度相同。此外,这五家证券公司又分别与其他多家证券公司、银行等金融机构存在广泛关联,很可能将金融风险传导至其他证券公司和银行体系,并最终引发系统性金融风险。

表 5-6 核心系统重要性证券公司与非核心系统重要性证券公司

公司简称	系统重要性排名	机构规模分值	关联性分值	可替代性分值	复杂性分值	资产变现分值	系统重要性百分制
国信证券	8	0.76	0.35	0.41	0.76	0.66	77.49
西南证券	37	0.57	0.22	0.09	0.07	0.57	39.96
长城证券	38	0.55	0.17	0.10	0.08	0.62	39.88
江海证券	39	0.48	0.12	0.05	0.07	0.78	39.71
东莞证券	40	0.46	0.17	0.08	0.09	0.70	39.55
华福证券	41	0.51	0.22	0.05	0.09	0.62	39.52

任何一家证券公司都具有一定程度的系统重要性,监管部门在对系统重要性排名较高的证券公司有针对性地实施宏观审慎监管之外,也要注重对系统重要性排名较低的证券公司开展宏观审慎监管,防范"太多而不能

倒"风险，因为"大而不能倒"只是引发系统性金融危机的因素之一，由几家小型金融机构组成的群体组织同时发生风险也可能引发严重的系统性金融危机。

5.6 规模是系统重要性证券机构的关键特征

本章根据我国证券公司发展现状和《意见》指导构建了面向全国证券公司的系统重要性评价指标体系，以机构规模、关联度、可替代性、复杂性和资产变现 5 项一级指标及其他 13 项二级指标，并采用国际通用的等权重法作为评价方法，对全国 131 家证券公司系统重要性进行了计算和排名，评选出了我国的系统重要性证券公司，从总体层面、结构层面和类型层面分析和检验了评价结果，为金融监管部门提供决策参考。根据对证券公司系统重要性评价结果的分析，本章总结了三种同等重要且应纳入我国宏观审慎监管体系内的风险，即"太大而不能倒""太关联而不能倒"和"太多而不能倒"风险。

评价结果显示，证券公司系统重要性分值呈倒 U 形状态。评价分值较高的证券公司仅有中信证券（600030，SH）、海通证券（600837，SH）、华泰证券（601688，SH）、广发证券（000776，SZ）、国泰君安（601211，SH）等少数几家，85%的证券公司分值都在 50 分以下，系统重要性具有头部集中特征，排名前 10 的证券公司系统重要性远高于中部单个证券公司，存在"太大而不能倒"风险。在结构分析中，经过分项指标和系统重要性相关性检验同样得出了机构规模是影响系统重要性最重要因素的结论。这与 FSB 指出的"评价系统重要性金融机构的最关键特征是规模"一致，监管机构需加强高资产和高收入证券公司的监管。

《意见》通过构建系统重要性金融机构评价机制主要从两个方面防范重大金融风险。一是增强证券公司经营能力，从内部降低风险可能性；二是建立特别处置机制，利用监管等外部力量快速有效处置发生风险的机构，防范"太大而不能倒"风险。根据本章对证券公司系统重要性评价结果的结构分析和聚类分析,引发重大金融风险的因素还包括机构间的高度关联性引发的风险传染及中小型证券公司发生群体性风险,以上两个防范重大金融风险的途径未将"太关联而不能倒"和"太多而不能倒"风险纳入宏观审慎监管。实际上,无论是对国际金融危机的分析,还是各界对系统重要性金融机构的研究,都将保障大型金融机构安全作为防范重大金融风险的重要手段,各国金融监管机构围绕着"太大而不能倒"风险制定了一系列政策措施。我国建立宏观审慎监管体系的直接目的是防范系统性金融风险,从而减少金融危机对实体经济带来的负面冲击。党的十九大明确指出,要健全金融监管体系,守住不发生系统性金融风险的底线。仅仅注重证券公司等金融机构的内部自我规范,和防范"太大而不能倒"风险有可能因出现"太关联而不能倒"和"太多而不能倒"等风险时由于没有制定完善的应急措施和处置机制造成系统性金融风险底线的失守。

构建系统重要性金融机构评价机制是我国宏观审慎监管体系发展进程中的重要里程碑,对保障我国金融稳定具有重要作用。面对互联网、人工智能、区块链等新型技术对证券业和其他金融机构大范围应用,经济全球化浪潮大背景下我国证券业进一步开放的战略要求,以及与经济全球化相悖的贸易保护主义势力带来的市场冲击等多种挑战,必须深入推进我国宏观审慎监管,完善证券公司等金融机构系统重要性评价及相应的监管机制,以保证我国金融体系在日益复杂的内外部环境中能够稳定运行和避免系统性金融风险,持续增强金融服务实体经济能力。

5.7 宏观审慎监管需提高证券公司核心竞争力

根据以往研究,经营能力、盈利能力、风险控制能力、创新能力和成长能力构成了证券公司主要竞争力已成为业内共识,其中经营能力、盈利能力和成长能力三项指标的基础构成也形成较为统一的认识,但受市场变化、行业监管、金融科技等因素影响,风险控制能力和创新能力的构建与评价仍然在讨论中。笔者认为,在日益复杂的金融网络环境下,我国证券公司竞争力评价需要同时考虑证券公司微观可持续发展和宏观审慎监管两方面问题，才能充分体现证券公司的长期综合竞争能力。因此，我们构建了基于宏观审慎监管的证券公司竞争力评价体系，对证券公司竞争力评价指标体系进行完善，也是对现有理论研究的补充。

一是将风险控制能力评价指标进行扩充，并划分为微观风险控制和宏观风险控制两个层面，微观风险控制表现内部经营控制能力，宏观风险控制用来表现基于宏观审慎监控要求的逆周期调节能力；二是增加了证券公司创新能力评价指标，从业务创新能力和技术创新能力两个方面进行评价；三是根据评价指标完善情况调整了相应指标权重。证券公司经营能力指标由营业收入、资产规模和净资产构成；盈利能力指标包括 ROA、ROE 和销售利润率三项指标；基于审慎的风险控制能力包括净资本、净资本与净资产比例、风险覆盖率和公司治理四项指标；基于宏观审慎的风险控制能力包括资本充足率、资本杠杆率、流动性覆盖率、净稳定资金率；创新能力指标包括业务创新能力和技术创新能力两项指标；成长能力包括营业收入增长率、营业利润增长率和资产规模增长率三项指标。具体评价方法及模型可参见孙国茂主编的证券公司蓝皮书《中国证券公司竞争力研究报告（2019）》。

基于宏观审慎监管要求，我们调整了证券公司竞争力评价体系，并对全国证券公司综合竞争力进行了评价（见附录5，表5-8）。研究发现，在结构性去杠杆、信用紧缩导致实体经济流动性承压以及中美贸易战等内外部综合因素的影响下，中国证券市场整体呈现震荡走低趋势。在系统性风险影响下，部分上市公司逼近股票质押爆仓风险线，引发市场恐慌情绪致使股市持续低迷。在宏观审慎监管背景下，行业对证券公司相关业务审慎计提资产减值损失等方面有所加强，受国内外金融市场环境和监管政策影响，大部分证券公司的营业收入增长率、总资产增长率以及净利润增长率为负值，这三项也是衡量成长能力的关键指标。近年来，大数据、云计算、人工智能、区块链等新技术的出现，推动了金融科技的快速发展和变革，既改变了客户使用金融服务的方式，也改变了金融行业的竞争格局。证券业也迅速迈入"金融科技"新时代，在新技术、新思想的推动下，证券经纪业务、投行业务、资管业务和运营风险控制等领域不断进行创新，全行业的盈利能力和创新能有明显提升。近年来，证券行业持续规范发展，已形成了较为成熟的以净资本和流动性为核心的风险控制指标体系和风险监管制度，在监管政策逐渐趋严的背景下，证券公司积极落实监管要求，基于微观审慎的风险控制能力有所提高。

第6章 证券市场系统性风险测度研究[1]

美国次贷危机爆发后,世界各国的经济学家从不同角度对危机产生原因进行分析和反思,见仁见智。从宏观角度审视主要有两个方面的原因:一是因为金融系统本身具有顺周期性,监管当局未及时意识到金融体系和经济周期之间的作用机制;二是缘于系统重要性金融机构的作用,一旦这类机构风险爆发,会对整个金融体系造成巨大冲击,遗憾的是,监管当局未曾意识到这类机构的重要性[2]。危机之后,这两方面问题引起各国理论界和实务界的广泛重视,监管者开始意识到原有监管体系的不足。随着金融全球化的不断推进,银行业、证券业和保险业等部门通过资产负债表紧密联系在一起,微观审慎监管方式不能维持整个宏观经济的稳定,甚至可能会加大金融体系爆发系统性风险的概率。因此,以宏观审慎监管为核心的监管理念引起世界各国的重视。与微观审慎监管不同的是,宏观审慎监管的目标是防范系统性金融风险,降低金融危机给实体经济发展带来的冲击,提高整个金融体系的稳定性。

2010年修订的《巴塞尔协议Ⅲ》体现了国际社会对宏观审慎管理取得的共识。时任中国银监会主席刘明康认为,《巴塞尔协议Ⅲ》从金融体系风险内生性角度对系统性风险较大的业务以及机构提出了更高的资本和流

---

[1] 济南大学商学院硕士研究生张辉对本章有贡献并参与了部分内容撰写。
[2] 何塞-路易斯·佩德罗、拉克·莱文、泽维尔·弗雷克萨斯. 系统性风险、危机与宏观审慎监管(中译本)[M]. 北京:中国金融出版社,2017:11-37.

动性要求。①《巴塞尔协议Ⅲ》要求提高金融机构资本质量，增加资本吸收损失的能力，形成了一整套逆周期资本缓冲（Countercyclical Buffer）方案；同时对银行流动性（Liquidity）、杠杆率（Leverage Ratio）以及拨备（Provision）规则等提出新的要求，标志着全球金融监管进入新时代。② 2011年4月，中国银监会发布《中国银行业实施新监管标准指导意见》，明确资本充足率、杠杆率、流动性和贷款损失准备监管标准，提出对系统重要性银行实施更严格的监管标准，被称为中国版《巴塞尔协议Ⅲ》。近年来，随着我国经济总杠杆率不断上升，房地产市场、地方政府债务、影子银行体系、互联网金融和证券市场等领域风险不断积累，不同风险的相互交叉导致风险呈现自我加强和逐渐增大趋势。党的十九大提出"健全货币政策和宏观审慎政策双支柱调控框架，守住不发生系统性金融风险的底线"后，我国不断完善宏观审慎政策框架。2018年11月，中国人民银行、中国银保监会和中国证监会联合发布《关于完善系统重要性金融机构监管的指导意见》（以下简称《意见》），提出坚持宏观与微观相结合的审慎监管理念，明确系统重要性金融机构监管的政策导向，防范系统性金融风险。

纵观世界金融发展史，几次大规模金融危机的发生都与证券市场有关。20世纪初的美国经济危机肇始于纽约股票交易所。1929年10—11月，在不到一个月的时间里道琼斯指数从452点下跌到224点，成千上万人的财富灰飞烟灭，11位华尔街投资家自杀。③ 数千家银行和投资机构破产、数以万计的企业倒闭致使1300万人失业，美国迎来一场波及整个西方的大萧条。④ 此后，美国经济陷入了长达10年的衰退期。其中，工业生产下降50%，GDP下降30%。直到1954年，美国股市才恢复到1929年的水平。⑤

---

① 巴塞尔银行委员会. 第三版巴塞尔协议［M］. 北京：中国金融出版社，2011：3.
② Acharya V. A theory of Systemic Risk and Design of Prudential Bank Regulation［J］. Journal of Financial Stability，2009（5）.
③ 加雷·加勒特. 美国金融泡沫史（中译本）［M］. 福州：海峡书局，2014：5-15.
④ 查尔斯·P. 金德尔伯格. 疯狂、惊恐和崩溃：金融危机史（中译本）［M］. 北京：中国金融出版社，2007：50-76.
⑤ 刘鹤. 两次全球大危机的比较研究［M］. 北京：中国经济出版社，2013：5-39.

第6章 证券市场系统性风险测度研究

我们在本书第1章已经介绍过，次贷危机中雷曼兄弟破产，贝尔斯登和美林证券分别被摩根大通和美洲银行收购，高盛集团和摩根士丹利选择转为银行控股公司。华尔街金融资产和权力的重构深刻改变了美国金融体系的秩序，对世界各国金融系统和金融格局产生巨大影响。2015年，中国爆发了证券市场产生以来最严重的股灾，Wind 数据显示，2015年6月至2016年1月，上证综指从5000多点暴跌至3000点以下，跌幅将近50%，两市市值损失超过30万亿元，"开盘跌停"和"千股跌停"现象不断发生，股市基本功能丧失，严重影响了实体经济发展。实际上，证券市场风险并非个体风险，而是具有传染性、综合性、系统性的风险[1]。证券市场多元化的市场主体、明显的行业周期性和交易的天然不稳定性，使其始终处于高起低落的波动循环状态。后危机时代，要防范化解证券市场系统性风险，加强宏观审慎监管，必须要搞清楚证券市场系统性风险的来源，并且能够从宏观审慎监管视角有效度量系统性风险，建立风险预警体系，这是保证证券市场健康发展的关键。

在本章我们结合证券市场危机发生的案例，从不同方面分析证券市场系统性风险的来源。基于宏观审慎监管视角，分别从宏观经济、股票市场和证券机构三个维度选取具有较强解释力的客观指标，度量证券市场系统性风险，构建风险预警体系，为证券市场实施宏观审慎监管逆周期调节以及具体调节工具的选择提供依据。可根据某些指标一段时期内（如三个月或半年）的变化来判断市场风险情况，及时进行逆周期调节，动态调整各项业务风险资本准备的计算比例，向市场释放逆周期调整信号；此外，还可以让投资者了解市场风险状况，以便做出正确的投资决策，这对防范系统性风险、保证我国证券市场平稳发展具有重要的理论与现实意义。

---

[1] 王道平、范小云、方意. 中国系统性金融风险：测度与宏观审慎监管[M]. 北京：经济管理出版社，2017：35-48.

6.1 对宏观审慎监管与系统性风险的研究

从本书第 1 章我们已知,宏观审慎的概念最早是由巴塞尔委员会的前身"库克委员会"成员彼得·库克(Peter Cooke,1979)提出来的。在同时担任英格兰皇家银行主席和国际清算银行(BIS)主席期间,库克指出,当委员会对经济问题的关注重点由微观转向宏观时,宏观审慎问题相应产生。国际清算银行(BIS,2001)给出的具体定义是,宏观审慎监管是微观审慎监管的补充,不仅衡量单个金融机构的风险,更是从金融体系的系统性角度出发对风险进行监测,从而实现金融稳定。[①] 周小川(2011)提出,一个完整的宏观审慎监管框架应包括三部分:一是识别哪种市场可能发生系统性风险,是否应该对该市场进行宏观审慎监管;二是能够捕捉市场风险的动态变化,研究并确定防范系统性风险发生的措施和工具;三是加强金融体系抵御风险冲击的能力,特别是对系统重要性机构(SIFIs)更要谨慎,要守住"大而不能倒"的底线。[②]

在本书中,我们采用了国际清算银行(BIS,2001)关于宏观审慎监管的定义。事实上,要真正搞清楚宏观审慎监管的含义,首先必须理解宏观审慎监管与微观审慎监管的关系。宏观审慎监管是建立在微观审慎基础之上的,是对微观审慎监管的补充与完善,二者并不是相互排斥的对立关系,而是一种互补的关系。《巴塞尔协议Ⅲ》明确提出,要加强宏观审慎监管,对金融机构的一级资本比率、资本留存缓冲、反周期缓冲和杠杆率等方面提出更严格的要求。从某种意义上说,《巴塞尔协议Ⅲ》对银行提出的若干监管要求也属于机构监管的微观审慎监管模式。所以,宏观审慎监管并不必然排斥微观审慎监管。当我们强调加强宏观审慎监管时,必须要意识到宏观和微观审慎监管间不可割裂的关系。二者都包括针对机构的

---

① BIS. Cycles and the Financial System [R]. 71st Annual Report,2001:123 - 141.
② 周小川. 金融政策对金融危机的响应——宏观审慎政策框架的形成背景、内在逻辑和主要内容 [J]. 金融研究,2011(1):1 - 14.

监管，但宏观审慎监管并不是微观审慎监管的简单加总。

现实中，与银行业相比，证券市场宏观审慎监管将更为复杂。从发生在各国证券市场的危机和系统性风险案例，特别是2015年中国股灾时的市场波动情况可以看出，导致证券市场危机的因素不仅仅来源于证券机构，还可能来源于上市公司和未被监管覆盖到的影子银行机构，甚至还有可能来源于众多个人投资者，"羊群效应"对证券市场的冲击不容小觑。[①] 因此，我们在这本书中强调，证券市场的宏观审慎监管不仅应该包括对证券机构的监管，还应该包括与市场流动性相互作用的其他市场主体。

6.1.1 证券市场宏观审慎监管必要性研究

综观全球经济和金融市场发展，证券市场以其高效的资源配置效率逐渐成为各国金融市场的核心和经济发展的血脉，但不可否认的是，资本市场在快速发展的同时，风险也在不断积累并逐渐向实体经济扩散。2008年次贷危机的显著特征是全球金融体系产生了极大的动荡，华尔街五大投资银行的倒闭与转型、欧洲顶尖金融机构的破产，以及由此引发的大量借贷和交易量的急剧下降。谢百三、童鑫来（2016）的研究指出，2015年的股灾致使深沪两市股票市值减少十几万亿元人民币，IPO暂停，导致2015年第三季度、第四季度国内生产总值分别下降0.019个、0.014个百分点。[②] 国际股票市场关联性的存在使单一国家证券市场危机很容易蔓延成全球性的危机。Najand（1996）认为1987年日本股票市场的下跌加快了亚洲股市的下跌，股灾因此蔓延至整个亚洲，形成巨大的危机。[③] 历史一次又一次证明证券市场风险具有传染性，是综合性和系统性风险。中国人民银行三部委《意见》明确规定，必须将证券业机构包含在SIFIs名单内，同时对

---

① 樊莉. 后危机时代的中国金融宏观审慎监管研究 [D]. 天津：南开大学，2012.

② 谢百三，童鑫来. 中国2015年"股灾"的反思及建议 [J]. 价格理论与实践，2015（12）：29-32.

③ Najand M. A Causality Test of the October Crash of 1987: Evidence from Asian Stock Markets [J]. Journal of Business Finance & Accounting, 1996, 23（3）：439-448.

参评机构的行业集中度和数量也做了明确的规定，要求参评机构表内外资产总额不低于监管部门统计的同口径上年末该行业总资产的75%，参评证券机构数量不能少于10家。

巴塞尔委员会（BCBS，2011）和欧洲银行业监督委员会（CEBS，2009）认为股价下跌是市场风险中最重要的因素。[1] Van Den End（2010）发现银行主要的流动性来源是股票与现金组合，股价下行是银行流动性压力测试的重要因子。[2] Braun（2014）认为股价下跌可能影响保险公司清偿能力。[3] 王雯、张金清（2018）通过探讨系统性风险的跨境、跨市场传导效应，发现股市与债市、外汇市场以及大宗商品市场的联动性都呈增加趋势。[4] 现代金融体系下，各类金融机构通过证券市场完成了诸多交易，面临共同的风险暴露，而证券市场本身具有较强的波动性，意味着证券市场即使不会成为系统性风险产生的源头，也会成为跨部门传染的重要渠道，并可能成为风险的"放大器"。[5] 证券市场已成为现阶段影响金融系统稳定性最重要的因素之一，因此必须要对证券市场进行宏观审慎监管。

6.1.2 系统性风险度量研究

防范和化解系统性金融风险的前提是能对系统性金融风险进行较为全面、精确的测度，但测度风险确实是一项复杂且艰巨的任务。范小云（2012）提出系统性金融风险的测度是指在过去系统性风险损失资料以及当前经济金融形势分析的基础上，对系统性风险发生的概率及可能造成的损失程度进行定性、定量分析，从而预测出较精确并满足一定规律的结果

---

[1] BCBS. Messages from the Academic literature on Risk Measurement for the Trading Book [R]. Working Paper, 2011.

[2] End V D, Willem J. Liquidity Stress – Tester: A Model for Stress – testing Banks' Liquidity Risk [J]. CESifo Economic Studies, 2010, 56 (1): 38 – 69.

[3] Braun A. The Impact of Private Equity on a Life Insurers Capital Charges Under Solvency Ⅱ and the Swiss Solvency Test [J]. Journal of Risk and Insurance, 2014, 81 (1): 113 – 158.

[4] 王雯，张金清，李滨，田英良. 资本市场系统性风险的跨市场传导及防范研究 [J]. 金融经济学研究，2018, 33 (1): 60 – 71.

[5] 任培政. 金融风险的溢出效应及宏观审慎监管研究 [D]. 武汉：华中科技大学，2015.

的过程。① 系统性金融风险的测度主要包括两部分：一是对过去所发生的系统性风险的规律性的发掘，找出呈现一定必然性和统计规律性的东西；二是对当前金融体系可能受到的冲击进行分析，从而估测出当前的风险状况。目前国内外已有大量学者对系统性金融风险测度进行研究，主要围绕以下两方面展开：一是从单一金融机构入手，分析个体的风险暴露状况，然后将个体的风险暴露进行加总来推算整个系统的风险，包括指标法、计量模型分析法。二是运用一定的模型，从整体上直接估测系统性金融风险。总的来说，系统性风险度量方法主要有以下几种。

(1) 指标法

指标法是最早提出的用来测度系统性金融风险的方法，是指通过一个综合指标或者一组指标的实际值与正常值的对比来反映金融体系运行状况，以此来衡量系统性风险大小，主要包括 CAEL 和 CAMEL 模型（综合指标度量模型），但是 Benton E. Gup（1999）研究发现这两个模型的测量效果不是很明显，在美国 1980—1994 年发生的 1617 个失败银行中只识别了 46%。Kaminsky（1998）提出，实际汇率水平、国内信贷总量、对公共部门的信贷总量、国内通货膨胀、贸易平衡情况、货币增长率、实际经济增长率和财政赤字等指标，在一定程度上能够对系统性金融风险起到一定的指示作用。② 在指标法中有两个指标备受学者们的关注：金融稳健指标和早期预警指标。国际货币基金组织（IMF，2010）提出金融稳健指标体系应包括三个部分：第一部分是银行业的指标，主要反映出银行业的运行状况；第二部分是反映银行业面临的主要风险的一系列指标；第三部分是在结合前两部分指标的基础之上，给出了反映银行业风险容忍程度的指标。③ 这类指标法的主要优点是数据比较容易获得，可根据实际情况构建

---

① 范小云，王道平. 巴塞尔Ⅲ在监管理论与框架上的改进：微观与宏观审慎有机结合 [J]. 国际金融研究，2012 (1)：63-71.

② Kaminsky G, Lizondo S, Reinhart C M. Leading Indicators of Currency Crises [R]. IMF Staff Papers, 1998, 5 (1): 1-48.

③ FSB, IMF, BIS. Macro-prudential Policy Tools and Frameworks [R]. Progress Report to G20, 2011.

灵活方便的指标体系，但在实证研究过程中发现这些指标几乎都是金融风险的同时期指标，不具有预测性，所以不能作为金融危机的先行显示指标。考虑到金融稳健性指标的滞后性，很多学者在此基础上构建了具有预测功能的早期预警指标，用来预测金融体系将来的风险程度。

刘仁伍（2010）认为早期预警的实质是在金融危机爆发之前，系统性金融风险会大量累积，宏观经济和金融指标会发生异常波动，发出预警信号以警示风险值过高。① 早期预警指标法最具有代表性的就是 KLR 模型和 FR 模型，Kaminsky（1998）提出 KLR 信号法，使用 20 个新兴市场国家及工业化国家在 1970—1995 年发生的 26 次银行危机与 76 次货币危机为样本，建立货币危机和银行危机早期预警指标体系。② FR 模型是在 KLR 的基础上修正的，故其精确性要高于 KLR 模型，Frankel 和 Rose（1996）运用单位概率模型和 105 个发展中国家在 1971—1992 年的季度数据对危机进行了预测。③ 早期预警指标法虽然具有先进的预测性，但也存在一些问题：一是早期预警指标过于庞杂并在大多数情况下是不规则的，现有的早期预警指标不能较准确地预测出危机发生的时间，预测优势不明显。二是缺乏宏观审慎视角，早期预警指标构建的主要目标是避免单家金融机构出现风险暴露甚至是倒闭，并没有捕捉整个金融体系的风险，没有建立在宏观审慎监管框架内。三是没有考虑风险的传染性，早期预警指标测度法没有考虑到系统性金融风险的传染性特征，没有抓住金融部门之间的内在结构和相互影响，而这一点正是系统性金融风险研究的核心。指标法主要是通过分析历史数据确定引发系统性风险的先行指标，并设立预警阈值。在先行指标选取中更加倾向于外汇储备、汇率、信贷等方面，忽视了金融部门之间的联系，对证券市场来说，除了宏观因素和金融机构外，上市公司的作

---

① 刘仁伍. 构建宏观审慎管理新体系［J］. 中国金融，2010（13）：37-39.
② Kaminsky G, Lizondo S, Reinhart C M. Leading Indicators of Currency Crises［R］. IMF Staff Papers, 1998, 5（1）：1-48.
③ Frankel J A, Rose A K. Current Crashes in Emerging Markets: An Empirical Treatment［R］. Journal of International Economics, 1996, 9（1）：351-356.

用也不容忽视,显然仅依靠指标法来度量系统性风险是片面的。

(2) 研究风险传染性和金融机构关联程度的方法

IMF (2009) 列举了4种分析系统关联性的定量分析模型,包括网络分析法(Network Analysis Approach)、共同风险模型法(Co‐Risk)、困境依赖矩阵法(Distress Dependence Matrix)和违约强度模型法(Default Intensity Model)①,网络分析法目前已被广泛应用于衡量银行业的系统性风险,主要通过银行间相互敞口和交易数据建立网络,根据银行间市场的网络形状模拟风险相互传染情况,从而测算每个银行网络中积累的系统性风险。朱元倩(2012)对该方法进行了较好的概括。他们指出,在银行间网络模型的构建中,判断银行间网络的形状,即金融机构间的风险敞口矩阵是首要任务。② 在实践中,双边敞口矩阵往往较难得到,因此通常会选择不同的方法进行内插或者估计以补充矩阵数据。在得到双边敞口矩阵之后,基于模拟的风险在网络中的传导便可以得到倒闭的银行家数,得到了一种度量系统性风险大小的结果表达。模拟情景分为两种:一种是假设金融机构之间的风险只通过信用风险渠道传染,不存在流动性风险;另一种假设是在信用风险冲击下,流动性不足的银行可能通过降价实现部分资产的变现以补充流动性。Kritzman (2011)③、Billio et al. (2012)④、Patro et al. (2013)⑤ 通过建立金融机构间的关联网络,评估机构同时违约的可能性,以此来度量金融体系系统性风险。除了以上方法外,灰色关联分析也是常见的衡量关联性的方法。灰色关联分析是灰色系统理论运用得比较广

---

① IMF. Global Financial Stability Report: Responding to the Financial Crisis and Measuring Systemic Risks [R]. Working Paper, 2009.

② 刘春航,朱元倩. 银行业系统性风险度量框架的研究 [J]. 金融研究,2011 (12): 85 – 99.

③ Kritzman M. Principal Components as a Measure of Systemic Risk [J]. The Journal of Portfolio Management, 2011, 37 (4): 112 – 126.

④ Billio M. Econometric Measures of Connectedness and Systemic Risk in the Finance and Insurance Sectors [J]. Journal of Financial Economics, 2012, 104 (3): 535 – 559.

⑤ Patro D K, Sun X. A Simple Indicator of Systemic Risk [J]. Journal of Financial Stability, 2013, 9 (1): 105 – 116.

泛的一种方法，其基本原理是根据序列曲线几何形状的相似度来衡量它们之间的关系大小，并且关联度大小与几何形状的相似度呈正相关。对于金融机构的关联性风险来说，灰色关联度分析的核心是计算金融机构间关联性大小，定量描述金融机构间风险相互变化情况以及度量它们的关联性大小的一种分析方法。关联度的计算首先是要对原始参考数列进行无量纲标准化处理，其次是计算关联系数，由此计算出关联度。在对数据进行标准化时，不同方法会导致关联度值不同。因此，在分析过程中，不用关注关联度值的大小，而是重点分析各个关联度值大小的排列顺序。

研究风险传染性和金融机构关联程度的方法多是以金融机构为研究对象，过分强调机构的风险传染性和关联程度，但全球金融危机的经验教训表明，只注重微观监管，忽略宏观市场的金融稳定性，将无法察觉背后隐藏的系统性风险。以上方法虽然考虑到了金融机构间的关联性，但缺乏宏观审慎的视野，且只能对银行间发生的借贷关系构建关联性网络。对于资本市场的参与机构而言，如证券公司间的关联性风险主要源于自营盘股票因为市场涨跌所带来的相互关联性，而这样的关联性难以通过以上借贷敞口数据进行估计，即证券机构间关联性数据获取较难。

（3）评估系统性风险损失及损失概率的方法

此类方法中比较常见的是在险价值法（VaR）、ARCH、GARCH 和 EGARCH 等方法。在金融风险管理领域的权威著作《风险管理与金融机构》中，Hull 是这样定义 VaR 的："VaR 指在 T 的时间段，有 X% 的把握某金融资产的损失不会大于 VaR。"这句话表明了 VaR 是两个变量的函数：时间展望期（T）以及置信度（X%），而 VaR 对应了在今后 T 天以及在 X% 的把握下，交易损失的最大值。Engel 和 Manganelli（2004）认为既然股票收益具有序列自相关性，而 VaR 的本质就是收益率序列的某一特定分位数，从而提出条件自回归风险价值模型（CAvia 模型）对收益条件分位数直接建模。并给出了四种特殊形式的 CAviaR 模型，其中 Adaptive 模型在实证结果中表现最差，且被拒绝的概率最大。

Robert F. Engle（1982）提出了条件方差自回归模型（Auto Regressive

Conditional Heteroskedasticity Model，ARCH），模型通过对历史收益率平方的移动平均，把金融资产收益率的条件异方差纳入分析，如果在前期市场发生了很大的波动，无论朝哪个方向，误差的平方值将变大并且导致当期的条件方差也变大。可见，ARCH 模型能够较好地刻画金融资产收益率的丛集性效应。在 Engle 的基础之上，BollerslevT 对 ARCH 模型进行改良，在 ARCH（p）模型中加入了 q 个自回归项，推广成为广义 ARCH 模型 [Generalized ARCH，简称 GARCH（p，q）模型]。GARCH 族模型是当前运用最广泛的波动率预测模型之一，该模型通过将连续时间路径的收益率离散化，刻画金融资产的日收益率的动态过程。在实证过程中，可以使用较为简单的 GARCH 模型来代表一个高阶 ARCH 模型，使待估参数大为减少，从而使模型的识别和估计都变得较为容易，解决了 ARCH 模型的固有缺点。但在刻画金融风险的过程中，GARCH 模型依旧存在一定的缺陷。第一，GARCH 模型的条件方差方程要求估计参数非负，过度地限制了条件方差的动态性；第二，GARCH 模型中 σ_t^2 是 ε_{t-i} 的对称函数，即条件方差 σ_t^2 取决于 ε_{t-i} 的大小，而与其符号无关。实际意义指金融资产收益的正向收益和负向收益对条件方差的冲击都是一样的，这显然与现实不同。现实的金融市场上存在着杠杆效应，在牛市的时候，投资者普遍投资热情高涨，对资产收益的风险视而不见，因此正向收益的冲击要高于负向收益；在熊市的时候，投资者普遍情绪低落，投资的热情不高，对市场不具有信心，因此负向收益带来的冲击要高于正向收益。为了解决以上正负两类残差的非对称反应，Nelson 提出了指数 GARCH 模型（Exponential GARCH，EGARCH），以更准确地刻画现实股票的波动性。EGARCH 模型中条件方差采用了自然对数，意味着 σ_t，正负两类残差的非对称性反应体现在参数 r_i 上，若 $r_i \neq 0$，则说明信息作用非对称。当 $r_i < 0$ 时，说明股市的负收益对条件方差的冲击要比正收益大；当 $r_i > 0$ 时，则说明股市的正收益对条件方差的冲击要比负收益大。

除了上述方法外，评估系统性风险损失及损失概率的还有边际期望损失法（MES）和系统性期望损失法（SES）等。Gray 和 Jobst（2010）

在 Merton 模型基础上提出的或有权益分析法（CCA）、Huang et al. (2009) 提出的困境保费法（DIP）[①] 等。这些方法均是采用单个金融机构的股票收益率，将单个机构的系统性风险溢出相加，但单个金融机构的风险溢出综合不能代表整个金融体系的总体风险水平。对证券市场来说，除了金融机构外，上市公司是极其重要的组成部分，度量证券市场系统性风险，不能忽视上市公司的作用。因此，这类方法不适用于度量证券市场系统性风险。

(4) 宏观压力测试模型

宏观压力测试模型是指通过评估金融体系能够承受的异常宏观经济冲击或者重大事件的程度来测量系统性风险的大小。国际货币基金组织和世界银行在1999年发起了"金融部门评估规划（FSAP）"，此项目第一次提出了要将压力测试作为衡量金融系统稳定性分析工具，其模型的主要步骤如下：第一，确定一个具有风险敞口的资产组合。第二，设计压力测试的情境，并考虑次轮效应。在设计宏观压力情景时，我们一般会选择近期发生的影响较深刻的、波动幅度较大的宏观因素作为冲击事项，冲击可以是单一冲击，也可以是多重冲击，而且冲击的强度需要适中，这样才能对实际操作产生可参考性，另外还要充分考虑到金融冲击的次轮效应。第三，考量宏观压力情景对金融体系的冲击程度，主要通过以下两个方法：一是利用金融稳健性指标来估计不同风险因素对金融体系的影响；二是利用多种计量模型来综合估量不同风险因素对金融体系的影响程度，此时需要将各种风险传染渠道的相关性考虑到位。第四，以上一步的测试结果为基础，对整个金融体系的抗风险能力做出评估。第五，我们还需要进一步考虑受冲击后的金融体系对实体经济的反馈效应，在动态框架下分析宏观压力对金融体系的冲击。Illing 和 Liu (2006) 最早尝试构建金融压力指数，从银行部门、外汇市场、债券市场和股票市场四部门选取指标，采用因子

[①] Huang Xin, Hao Z. A Framework for Assessing the Systemic Risk of Major Financial Institutions [R]. Journal of Banking and Finance, 2009, 33 (11): 36-49.

分析法、信贷加权法、等权重法和样本累积分布函数进行加权综合，建立了金融体系综合指数（FSC）。[①] 宏观压力测试能够实时、全面地反映系统性金融风险的状况，是一种较为理想的风险测度方法，主要优点体现在两个方面：一是宏观压力测试模型能够更加关注被 VaR 模型忽略的尾部风险，尤其是在经济上升期，对尾部风险的准确计量，能够促使银行提前做出应急方案，提高银行经营行为的前瞻性；二是针对历史资料的不完整性（尤其是历史资料不能覆盖一个完整的经济周期），宏观压力测试模型可以通过特殊的敏感性分析或情景假设的方法对未来的市场情况进行理性预测，弥补了风险模型计量的不足。

虽然宏观压力测试模型具有很多优点，但我国对此模型的研究时间并不长。直到 2009 年 8 月，我国与国际货币基金组织和世界银行协商后才正式地启动了宏观压力测试评估，所以无论是理论研究方面，还是实际操作方面，国内的研究都较为薄弱，且我国的宏观压力测试模型主要集中关注银行业的信用风险和资产规模等与宏观经济波动之间的关系，并没有从系统性风险的角度来展开宏观压力测试。刘仁伍（2010）提出目前我国运用宏观压力测试模型评估金融体系风险时，几乎都是采用不良贷款或者贷款违约率作为评估系统稳定性的代理变量，这种做法是否合理还需要进一步验证。许涤龙、陈双莲（2015）通过构建金融压力指数（FSI）测试了我国所面临的金融压力[②]，但实际上宏观压力测试模型多采用主观赋权的形式，对系统性风险客观情况反映不够全面。

除了以上四种方法外，还有综合指数法。陶玲（2016）在度量我国系统性金融风险时，采用综合指数法，建立了包含 7 个维度的系统性金融风险模型。[③] 综合指数法优势表现为：第一，对历史上是否发生过金融危机

[①] Illing M, Liu Y. Measuring Financial Stress in A Developed Country: An Application to Canada [J]. Journal of Financial Stability, 2006 (3): 243-265.

[②] 许涤龙, 陈双莲. 基于金融压力指数的系统性金融风险测度研究 [J]. 经济学动态, 2015 (4): 69-78.

[③] 陶玲, 朱迎. 系统性金融风险的监测和度量——基于中国金融体系的研究 [J]. 金融研究, 2016 (6): 18-36.

不做强制要求，因此对于数据量有限、金融市场不完善的发展中国家非常有意义。第二，综合指数法不关注系统性风险发生的具体原因，而是按照各类金融指标与金融危机之间的相关性大小，选择风险指标构建综合指数，再根据综合指数的现状和走势判断系统性金融风险的水平和发展趋势。第三，综合指数法虽然简洁，但却可以和很多复杂的模型方法结合使用，例如在风险指标选择、指标权重确定等方面都可以由模型来决定，此外还可以运用模型构建复杂指标作为综合指数的原始指标等。本书主要研究证券市场系统性风险，考虑到我国证券市场的发展现状，同时结合 IMF（2009）的建议——发展中国家在金融市场不发达的情况下，可采用综合指数法构建的金融稳健指标测量系统性风险。因此，本书借鉴陶玲测度金融体系系统性风险的做法，采用综合指数法度量证券市场系统性风险。

6.1.3 宏观审慎监管下系统性风险预警研究

证券市场系统性风险预警是证券市场宏观审慎监管中监管当局判断宏观经济与证券市场是否存在风险并引发证券市场系统性风险的手段，预警机制的建立对证券市场宏观审慎监管政策制定提供重要依据。在建立系统性风险预警体系后，要进行市场系统性危机控制和处理方案的完善，即当预警模型发出预警信号后，要根据已经确立的决策实施机制，及时进行风险隔离。《巴塞尔协议Ⅲ》建立逆周期资本缓冲框架时一是挑选出 36 国 25 次的银行危机作为监测目的；二是以广义信用扩张价差作为超额信用成长监测工具，目标是在危机发生前 3~5 年的繁荣时期发出预警信号；三是根据预警信号，要求银行进行逆周期调节，基于风险资产收取不高于 2.5%的逆周期风险准备。[①]

Borio（2009）认为银行业应该建立系统性风险预警机制，设立风险预警值，一旦风险累积达到预警值，监管当局应立刻采取措施控制风险的进

---

① Vidal - Abarca A O, Ruiz A U. Introducing a New Early Warning System Indicator (EWSI) of Banking Crises [R]. Working Paper, 2015.

一步积累。① IMF（2011）提出限制信贷扩张时可采用贷款—价值上限（LTV）、债务—收入上限（DTI）、外汇贷款限制、信贷额或信贷增长率上限等工具；避免短期或不稳定融资市场来支持贷款快速增长时可采用外汇敞口头寸/货币错配限制（NOP）、期限错配限制和准备金要求等工具；控制杠杆率时可采用逆周期资本要求、时变的/动态拨备和利润分配的限制等方法。② 总之，风险触及预警值后，宏观审慎监管逆周期调节工具的设计应该分别从事先和事后两个方面来控制系统性风险，确保金融系统稳定。事前要通过控制市场资金、流动性等措施来减少风险在繁荣时期的积累，事后要增加金融机构在危机爆发后吸收损失的能力。

杨霞（2015）建立银行业系统性风险预警体系，认为当风险超过预警值时，要同时采用降低法定存款准备率的货币政策和财政政策对冲系统性风险，货币政策在此时应降低法定存款准备金率，财政政策采用减税和加大基础设施建设等方法。③ 冯超（2016）发现不同指标对系统性风险的预警程度不同，逆周期调节的重要思路是指标的调控方向应与相关性相反，可通过降低不良贷款率、降低CPI增长率、提高资本充足率等方面防控系统性风险。④ 对证券市场来说，风险超过预警值后的逆周期调节可借鉴银行业的做法。赵远（2013）通过实证研究确定证券公司的逆周期调节时点，认为当证券行业营收偏离率超过100%时，要提高全行业证券公司风险资本准备计提比例，缓解证券市场顺周期性的过度扩张。⑤ 王春玲（2011）建议保留券商风险加权资产的一定比例作为证券业逆周期资本缓冲，并可采纳银行0~2.5%的建议比例。⑥

---

① Borio C. Implementing the macro - prudential approach to financial regulation and supervision [J]. Financial Stability Review, 2009, 13 (4).
② IMF. Macro - prudential Policy: An Organizing Framework [R]. Working Paper, 2011.
③ 杨霞, 吴林. 我国银行业系统性风险预警研究 [J]. 统计与决策, 2015 (10): 147-150.
④ 冯超. 宏观审慎管理视角下我国银行系统性风险监管研究 [D]. 长沙: 湖南大学, 2016.
⑤ 赵远. 中国证券业宏观审慎监管问题研究 [D]. 武汉: 武汉大学, 2013.
⑥ 王春玲. 关于对证券公司实施宏观审慎监管的思考 [J]. 证券市场导报, 2011 (11): 67-71.

综上所述，现有文献已对宏观审慎监管的概念、系统性风险与宏观审慎监管的关系以及系统性风险预警研究进行了详细的阐述。但大部分都是针对银行业展开的，缺少对证券市场的研究，证券市场宏观审慎监管体系没有建立，目前并没有形成一个可操作性的证券市场系统性风险度量及预警体系。基于此，本书从分析证券市场系统性风险的来源入手，基于宏观审慎监管视角，从三个不同的维度度量证券市场系统性风险，建立系统性风险预警体系，研究如何对证券市场进行逆周期调节，这对提高我国证券市场抵御风险的能力、增强证券监管的有效性、实现金融稳定具有重大理论和实践意义。

6.2 中国证券市场系统性风险来源

证券市场一旦爆发系统性风险，众多投资者的财富会瞬间消失，风险会逐渐扩散到经济社会的方方面面。由于流动性突然消失，企业会面临融资难的困境，影响实体经济发展。为防范风险，有必要对证券市场系统性风险的来源进行深入的分析。结合若干案例剖析大规模证券市场危机的形成机制，将有助于更清晰地认识证券市场系统性风险的来源，从而更好地规避风险，促进证券市场健康发展。

6.2.1 系统性风险形成的制度因素

导致证券市场风险频发的原因有多种，但最主要的还是制度因素。证券市场多种不合理制度的存在，使市场泡沫膨胀、系统性风险增加，为证券市场危机埋下隐患。

（1）股票发行制度因素

我国股票发行制度经历了从审批制到核准制的过程。审批制只注重事前监管，核准制更加注重事前控制和事后监管。与审批制相比，虽然核准制能在一定程度上保障投资者利益，但也存在很多弊端。一方面，"权利寻租"、腐败现象屡见不鲜，不良企业通过伪造数据、"公关"发审委成员等行为上市，扰乱证券市场秩序；另一方面，由于上市资格的稀缺性，且投资者无法辨别优劣企业，高市盈率、高超募额现象层出不穷，证券市场无法通过价格实现资源配置的功能，容易造成市场不稳定。① 其次，股票发行定价制度采取 IPO 询价和网上定价相结合的方式。由于询价机制不完善，为了取得承销权，券商会采取抬价方式来满足上市公司最大溢价的要求，导致大量新股高溢价发行，严重偏离股票的内在价值。2007 年我国新股发行平均市盈率达到 59.24 倍，中国远洋甚至高达 98.7 倍。市盈率居高不下会降低市场投资意愿，增加市场风险，为 2008 年的危机埋下隐患。②

(2) 制度不完善与违规成本太低

我国证券市场制度不健全与市场最初是为国有企业改革融资这一定位密不可分，此前证券市场制定的各项法律法规，均与国有企业融资相关，并一直沿用至今，在国有企业完成改革之后，并没有及时修订和完善。面对我国金融市场业务日益复杂的情况，"法规空白"地带不断扩大，市场制度不健全导致风险频发。《证券法》作为证券市场的"基本法"，与市场现存法律法规没有很好地衔接。证券市场法律制度不完善，监管者经常面临无合适法律法规作为执法依据，而陷入无章可循的窘境，证券市场违法主体所受处罚也难以落到实处。监管部门对于违法行为一般只采用行政处罚，诸如谴责、警告、终身禁入市场等方式，移交司法机关或依法诉讼的情况较少。与违规带来的巨额收益相比，市场违规成本太低。国外成熟资本市场发展历程表明，在一个监管制度不健全、违法违规行为得不到有效控制和严厉制裁的环境中，证券市场将会面临深度风险。美国安然事件以及随后相应的美国证券法律和监管制度的变革，深刻说明了健全制度、严厉打击违法违规行为，已经成为防控证券市场系统性风险的重要着力点。

---

① 陈守东、王妍. 系统性金融风险与宏观审慎监管研究 [M]. 北京：科学出版社，2016：8-30.
② 邹传伟. 银行宏观审慎监管的基础理论研究 [D]. 北京：中国人民银行金融研究所，2013.

6.2.2　系统性风险形成的市场因素

（1）过度杠杆化

我国证券市场中进行资金杠杆操作的常见业务主要有两种：一种是杠杆相对较低的融资融券业务，这一种杠杆融资业务受到监管，属于合规业务；另一种是高杠杆的场外配资活动，这一种杠杆融资业务不受监管，属于违规业务。问题在于，场外配资的大规模存在使杠杆交易盛行，市场风险的预测变得更加困难，不利于市场稳定。2015 年证券市场危机发生前，场外配资十分活跃，市场杠杆率大幅上升，最高曾达 8%（按流通市值计算），市场风险急剧增加。在上证综指 5178 点时监管者严查配资、去杠杆等行为，迫使配资公司的高杠杆资金迅速恐慌式退出，形成抛售浪潮，导致股价普遍暴跌。除了 2015 年证券市场危机外，历史上有多次危机均是由于高杠杆引起的。美国 1929 年和 1987 年的证券市场危机均是由杠杆过高引起的，我国台湾地区 1990 年的危机也是因为杠杆融资盛行，杠杆交易极大地增加了证券市场投资的非理性，增加市场风险。实际上前期大量杠杆资金进入市场造成股价大幅上涨，后期去杠杆操作必然会使股价急剧下降，导致危机爆发。

（2）证券市场违规行为频繁

市场违规包括欺诈、内幕交易、操纵市场、提供和散布虚假信息、恶性透支等多种行为。市场违规能够引发危机，一方面，因为操作者为了获得暴利，总会想办法先让股价大涨，但这种上涨没有实体经济作依托，只是一个泡沫，而泡沫破裂是早晚的事情；另一方面，市场违规本身是一种对信用市场的破坏，一旦投资者察觉，就会大量抛售证券，形成市场恐慌。中国证券市场的违规行为已成为中国经济发展的顽疾，市场不稳定以及虚假繁荣等现象很多都是由市场违规操作引起的。上市公司与投资机构配合进行暗箱操作，重要的内幕消息要等到投资机构需要的时候再公告。在初期上市公司会故意做低业绩，等投资机构低价买入后，上市公司再伺机放出一些利好消息，此时大量个人投资者会买入，股价会大幅上升；此时投资机构会借机抛售,股价在没有人维持的情况下暴跌,证券市场开始震荡甚至形成大规模危机。

(3) 经济周期性与经济下行

市场经济条件下经济的发展与运行具有一定的周期性,大体上要经历复苏、繁荣、衰退和萧条四个阶段,其中繁荣与萧条是两个主要阶段。经济周期性变动是影响证券市场稳定的重要因素。当宏观经济发展进入繁荣阶段时,银行信贷增加,投资增加,流入证券市场的资金增加,证券市场投资热情高涨,成交量增加,形成股价指数不断上升的正向循环。而在经济下行阶段,情况则相反,会逐渐形成股价指数不断降低的恶性循环。2014年,中央银行逐渐开始实行宽松的货币政策,两次定向降准一次降息,同时推出新的借贷工具增加市场流动性和地方政府债券等,宽松的货币政策向市场释放大量流动性,成为股市泡沫的"助推器"。进入2015年后,经济下行压力加大,世界经济增速下调;在当时的国际环境下,受到美元持续升值和美联储加息的预期,资本外流也对我国证券市场造成一定的负面冲击,加之国内监管者去杠杆,证券市场危机最终爆发。实际上,当经济进入下行期,前期市场的繁荣就会失去支撑,股指的急速上涨会逐渐偏离经济基本面,证券市场泡沫不断膨胀,市场需要释放风险,而在这时,一旦市场受到某些外部刺激(政策出台和市场违规等),危机就会爆发。

(4) 投资者结构与"羊群效应"

尽管随着证券市场的发展,我国证券投资者结构已呈现"个人投资者化"趋势,但市场仍以个人投资者为主,投资理念不成熟,"羊群行为"经常发生,导致价格起伏较大。按照国外成熟市场的情况,机构投资者占比应达到60%以上,欧美等成熟证券市场的占比更是高达70%以上。然而我国的情况并不是如此,Wind 数据显示,2015年底,中国证券市场投资者结构比例为自然人投资者57.17%、一般法人38.62%、其他专业机构4.21%,我国机构投资者比例与欧美市场差距较大。与机构投资者相比,个人投资者投机行为更严重,经常受到市场"噪音"的影响而盲目跟风操作,"羊群效应"明显。每一次危机发生前都伴随资产价格泡沫的不断膨胀,随着信贷扩张、杠杆资金和金融机构贷款比重的不断增加,市场风险逐渐积累。一旦投资者意识到自身面临的风险不断增加,预期价格会下跌,在资产泡沫破灭之前,都希望尽快回收资金。投资者在市场上快速卖出证券,在"羊群效应"作用下,其他投资者纷纷抛售证券,形成抛售浪潮,引发市场恐慌,导致股价暴跌,最终引发危机。

综上所述,通过结合危机发生的案例深入剖析我国证券市场存在的各种制度问题和市场问题,分析证券市场系统性风险的来源。每一次证券市场危机结束后,通常都会引发一次对证券市场组织架构、监管制度和运行机制的检讨和反思。历史一次又一次地证明,证券市场系统性风险不容忽视,一旦风险爆发很有可能会形成负面的连锁反应,威胁金融体系稳定,严重影响实体经济发展。后危机时代,必须要对证券市场进行宏观审慎监管。监管者要真正弄清楚证券市场系统性风险的来源,以便能够更直观地对系统性风险进行量化分析,运用合适的宏观审慎监管工具,有效防范证券市场系统性风险。

6.3 证券市场系统性风险度量

金融混业趋势使我国银行业和证券市场的边界变得模糊,银行业系统性风险对实体经济造成的冲击很有可能借助证券市场被进一步放大。证券业自身业务经营特点和市场周期性波动是证券市场系统性风险演变成宏观经济风险的潜在隐患[1],因此必须高度重视证券市场系统性风险的防范与监管工作。对于系统性风险的防范,在加强宏观审慎监管的过程中,针对证券机构的监管非常重要,但仅仅对证券经营机构进行系统重要性分类并针对证券经营机构进行逆周期调节还远远不够,必须针对

---

[1] 赵胜民,何玉洁. 宏观金融风险和银行风险行为关系分析——兼论宏观审慎政策和微观审慎监管政策的协调 [J]. 中央财经大学学报, 2019 (6): 33 - 44.

宏观经济运行和证券市场运行情况，建立客观的量化指标体系，对证券市场进行风险测度，根据证券市场系统性风险指数，选择使用逆周期宏观审慎监管工具。从各国监管经验来看，采用单一量化指标很难对市场运行的风险程度进行测度，必须从多维视角，构建一个具有客观性、可获得性和可比较性的量化指标体系，计算出证券市场系统性风险指数（以下简称风险指数）。

6.3.1 模型构建

（1）数据选取与模型构建

根据风险的源头和暴露形式，完整的证券市场系统性风险测度应至少包括微观审慎指标、宏观审慎指标和市场指标。微观审慎指标应主要反映证券机构的运行状况，这是证券市场系统性风险度量的基础指标，证券机构的稳健是证券市场稳健的基础。前文已反复强调过，微观层面的机构监管是宏观审慎监管不可或缺的一部分。宏观经济平衡是证券市场稳健运行的根本条件，对一些公司来说，宏观经济与产业环境对公司利润的影响效应不容忽视。宏观经济不稳定必然会影响证券市场的发展，具体表现在股价伴随宏观经济波动发生异常变化，导致市场风险累积并呈不断增加趋势。因此，宏观审慎指标是度量证券市场系统性风险的先行指标。宏观经济和证券机构可以通过改变市场参与者的预期和行为而相互作用，因此，股票市场指标是中间指标。

考虑到我国证券市场的实际情况，本书主要从宏观经济维度、股票市场维度和证券机构维度选取22个指标，时间跨度为2000年1月至2019年6月，以各个指标的月度数据为基础进行研究，各维度基础指标池见表6-1。股票市场以全部上市公司为研究对象，证券机构以证券公司为研究对象。经检验，所有指标的原序列（或经过差分后）都是平稳的。确定基础指标池后，为避免主观性，本书先采用主成分分析法对不同维度的指标进行筛选，确定若干主成分，计算不同维度的主成分分值；再确定不同维度的权重，最终加权得到证券市场系统性风险指数。

表6-1　　　　　　　　　各维度基础指标池

		指标编号	指标名称
宏观因素	宏观经济	X_1	工业增加值
		X_2	利率
		X_3	社会融资规模
		X_4	固定资产投资
		X_5	GDP
		X_6	PMI
行业因素	股票市场	X_7	上市公司总市值
		X_8	换手率
		X_9	成交额
		X_{10}	股价波动幅度
		X_{11}	市净率
		X_{12}	市盈率
		X_{13}	融资融券规模
		X_{14}	信用风险
		X_{15}	IPO溢价率
	证券机构	X_{16}	净资本比率
		X_{17}	净资本
		X_{18}	净资产
		X_{19}	资本充足率
		X_{20}	风险覆盖率
		X_{21}	净资本负债率
		X_{22}	资产管理业务收入

（2）指标选取说明

①宏观经济维度指标

工业增加值、社会融资规模、固定资产投资、GDP和PMI主要反映宏观层面国家经济增长速度，指标数值过大说明该国经济过热，容易出现通货膨胀的现象，会增加系统性风险。① 其中，GDP只公布季度数据，在本

---

① 叶康为. 宏观审慎监管视角下的中国银行业系统性风险预警研究[D]. 广州：暨南大学，2017.

书中，我们使用 Eviews 软件中的 Quadratic – match average 的方法将其转化为月度数据。

利率。利率变动对证券市场的影响主要体现在利率降低时，货币供应量增加，投资者融资成本降低，长期的低利率政策会使信贷规模和杠杆率增加，鼓励金融市场参与者冒险，助涨资产价格泡沫，增加系统性风险。①

②股票市场维度指标

上市公司总市值、换手率以及成交额变化反映证券市场的繁荣程度，指标值越大，说明市场越繁荣，投机氛围越浓厚，由此积累的市场风险越大。②

股价波动幅度直接反映证券市场系统性风险大小，波动幅度越大，说明证券市场投机性越强，投资者对市场的信心变动越大，市场越不稳定。③

市盈率和市净率反映证券市场的估值水平，一般来说，与基准数值偏离越大，市场风险越大。国外金融专家都将一个股市的市盈率高低看成是否有风险的最重要指标，并根据这一指标判断股市的风险，一个非常低市盈率的股市，不太可能爆发股灾。④

融资融券交易具有杠杆效应，最初融资融券业务是作为一种风险对冲工具，但从最近几年，尤其是 2015 年证券市场危机来看，融资融券业务本身存在一定的风险。杠杆资金注入市场会加速投资者预期的实现，随着融资融券规模的扩张，市场风险在不断增加，当市场状态有所变化时，去杠杆行为会导致市场剧烈波动，甚至引发大规模的证券市场危机。⑤

信用风险是证券市场系统性风险的重要来源，本书用以下公式衡量信

---

① Huang Xin, Hao Z. A Framework for Assessing the Systemic Risk of Major Financial Institutions [R]. Journal of Banking and Finance, 2009, 33 (11): 36 – 49.
② 中国证券市场风险防范研究 [D]. 沈阳：辽宁大学，2016.
③ 刘圣尧，李怡宗，杨云红. 中国股市的崩盘系统性风险与投资者行为偏好 [J]. 金融研究，2016 (2): 55 – 70.
④ Kaminsky G, Lizondo S, Reinhart C M. Leading Indicators of Currency Crises [R]. IMF Staff Papers, 1998, 5 (1): 1 – 48.
⑤ 谢婼青，朱平芳. 融资融券对股票波动程度影响的评估研究 [J]. 山东大学学报（哲学社会科学版），2019 (2): 137 – 145.

用风险:

$$信用风险 = 不良贷款率 \times 0.5 + 债券违约率 \times 0.5 \quad (6-1)$$

其中,债券违约率用违约债券数量/发行债券总数量表示。

IPO溢价率能直接反映投资者对新股价值的判断,本书参照詹先永对IPO溢价率的计算公式[①]:

$$IPO溢价率 = [(上市首日收盘价 + 上市首日开盘价)/2 - 发行价]/\\ 发行价 \times 100\% \quad (6-2)$$

该指标值越高,股价偏离真实内在价值的程度越高,市场风险越大。

③证券机构维度指标

净资本是国际通用的证券公司风险监控核心指标,我国《证券法》明确了以证券公司净资本为核心的风险控制指标体系的法律地位,建立了以净资本为核心的风险控制体系。本书根据监管部门2018年修订的《证券公司风险控制指标管理办法》,以净资本为核心,选取相关6个指标进行分析。另外,我国证券市场资产管理业务规模逐年增大,且资产管理业务具有很强的顺周期性[②],会给证券公司带来很大风险,因此也将资产管理业务收入纳入指标体系中。

6.3.2 基于主成分分析法计算各维度风险度量值

主成分分析法是利用降维的思想,在损失很少信息的前提下,把多个指标转化成几个综合指标的多元统计方法。通常把转化生成的综合指标称为主成分,其中每个主成分都是原始变量的线性组合,且每个主成分之间互不相关,使主成分比原始变量具有更优越的性能,能够简化问题,提高分析效率。

在本章,我们采用主成分分析方法分别对宏观经济维度、股票市场维度以及证券机构维度进行指标筛选,确定不同维度的主成分。股票市场是

---

① 詹先永. 港口上市公司IPO溢价率研究 [D]. 大连:大连海事大学,2011.
② 袁闯. 中国证券行业宏观审慎监管研究 [D]. 长沙:湖南大学,2012.

证券市场最基本的组成部分,我们以股票市场为例,具体说明如何运用主成分分析法计算股票市场的风险分值。以 2000 年 1 月至 2019 年 6 月股票市场维度各指标的月度数据为基础,采用主成分分析法。运用 SPSS23 软件对股票市场 9 个指标的原始数据进行标准化处理,KMO 和 Bartlett 球体检验结果见表 6-2。

表 6-2　　　　　KMO 测试度和 Bartlett 球体检验

检验统计量	检验值
KMO 测度检验值	0.615
Bartlett 球体检验近似卡方	786.560
自由度	36
显著性	0.000

KMO 检验值大于检验系数 0.5；Bartlett 球体检验的 $p = 0.000$,小于 0.5,说明可以对股票市场的 9 个指标做主成分分析,结果见表 6-3。从表 6-3 中可以看出,前四个主成分的累积方差贡献率为 77.367%,可以较好地涵盖原有指标的信息。

表 6-3　　　　　　　　总方差解释

成分	初始特征值			提取载荷平方和		
	总计	方差百分比	累积%	总计	方差百分比	累积%
1	2.889	32.101	32.101	2.889	32.101	32.101
2	2.092	23.245	55.346	2.092	23.245	55.346
3	1.189	13.214	68.561	1.189	13.214	68.561
4	0.793	8.807	77.367	0.793	8.807	77.367
5	0.715	7.942	85.309			
6	0.524	5.825	91.134			
7	0.408	4.533	95.667			
8	0.225	2.503	98.170			
9	0.165	1.830	100.000			

SPSS 软件得到的因子载荷矩阵见表 6-4，对因子载荷矩阵第 i 列的每个元素分别除以第 i 个特征根的平方根，得到第 i 个主成分的系数。

表 6-4　　　　　　　　　　因子载荷矩阵

	主成分			
	1	2	3	4
上市公司总市值	0.890	0.158	0.003	0.137
换手率	0.083	0.227	0.796	-0.180
成交额	0.609	0.231	0.511	0.014
股价波动幅度	0.460	0.495	-0.380	0.243
市净率	-0.241	0.815	-0.077	-0.396
市盈率	0.055	0.843	-0.127	-0.136
融资融券规模	-0.377	0.500	0.211	0.703
信用风险	0.769	0.077	-0.274	-0.105
IPO 溢价率	-0.844	0.294	-0.088	-0.036

根据表 6-4 的因子载荷矩阵，计算每个主成分的系数，由此可以得到四个主成分 Y_1、Y_2、Y_3、Y_4 的线性组合为

$$Y_1 = 0.5236X_1 + 0.0488X_2 + 0.3583X_3 + 0.2706X_4 - 0.1418X_5 + 0.0324X_6 - 0.2218X_7 + 0.4524X_8 - 0.4966X_9 \quad (6-3)$$

$$Y_2 = 0.1092X_1 + 0.1569X_2 + 0.1597X_3 + 0.3422X_4 + 0.5635X_5 + 0.5828X_6 + 0.3457X_7 + 0.0532X_8 + 0.2033X_9 \quad (6-4)$$

$$Y_3 = 0.0028X_1 + 0.7300X_2 + 0.4686X_3 - 0.3485X_4 - 0.0706X_5 - 0.1165X_6 + 0.1935X_7 - 0.2513X_8 - 0.0807X_9 \quad (6-5)$$

$$Y_4 = 0.1538X_1 - 0.2021X_2 + 0.0157X_3 + 0.2729X_4 - 0.4447X_5 - 0.1527X_6 + 0.7894X_7 - 0.1179X_8 - 0.0404X_9 \quad (6-6)$$

$$Y = 0.4149Y_1 + 0.3004Y_2 + 0.1708Y_3 + 0.1139Y_4 \quad (6-7)$$

以各主成分的方差贡献率占三个主成分总方差贡献率的比重作为权重进行加权汇总，得出股票市场风险加权度量值，结果见图6-1。

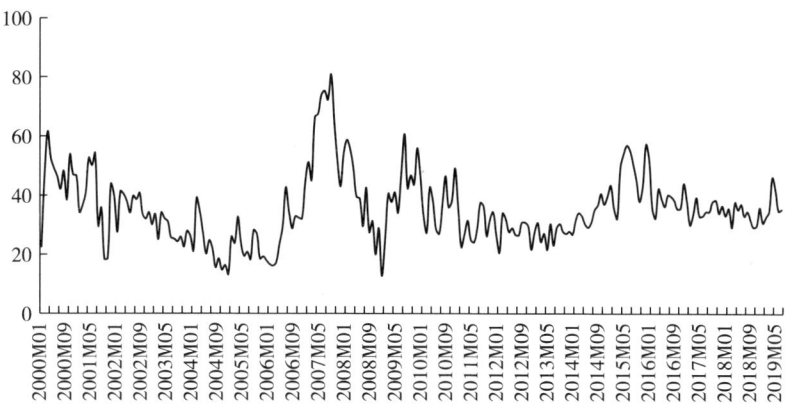

图6-1　股票市场风险度量值

与股票市场提取主成分的方法类似，对证券机构维度和宏观经济维度分别进行主成分分析，先提取主成分，再计算主成分分值，由于证券公司不公布月度数据，因此我们在使用年度数据计算得到年度系统性风险度量值后，用Eviews将其转化为月度数据。结果分别见图6-2和图6-3。

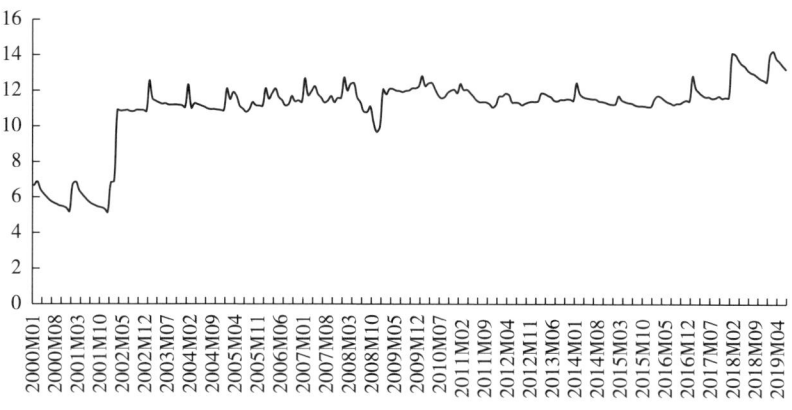

图6-2　宏观经济风险度量值

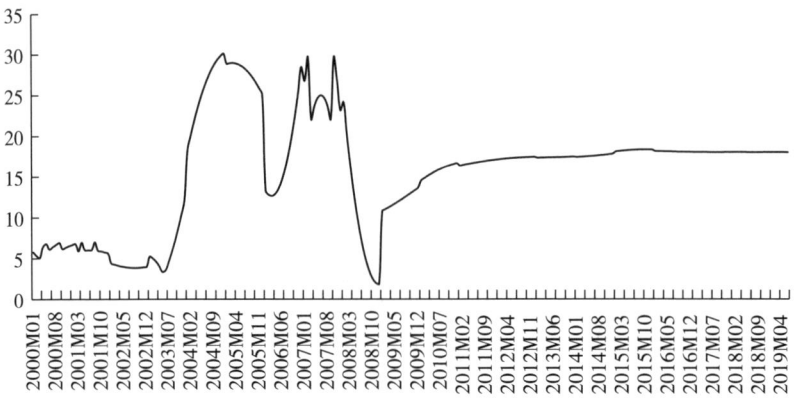

图 6-3 证券机构风险度量值

6.3.3 合成证券市场系统性风险指数

在得到三个维度的加权风险度量值后,要合成证券市场系统性风险指数,关键是要确定三个维度的权重。确定权重的方法有很多,陶玲(2016)在度量金融体系系统性风险,确定股票市场、债券市场、货币市场等 7 个维度权重时,使用相关系数法,依照指标之间的相关性进行赋权,若某个指标与其他所有指标的相关性弱,则说明该指标的独立性强,则赋予该指标较大的权重。

简单相关系数赋权法的基本思路:由于指标体系中各指标间具有一定的相关性,相关系数法就是根据全部指标相关矩阵的内部关联结构来确定权重的一种方法。设指标体系为 X,任意 x_i、$x_j \in X$,若 x_i 与 x_j 相关,则说明 x_i 可以被 x_j 所解释。相关程度越高,x_i 被 x_j 解释的越多;x_i 的独立性越差,在指标体系中的作用也越小。简单相关系数赋权的主要步骤如下:

(1) 指标同趋势化变换

当出现正向和逆向指标并存时,应先将逆向指标正向化。设 n,p 分别为样本和指标数,样本数据矩阵 $X = (x_{ij})n \times p$,设指标 x_j 为逆向指标,按照以下公式进行变换:

$$x_{ij} = \max_i(x_{ij})/x_{ij} \quad (i = 1,2,3,\cdots,n) \qquad (6-8)$$

第6章 证券市场系统性风险测度研究

（2）指标比重化变换

公式如下：其中 $i = 1, 2, \cdots, n; j = 1, 2, \cdots, p$

$$s_{ij} = \frac{x_{ij}}{\sum_{i=1}^{n} x_{ij}} \tag{6-9}$$

（3）求出 $S = (s_{ij})_{n \times p}$ 的相关矩阵 $R = (r_{ij})_{n \times p}$

（4）计算指标 x_j 与其他指标相关程度的均值

$$\delta_j = i \neq j p r_{ij} p - 1 \quad (i = 1, 2, \cdots, p)$$

（5）将平均相关程度逆向化

$$a_j = \max_j \delta_j \delta_j (a_j \geq 1, j = 1, 2, \cdots, p)$$

（6）计算指标的权数

$$w_j = a_{ij} = 1 n a_j (j = 1, 2, \cdots, p)$$

除了相关系数法外，也有国内外学者采用其他方法。刘亚（2018）对各指标进行归一化处理，求出它们的算术平均数，采用加权平均方法度量中国银行业系统性风险。[①] 刘阳（2015）[②]、董纯（2019）[③] 和安起光（2018）[④] 采用主成分法，以各主成分对应的方差贡献率或是特征值占比为权重，构建系统性风险指数。主成分计算方法的基本原理前文已经详细介绍。此外，常用的客观确定权重的方法还有熵权法，熵权法是根据各指标的信息载量的大小来确定指标权重的方法。按照信息论的观点，考察各指标在指标体系中的作用，必须要研究指标的变异程度。一般来说，若某个指标的信息熵 E_j 越小，表明指标值的变异程度越大，提供的信息量越多，在综合评价中所能起到的作用也越大，其权重也就越大。

---

① 刘亚，张家臻. 中国银行业系统性风险水平测度与监管——基于综合指数法的实证研究[J]. 河南师范大学学报（哲学社会科学版），2018，45（5）：21-26.
② 刘阳，张萌. 中国系统性风险指数构建与评估研究——基于主成分分析方法[J]. 技术经济与管理研究，2015（6）：13-17.
③ 董纯，佘珍. 期货市场与系统性金融风险综合指数[J]. 经营与管理，2019（8）：76-79.
④ 安起光，王聪聪，邵明新. 基于综合指数法的商业银行系统性金融风险度量与分析——以山东省商业银行为例[J]. 经济与管理评论，2018，34（3）：143-152.

设 x_{ij} 表示样本 i 的第 j 个指标的数值（$i=1,2,\cdots,n$），熵权法计算权重的具体步骤如下：

（1）对指标做比重化变换

$$s_{ij} = x_{iji} = \ln x_{ij} \quad (i=1,2,\cdots,n; j=1,2,\cdots,p)$$

（2）计算指标 x_j 的熵值

$$h_j = -i = \ln s_{ij}\ln s_{ij}$$

当 $s_j = [0,0,\cdots,1,0,\cdots,0]$ 时，$h_j = h_{\min} = 0$；

当 $s_j = [1/n,1/n,\cdots,1/n,1/n,\cdots,1/n]$ 时，$h_j = h_{\max} = \ln n$；

所以 $h_j \in [0,\ln n]$。如果排除以上两种情况（因为一般不会发生此种情况），则 $h_j \in (0,\ln n)$。

（3）将熵值逆向化

$$a_j = \max_j h_j h_j (a_j \geqslant 1, j=1,2,\cdots,p)$$

（4）计算指标 x_j 的权数

$$w_j = a_{jj} = \ln a_j (j=1,2,\cdots,p)$$

在本书中，我们分别采用相关系数法、加权平均法、主成分法和熵权法确定三个维度的权重，最终加权得到证券市场系统性风险指数，四种方法的度量结果见图 6-4。相关系数法计算的宏观经济维度、股票市场维度和证券机构维度权重分别为 0.47、0.41 和 0.12；加权平均法计算的三维度权重均为 1/3；主成分法计算的三维度权重分别为 0.34、0.42 和 0.23；熵权法计算的三维度权重分别为 0.33、0.33 和 0.34。

为比较以上四种算法对证券市场系统性风险指数的度量结果，本书采用余弦相似度算法，运用 matlab 软件计算以上四种算法度量的证券市场系统性风险指数与上证综指的余弦相似度，因为余弦相似度用向量空间中两个向量夹角的余弦值作为衡量两个个体间差异的大小，余弦值接近 1，夹角趋于 0，表明两个向量越相似；余弦值接近于 0，夹角趋于 90 度，表明两个向量越不相似。相比距离度量，余弦相似度更加注重两个向量在方向上的差异，而非距离或长度。证券市场系统性风险指与上证综指的余弦相似度越高，说明二者在方向上的一致性越高，度量结果也就越准确。此

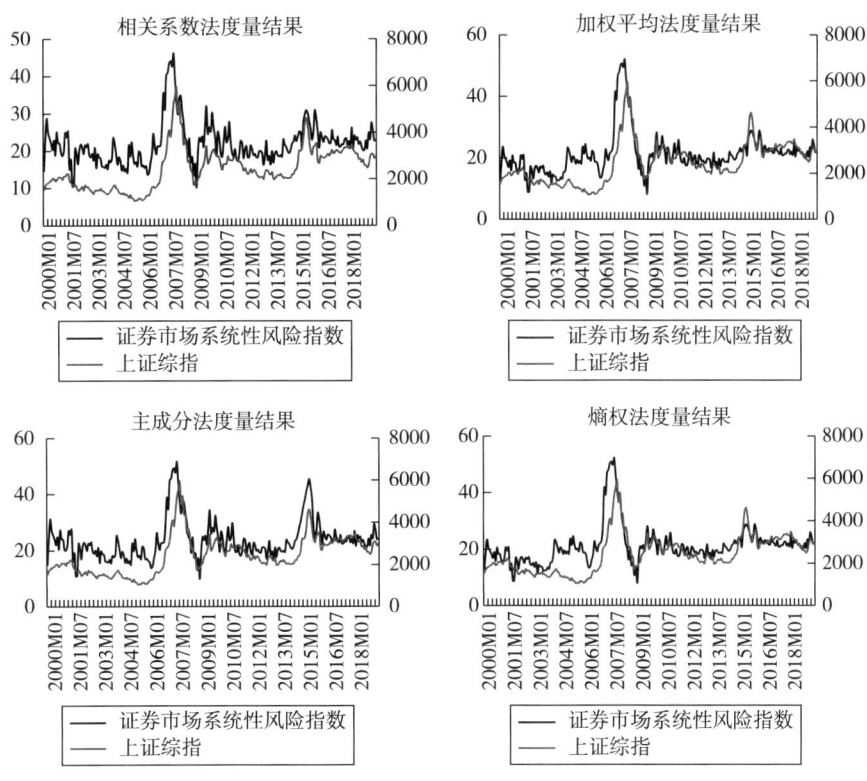

图6-4 不同方法证券市场系统性风险指数度量结果

外,相关系数是反映变量之间相关关系密切程度的统计指标,也可以用来作为一种比较的方法,计算结果见表6-5。

表6-5 相关系数与余弦相似度计算结果

	相关系数法	加权平均法	主成分法	熵权法
相关系数	0.7429	0.7138	0.7497	0.7109
余弦相似度	0.9392	0.9361	0.9402	0.9357

由表6-5可以看出,不管是从相关系数角度,还是从余弦相似度角度来看,采用主成分算法确定权重、度量证券市场系统性风险指数较好,因此在采用综合指数法度量证券市场系统性风险指数时,可优先采用主成分法确定权重并计算。

6.3.4 系统性风险度量结果分析

证券市场系统性风险指数的高低反映市场风险的大小，指数越高，说明市场系统性风险越大；反之指数越低说明市场系统性风险越小。从表面上来看，系统性风险的实现（此时往往银行大面积破产、股价暴跌）是系统性风险最大的时候，但实际上，此时系统性风险只是以金融危机的形式表现出来，系统性风险最高的时候应该是在风险累积时期。由图6-4主成分法度量结果可以看出，证券市场系统性风险指数与上证综指走势基本吻合，在证券市场系统性风险的动态变化过程中，在不同的时间点及时间区间下呈现异质性情形。首先，自2000年以来，我国证券市场系统性风险指数表现跌宕起伏。2006年以前，证券市场系统性风险缓慢下降；2008年至今，证券市场系统性风险呈增加趋势。每一次证券市场危机发生之前，市场泡沫会不断膨胀，系统性风险不断累积升高；危机爆发时，泡沫破裂，系统性风险快速释放。其次，综观样本期内的证券市场风险特征，尽管不同时间内波动的程度及方向不尽一致，但自2014年2月开始，系统性风险指数呈现一度上升态势尤为明显。特别地，从2014年第三季度开始，系统性风险指数呈现持续性上升态势，并且于2015年6月达到峰值，随后在2015年末开始呈现下降特征。但需要指出的是，在2015年末下降的过程中，该风险指数在2016年第二季度又开始呈现小幅的反弹。伴随着我国证券市场监管调控效果的不断呈现，证券市场系统性风险开始呈现下降，并于2017年第二季度下降至极小值点。然而，需要注意的是，从2018年第一季度开始，系统性风险指数开始呈现反弹趋势，并一度呈现快速上升的特征，从这一角度来看，我国证券市场系统性金融风险近年来还具有潜在的增加趋势。2000年以来，中国证券市场共发生过三次股市大波动，分别是2001年6月、2007年10月和2015年6月。本书就这三次股市大波动中，证券市场系统性风险指数与上证综指波动情况做出具体说明。

2000年，受证券市场改革创新影响，中国一些大型国有企业逐渐上

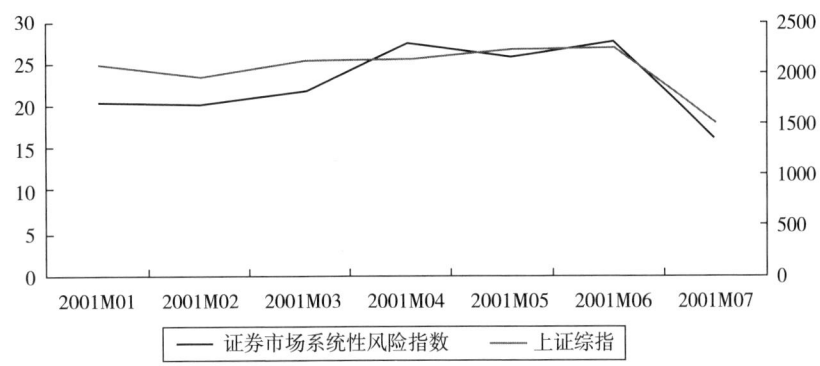

图 6-5　2001 年的股市大波动（2001 年 1 月至 7 月）

市，证券市场行情不断向好。市场成交额逐月增加；平均换手率达 40%，3 月更是高达 72%；平均市盈率达到 165 倍，12 月市盈率突破 200 倍；股价高溢价发行现象层出不穷，上证综指呈增加趋势，泡沫不断膨胀，系统性风险不断积累。2001 年初，由于股价增长迅猛、市盈率居高不下，基本面的支持力度已经严重不足，证券市场出现很多违规行为，证券市场被看作很多企业用来圈钱的场所，市场资源配置职能基本丧失。2001 年 6 月 14 日，上证综指从 6 月 14 日的 2245 点猛跌至 7 月 26 日的 1514 点，跌幅为 33%，50 多只股票跌停。股价大幅下跌，换手率迅速下降到 17%，市盈率降幅明显，IPO 暂停，此前积累的系统性风险快速释放，危机爆发，上证综指暴跌。实际上，在上证综指暴跌之前，市场已累积了大量风险，证券市场系统性风险升高。从图 6-5 可以看出，2001 年 6 月股市大波动发生前，证券市场系统性风险指数逐渐增加，且一直处于较高的状态，说明此时市场已累积了大量风险，2001 年 6 月 14 日至 7 月 26 日，上证综指暴跌 33%，系统性风险快速释放。

从图 6-6 可以看出，2001 年 6 月股市大波动发生后，2001 年下半年至 2004 年底，投资者经历了漫长的熊市。这期间证券市场行情一直比较低迷，监管部门发起了证券行业综合治理运动，处置了 31 家风险显露、自救无望或严重违规的高风险证券公司，在市场行情低迷以及监管较为严格的

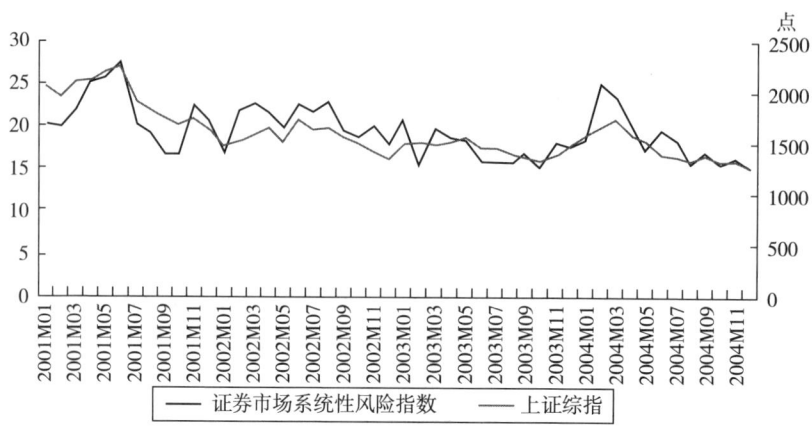

图 6-6 证券市场系统性风险指数情况（2001年1月至2004年11月）

情况下，成交额萎缩、平均换手率维持在 20% 左右，平均市盈率逐渐下降，上证综指整体呈下降趋势，并于 2004 年 12 月底跌至 1266 点，与 2001 年最高点 2245 相比，跌幅高达 44%，此时系统性风险以股市大波动的形式释放出来。从图 6-6 可以看出，本书度量的证券市场系统性风险指数在 2004 年 2 月和 3 月再次升高，说明此时市场风险累积严重，有可能爆发新一轮的股市大波动。而从上证综指的变化也可以看出，事实确实如此。从 2004 年 3 月开始，上证综指从 1741 点持续下跌到年底的 1266 点，说明此阶段内市场较为低迷，此前积累的系统性风险不断释放。进入 2005 年后，上一轮漫长的熊市结束，证券市场交易逐渐恢复，尤其是 5 月股权分置改革的推进，拉开了中国证券市场的新序幕，大规模的银行和基金入市，市场交易重新活跃起来，成交额和换手率增加，股价上涨，上证综指略有回升，投资者对股市充满热情，新一轮牛市即将到来。

2007 年初我国宏观经济繁荣，工业增加值和社会融资规模不断膨胀；证券市场交易活跃，成交额和总市值明显增加，平均换手率为 84%，最高曾达到 127%，IPO 溢价率明显提高，上证综指快速上涨，并于 2007 年 10 月最高达到 6124 点。从图 6-7 可以看出，2007 年股市大波动发生前，证券市场系统性风险一直处于较高位置，并逐渐累积呈升高趋势。2007 年 10

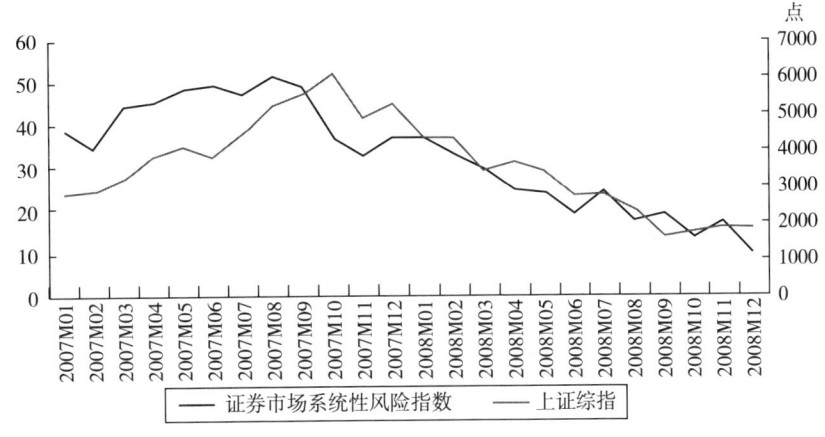

图6-7 2007年的股市大波动（2007年1月至2008年12月）

月16日后，上证综指从6124点暴跌，最低跌至2008年10月的1664点，历时12个月，跌幅高达72%。2007年10月发生股市大波动、2008年国际金融危机爆发，给我国宏观经济发展带来严重冲击。工业增加值和社会融资规模较之前明显下降，导致证券市场流动性骤降，交易量萎缩，股价下跌，平均换手率降为39%，IPO暂停，上证综指暴跌，市场陷入低迷，此前累积的系统性风险快速释放，给我国证券市场带来严重的冲击。为缓解2007年股市大波动爆发、2008年国际金融危机爆发给经济发展带来的影响，2009—2013年，我国政府实施了"四万亿"的经济复苏计划，监管部门也出台了各项规定、办法和意见等，不断健全市场制度，证券市场系统性风险没有发生大幅度的变化。

进入2014年以后，中央银行逐渐开始实行宽松的货币政策，两次定向降准一次降息，同时推出新的借贷工具增加市场流动性，大量资金流入市场的同时伴随大比例的券商融资（场内融资）和场外配资，融资融券规模不断扩张，市场交易活跃，换手率、IPO溢价率逐渐增加。从2014年5月开始一直到2015年上半年，上证综指出现快速上涨，半年涨幅最高达60%，形成一轮典型的牛市行情。从图6-8可以看出，这期间证券市场系统性风险不断积累，尤其是从2015年2月开始，系统性风险迅速增加，此时市场泡沫膨胀十分严重,一旦泡沫破裂,必然引起系统性风险爆发最终导致股市大波动。2015年下半年,世界经济增速放缓,经济下行压力加大。国内监管者严查配资、去杠杆等行为。上证综指从2015年6月的5178点跌至2016年1月的2638点,历时8个月,最大跌幅达49.05%,其间经历2次熔断。市场表现十分低迷,股价暴跌、成交额萎缩、总市值缩水、换手率下降、不良贷款率增加、信用风险频发,证券市场系统性风险快速释放。图6-8显示,证券市场系统性风险指数大幅增加的阶段除了2015年2—5月外,9—12月指数增加也十分明显,结合此时的上证综指可以看出,此阶段内上证综指略有回升,但在这之后又开始了一轮大跌,最低跌到2638点,虽然之后有小范围回升,但总体上看,上证综指均低于2015年12月之前的数值。此前9—12月证券市场系统性风险指数的增加,正是说明了此阶段内风险累积严重,未来有可能会再次出现股价大跌的情况。受危机的持续影响,2016年以后证券市场行情较为低迷,系统性风险没有发生大幅度变化,但相比于股市大波动发生前2009—2013年的风险值,证券市场系统性风险水平有所增加。

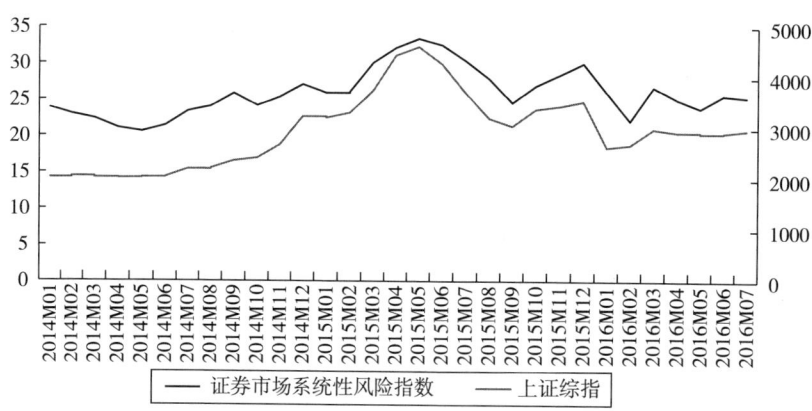

图6-8 2015年的股市大波动(2014年1月至2016年7月)

通过对以上3次股市大波动的详细分析和描述,可以看出,每一次股市大波动发生前,都伴随系统性风险的大幅累积。在上证综指暴跌之前,市场泡沫不断膨胀、系统性风险指数处于高位并呈增加趋势。上证综指暴跌后，此前市场累积的系统性风险快速释放，以股市大波动的形式表现出来，给证券市场带来严重冲击。

6.4 证券市场系统性风险预警

形成事前防范、事中监测、事后应对三位一体的监督管理模式是我国宏观审慎管理框架下证券市场系统性风险监管的目标。证券市场系统性风险预警是一种事前风险管理模式，在合理度量系统性风险的基础上，建立预警体系，及时对市场可能发生的风险发出警示信号，并提供关于系统性风险诱因的有效信息。建立系统性风险预警体系，确定若干预警指标，不同指标对风险的预警能力有所不同，对证券市场系统性风险进行整体监控，同时设立警戒点，一旦触及警戒点就转入事中监管状态。因此，证券市场系统性风险预警是宏观审慎监管的重要环节，完善预警体系对降低监管成本、提高效率、防范化解系统性风险具有重要的现实意义。

良好的系统性风险预警指标应该具备前瞻性，而前瞻性的重要标志是该指标具有逆周期性质。从表面上来看，系统性风险的实现（此时往往银行大面积破产、股价暴跌）是系统性风险最大的时候。但实际上，此时系统性风险只是以金融危机的形式表现出来，系统性风险最高的时候应该是在风险累积时期。宏观审慎监管逆周期调节的关键在于如何合理有效地运用逆周期监管工具，在风险累积时期进行逆周期监管，从而降低系统性风险。对于证券市场来说，在合理度量市场系统性风险综合指数的基础上，要确定系统性风险综合指数预警值，一旦风险达到预警值，立即进行相应的逆周期监管。

6.4.1 证券市场系统性风险预警阈值的确定

在合理度量证券市场系统性风险基础上，我们参考 Kaminsky 等人在判定各国 t 时期是否发生货币危机时的做法——构建货币市场压力指数 I_t，如果 It > I + nσt，则判定该国 t 时期发生货币危机（It 和 σt 分别为货币市场压力指数在 t 时期的均值和标准差）；如果 It < I + nσt，则判定该国 t 时期没有发生货币危机。本书借鉴此方法，依据以下原则建立"证券市场在 t 时期是否发生危机"的虚拟变量 Mit：若 Mit > M + kσt，则表示我国证券市场发生系统性危机，令 Mit = 1，其中 M 和 σt 分别为证券市场系统性风险指数在 t 时期的均值和标准差；反之，若 Mit < M + kσt，则表示我国证券市场未发生系统性危机，处于相对安全的状态，令 Mit = 0。通过设置 k 的取值，来判断证券市场在 t 时期是否发生系统性危机，k 的取值分别为 0.5、1 和 1.5，k 的取值不同，证券市场是否发生危机的判断程度也不相同。当 k 的取值为 0.5 时，是关于危机较严格的判断；当 k 的取值为 1 时，是关于危机较中立的判断；当 k 的取值为 1.5 时，是关于危机较宽松的判断。在本章中，度量的证券市场系统性风险指数序列的均值是 23.3591、标准差为 6.3894，选取 k = 0.5，故系统性风险综合指数的预警值为 26.5538，一旦超过预警值，说明证券市场危机即将爆发，监管部门应及时采取有效措施。

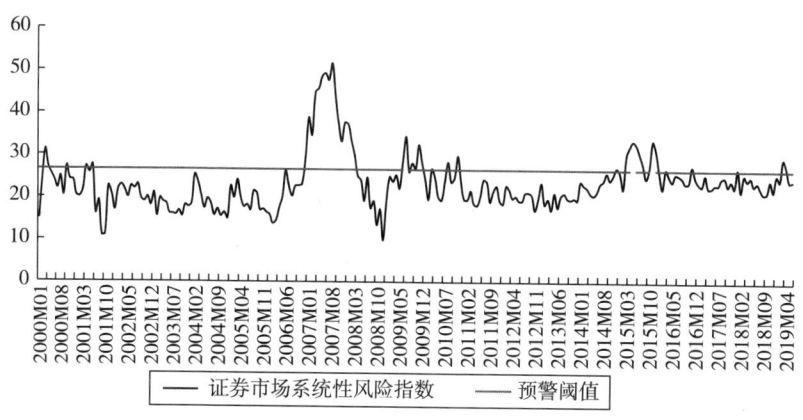

图 6 - 9　证券市场系统性风险指数与预警阈值

从图 6 - 9 可以看出，预警值为 26.5538 时，2001 年、2008 年和 2015 年证券市场发生危机之前均发出过预警信号。例如，2000 年 3—5 月、2007 年 1 月至 2008 年 3 月、2009 年 9—12 月、2015 年 5—6 月，系统性风险综合指数较高。这也正是我国证券市场系统性风险处于高位的时期,实证结果与我国证券市场实际发展情况相符合,说明本书对证券市场系统性风险的度量及预警结果具有一定的解释力。

6.4.2 基于历史事实的预警值有效性检验

为了检验预警值26.5538的合理性,在本章中,我们分别从历史事实的角度和数理模型的角度入手,本部分具体介绍基于历史事实的预警值有效性检验。依旧以2000年以来,我国证券市场出现的三次股市大波动为例,分别是2001年6月、2007年10月和2015年6月,具体检验在股市大波动发生前本书确定的预警值是否能够及时准确地发出预警信号。

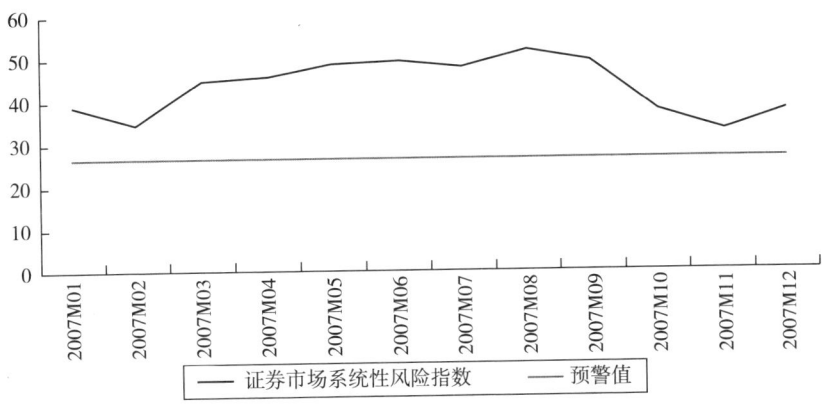

图6-10 2007年股市大波动发生前风险预警情况(2007年1月至12月)

由图6-10可以看出,2007年10月股市大波动发生前,证券市场系统性风险一直处于高位,并整体呈现上升趋势。从2007年1月开始,直到10月股市大波动发生前,证券市场系统性风险指数始终大于预警值26.5538,并于8月和9月达到峰值,说明此阶段内市场积累的系统性风险已经非常大,市场泡沫随时有可能破灭。根据我们确定的预警值,2007年股市大波动发生前,市场已经多次发出预警信号,尤其是在股市大波动发生的前两个月,证券市场系统性风险指数与预警值的差距最大。预警值26.5538的设立对于2007年10月的股市大波动具有很好的预警作用。

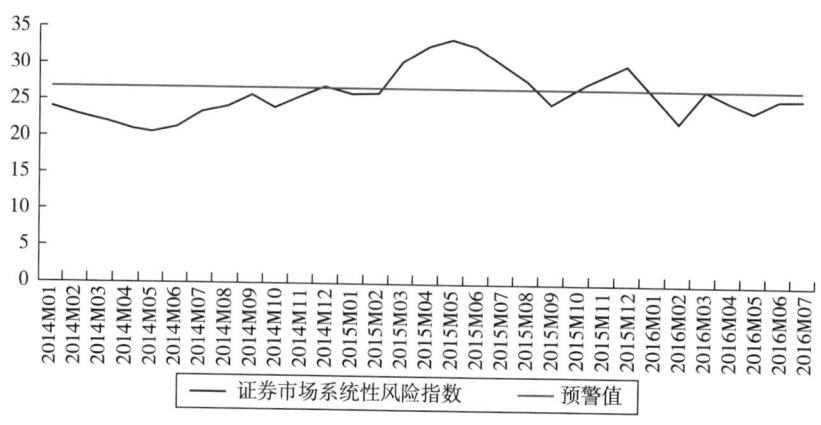

图 6-11 2015 年股市大波动前后风险预警情况（2014 年 1 月至 2016 年 7 月）

发生在 2015 年 6 月的股市大波动，是距离目前最近的一次严重股市大波动。在本书前面几章中已经对此次股市大波动前证券市场系统性风险累积的情况做了详细阐述。由图 6-11 可以看出，2014 年 6 月至 2015 年 2 月，虽然这期间市场形成一轮牛市，证券市场系统性风险整体有所上升，但几乎所有月份的指数值均低于预警值 26.5538，说明这期间市场还是相对安全的，不会产生大规模股价暴跌的情况。但自 2015 年 2 月之后，证券市场系统性风险指数迅速增加，并于 5 月达到最高点。此时市场泡沫膨胀十分严重，一旦泡沫破裂、系统性风险全面爆发，将会产生严重后果。股市大波动发生前的 3 月、4 月和 5 月证券市场系统性风险指数均大于预警值，发出预警信号。另外，前文已分析过 2015 年 9 月至 12 月证券市场系统性风险指数升高，市场风险不断累积的现象，结合图 6-11 可以看出，2015 年 10 月和 11 月市场系统性风险指数均大于预警值，发出了预警信号，认为未来将会有新一轮的股价下跌。

图 6-12 表明，2001 年 1—5 月，证券市场系统性风险一直在增加，但始终低于预警值，按照本书确定的预警值，此时市场应处于安全阶段。但事实并非如此，2001 年 6 月却发生了一次股市大波动，上证综指一度暴跌 33%，这之前并未发出明显的预警信号。实际上，这种情况的发生基于一个特殊的历史背景。2001 年以前，我国新股发行遵循审批制，审批制具

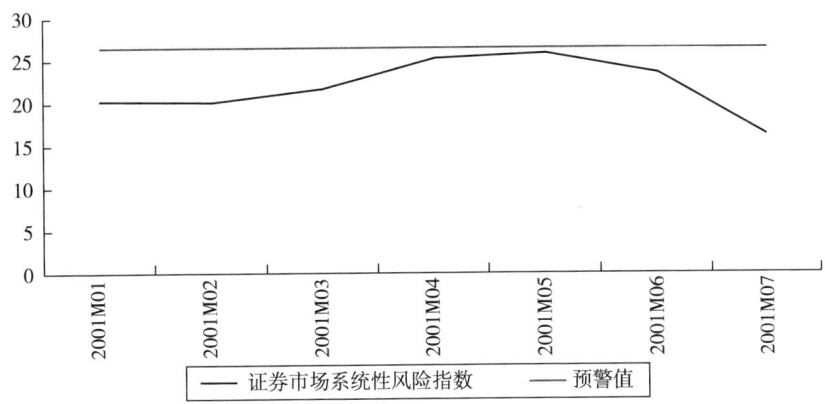

图6-12　2001年股市大波动前风险预警情况（2001年1月至7月）

有较强的行政色彩。在当时的环境下，证券市场中上市公司第一次公开发行股票多是由政府行政主导执行，其价格机制的确定是跟行政审批制结合在一起的，以固定市盈率定价发行，一般为12~15倍。审批制下，行政色彩浓厚，市场机制不能充分地发挥作用，也无法对金融资源进行合理有效的配置，证券市场整个发行机制不公开透明，非市场化定价机制的存在严重影响了市场运作效率，也无法对不同上市公司的真正价值进行合理区分。实际价值高、具有投资潜力的公司因为固定市盈率制度的存在导致股票发行价格较低，而另一些实际价值低的劣质上市公司却因固定市盈率的存在导致股票发行价格较高。2001年3月，新股发行核准制正式启动，这是新股发行市场化改革中至关重要的一步，核准制替代审批制，改变了新股发行制度中的行政主义作风，额度制和指标制的时代终结，上市公司股票发行上市后价格将受市场机制作用，由市场的供给和需求决定。2001年6月股市大波动发生之前，证券市场处于特殊的历史时期，经历了较长时间的新股发行审批制以及审批制向核准制的过渡，受到非市场因素的影响，本书以市场客观数据为基础确定的预警值发挥的作用并不明显，此阶段预警模型的建立要进行适当的修正。

通过对我国证券市场发生的三次典型股市大波动的分析，2001年6月的股市大波动由于非市场因素的影响，股市大波动发生前证券市场系统性风险虽然有所升高,但并未发出预警信号;2007年10月和2015年6月的股市大波动发生前,市场已经提前多次发出预警信号,这也说明证券市场系统性风险预警值的确定要分阶段。由于本书选取的三个维度的指标都是客观指标,特别是股票市场维度的指标全部是市场的客观指标,因而本书不对审批制阶段的非市场定价阶段做过多的探讨。就2001年实行核准制之后的阶段来看,本书确定的预警值较为有效,能够在股市大波动之前发出预警信号。

6.4.3 基于数理模型的预警值有效性检验

在对证券市场系统性风险指数的预警值进行数理检验之前,首先要分别对股票市场维度、证券机构维度和宏观经济维度进行 Logit 模型因素贡献分析。前文度量证券市场系统性风险时分别在三个维度提取了若干主成分。Logit 模型因素贡献分析就是研究不同维度不同主成分的主要预警指标,明确不同维度各主成分与系统性风险综合指数的定量关系,再根据定量关系进行样本内有效性检验。

(1) Logit 模型简介

Logit 模型是 McFadden 于1973年提出的,用来解决因变量是定性变量的问题。采用 logistic 概率分布函数,能够避免预测结果有偏性现象的发生。Logit 模型可以使解释变量 x_i 对应的所有预测值(概率值)都落在 (0, 1) 之间;同时对于所有 x_i,当 x_i 增加时,希望 y_i 也单调增加或单调减少。logistic 概率分布函数的形式:

$$p_i = Fy_i = F\alpha + \beta x_i = 11 + e - y_i = 11 + e - \alpha + \beta x_i \quad (6-10)$$

其中,p_i 表示概率,Fy_i 表示 logistic 累积概率密度函数。对于给定的 x_i,p_i 表示相应个体做出某种选择的概率。y_i 表示隐(潜)变量,$y_i = \alpha + \beta x_i$。y_i 的取值范围是 $(-\infty, \infty)$,y_i 通过 logistic 函数转换为概率。

对上述 logistic 概率分布函数作如下变换:

$$p_{i1} + e - y_i = 1$$

对上式除以 p_i,并移项得:

$$e - y_i = 1p_i - 1 = 1 - p_i p_i$$

取倒数后，再取对数：

$$y_i = \ln p_{i1} - p_i$$

所以 Logit 模型的表达式为

$$\ln p_{i1} - p_i = y_i = \alpha + \beta x_i$$

$p_{i1} - p_i$ 表示某个具体选择的机会比。

（2）各维度 Logit 模型因素贡献分析

前文根据股票市场维度、宏观经济维度以及证券机构维度度量证券市场系统性风险时，分别在三个维度提取了不同的主成分，在 Logit 模型的预警分析中，将前文不同维度提取的主成分依次加入模型中，判断不同维度的风险预警结果。本章依旧以股票市场为例进行详细分析。

在本章，我们借鉴国内学者赵一林（2018）[①]、叶康为（2017）[②] 等在建立银行业风险预警模型时运用的思路，但为了避免对本书建立的 Logit 模型产生误解，在建立股票市场维度 Logit 模型预警因素分析之前，有必要对该模型的自变量和因变量的来源做出解释。M_{it} 作为因变量，具体来源过程分三步：第一，股票市场风险度量值×0.42 + 宏观经济风险值×0.34 + 证券机构风险值×0.32 = 证券市场系统性风险指数 M。第二，借鉴 Kaminsky 等人判定各国货币危机阈值的做法，确定预警阈值 26.5538，经过对历史事实的分析和验证，发现该阈值可以有效预警 2007 年和 2015 年股灾的发生。第三，若证券市场系统性风险指数 $M > 26.5538$，证券市场发生危机，令 $M_{it} = 1$，否则令 $M_{it} = 0$。F_1、F_2、F_3 和 F_4 作为自变量，只是用来计算股票市场风险度量值的，但在计算证券市场系统性风险指数 M 时，股票市场风险值的权重只有 0.42，再通过与预警值 26.5538 的对比，得到证券市场是否发生危机的虚拟变量 M_{it}。经过多次计算与转换，F_1、F_2、F_3 和 F_4 与 Mit 只有间接影响关系，本章目的是要找到不同维度中，能够对证券市场

---

① 赵一林. 宏观审慎监管与银行风险研究 [D]. 北京：对外经济贸易大学，2018.
② 叶康为. 宏观审慎监管视角下的中国银行业系统性风险预警研究 [D]. 广州：暨南大学，2017.

是否发生危机产生预警作用的指标,因此可以将上述自变量和因变量引入 Logit 模型中。

①股票市场维度 Logit 模型预警因素分析

在股票市场维度进行主成分分析时提取了三个主成分,分别是 F_1、F_2 和 F_3将这三个主成分作为自变量加入 Logit 模型中,同时将 M_{it} 作为因变量,引入模型中。M_{it} 具体计算方式如下:若系统性风险综合指数大于预警值 26.5538,则 $M_{it} = 1$,表示我国证券市场发生系统性危机;若系统性风险综合指数小于预警值 26.5538,则 $M_{it} = 0$,表示我国证券市场未发生系统性危机。

回归结果显示,主成分 F_1、F_2 和 F_3 在 10% 的置信水平下均是显著的,说明它们对证券市场系统性风险的预测是具有一定的解释能力的;Logit 模型的具体表达式如下:

$$M_{it} = \ln p_{i1} - p_i = -16.2267 + 0.1886 F_1 + 0.1072 F_2 + 0.0723 F_3 + 0.0294 F_4$$

$$(6-11)$$

预警结果显示,股票市场中各主成分 F_1、F_2、F_3 和 F_4 与证券市场系统性危机发生的机会的对数呈正相关。在其他解释变量不变的情况下,主成分 F_1 每增加一个单位,证券市场危机发生的机会的对数会增加 0.1886,F_1 中总市值具有较大载荷;在其他解释变量不变的情况下,主成分 F_2 每增加一个单位,证券市场危机发生的机会的对数会增加 0.1072,F_2 中市盈率具有较大载荷;一旦这些指标发生大幅度变动,证券市场爆发系统性危机机会的对数将会显著增加。另外,主成分 F_3 中换手率具有较大载荷、主成分 F_4 中融资融券规模具有较大载荷,虽然这两个主成分也会对证券市场危机爆发产生影响,但这种影响并不显著。以上指标对系统性风险的预警能力体现在各主成分的权重上,总市值的预警能力最强,其次是市盈率。

②宏观经济和证券机构维度 Logit 模型因素贡献分析

采用相同的方法分别对宏观经济维度和证券机构维度进行 Logit 回归。宏观经济维度中,提取三个主成分,其中主成分 F_1 中 GDP 具有较大载荷;

F_2 中利率具有较大载荷；F_3 中社会融资规模具有较大载荷。由各主成分权重可以看出，F_3 权重最大，社会融资规模的预警能力最强。证券机构维度中，提取3个主成分，其中净资本、净资本比率和资本充足率在各个主成分中具有较大载荷，从各主成分所占的权重可以看出，F_3 权重最大，资本充足率的预警能力最强。

宏观经济维度 Logit 模型的具体表达式：

$$Mit = \ln p_{i1} - p_i = -23.0080 + 0.2544F_1 + 0.0625F_2 + 0.3329F_3 \tag{6-12}$$

证券机构维度 Logit 模型的具体表达式：

$$Mit = \ln p_{i1} - p_i = -13.7694 + 0.2130F_1 + 0.6630F_2 - 0.7837F_3 \tag{6-13}$$

(3) 预警值的有效性检验

为进一步验证预警值 26.5538 的有效性，我们对三个维度 Logit 模型分别进行样本内和样本外检验，其中样本内检验是指利用所建模型对 2000—2016 年的研究样本进行模拟，考察其模拟的准确度。而样本外检验是利用所建模型对 2017 年 1 月至 2019 年 6 月的检验样本进行预测，考察其预测的准确性。依旧以股票市场为例说明，样本内、样本外检验结果分别见表 6-6、表 6-7。股票市场维度样本内模拟的总体准确率为 84.36%，说明 Logit 模型拟合较好。

表 6-6　　　　　　　　股票市场样本内检验结果

Logit 模型			
风险临界点 26.5538	模拟值 Mit		准确率（%）
实际值	0	1	
Mit　　0	158	4	97.53
1	10	32	71.19
总体准确率			84.36

表6-7　　　　　　　　股票市场样本外检验结果

风险临界点 26.5538	Logit 模型			准确率（%）
		模拟值		
		Mit		
	实际值	0	1	
Mit	0	25	2	92.59
	1	2	1	33.33
总体准确率				62.96

采用同样的方法分别对宏观经济维度和证券公司维度进行检验，样本内模拟的准确率分别为72.61%、81.23%；样本外预测的准确率分别为61.61%、64.17%。由检验结果可以看出，以上三个维度，样本内检验总体准确率均在70%以上，样本外检验总体准确率在60%以上，说明本书建立的证券市场系统性风险预警值26.5538较为可靠。一旦系统性风险综合指数大于预警值，此时证券市场爆发系统性风险的概率将大大增强。

基于前文历史事实的预警值有效性检验可以发现，证券市场系统性风险指数及预警值的确定要分不同阶段，2001年6月股市大波动发生之前，证券市场处于特殊的历史时期，经历了较长时间的新股发行审批制以及审批制向核准制的过渡，受到非市场因素的影响，本章以市场客观数据为基础确定的预警值发挥的作用并不明显，此阶段也并非我们的研究重点。考虑到因为市场定价的不同，预警值要分阶段，本部分预警值也可进一步分阶段检验其准确性。因为是以市场客观数据为基础建立的模型，2001年3月之前施行审批制，非市场定价规则，因而本部分具体针对2001年之后的月份进行预警值有效性检验。

表6-8　　　　　股票市场样本内检验结果（2002—2016年）

风险临界点 26.5538	Logit 模型			准确率（%）
		模拟值		
		Mit		
	实际值	0	1	
Mit	0	140	3	97.90
	1	8	29	78.38
总体准确率				93.89

由表6-8可以看出，新股发行制度改革后，股票市场维度（2002—2016年）样本内模拟的准确率为93.89%，明显高于未分段前的84.36%。采用同样的办法，对2002—2016年的宏观经济维度和证券机构维度分别进行有效性检验，结果表明宏观经济维度总体准确率为83.12%，证券机构维度总体准确率为86.43%，此阶段内我们建立的预警模型较为有效。同时，由不同维度的预警模型可以看出，不同维度、不同指标的预警能力各不相同。股票市场维度预警能力最强的指标是总市值，宏观经济维度预警能力最强的指标是社会融资规模，证券机构维度预警能力最强的指标是资本充足率。

6.4.4 证券市场系统性风险的逆周期调节

2010年，中国人民银行指出宏观审慎监管的最终目标是防范系统性风险，增强金融体系稳健性，促进宏观经济稳定增长。一个完整的宏观审慎监管分析框架应该包括三部分：一是识别何种市场能够产生系统性风险，进而考虑是否应对该市场实施宏观审慎监管；二是能够捕捉风险的动态变化，特别是对系统重要性金融机构更要谨慎，尽早提出有效的监管工具以防范风险发生；三是加强金融体系在危机发生后抵御负面冲击的能力，守住金融机构"大而不能倒"的底线。[①] 前文已详细论述对证券市场进行宏观审慎监管的必要性，同时基于宏观审慎监管视角从三个维度选取22个指标来度量证券市场系统性风险，并在此基础上确定了系统性风险的预警值。本部分具体针对市场风险达到预警值后，监管者应采取何种措施进行详细分析，进而将市场风险控制在合理范围内，维护证券市场稳定。

中国人民银行和中国银保监会提出的宏观审慎评估体系将资本充足率、杠杆率、流动性和贷款损失准备等指标作为宏观审慎监管工具。这些监管工具用于银行和证券公司可能有效，但只能覆盖证券市场主体的一部

---

① 中国人民银行金融稳定分析小组. 中国金融稳定报告（2010）（第一版）[M]. 北京：中国金融出版社，2010：122-137.

分，对证券公司以外的市场主体并不适用。2015年股市大波动和2018年的上市公司股权质押风险表明，必须建立针对证券市场的宏观审慎监管工具体系。实际上，构建证券市场系统性风险预警体系，加强宏观审慎监管，要综合考虑多方面情况，寻求防范风险的有效途径。一是证券市场参与主体具有多元化特征，导致了监管目标的多重性；二是证券市场产品和服务的创新不断加快，导致了监管体系的复杂性；三是证券市场作为金融市场的子系统与金融体系和实体经济的密切相关，导致了监管效率的不确定性。因此，监管者在选择监管手段和工具时，不仅要从政府自身的行政资源和管理能力方面考虑，还要结合市场情况，合理有效进行逆周期调节，防范系统性风险。[①]

2011年9月，IMF提议各国要在宏观审慎监管的背景下构建预警指标体系。证券市场系统性风险预警目的在于能够实时地监测、识别系统性风险的变化状态，并对其进行量化，从而有能力及时地对可能发生的风险发出警示信号，并提供关于系统性风险诱因的有效信息，为有关部门采取防范措施提供指导意见，提高政策执行效率，避免风险向金融体系或实体经济进一步扩散，保障证券市场稳健发展。[②] 本章在构建证券市场系统性风险度量体系并根据度量结果进行预警分析的基础上，确定系统性风险综合指数预警阈值是 26.5538，一旦超过阈值，监管部门应当结合市场指标，分析风险的根本来源，及时使用逆周期监管工具进行逆周期调节，有效防范证券市场系统性危机的发生。逆周期监管是宏观审慎管理的重要原则，这一基本理念的本质是根据经济运行所处的阶段，采取差异化的监管方式和监管标准，缓和经济周期对金融体系的冲击。引发系统性风险综合指数超过预警阈值的原因有很多，要结合具体的情况来看，总的来说，应该根据指标与系统性风险综合指数的相关关系进行逆向调节。

金融动荡和危机往往发生于贷款总规模和资产价格收缩期，孕育于贷

[①] 毛昊翔，方意，左传长. 系统性风险预警与逆周期宏观审慎监管 [J]. 宏观经济研究，2019（2）：18-32.

[②] 杜长江. 系统性风险的来源、预警机制与监管策略 [D]. 天津：南开大学，2010.

款规模和资产价格上升期。① 如果是因为宏观经济过热导致证券市场风险快速积累，监管者就要重点就宏观经济维度采取措施，注意力应集中于经济扩张期的泡沫及其形成的原因，在经济增长较强劲的情况下，监管不力、审贷不严、政府担保包括变相担保或货币政策过松，都会使信用和资产价格过度膨胀，政府要有针对性地采取紧缩性财政政策或货币政策以抑制宏观经济的过快增长。根据本书的实证结果，社会融资规模在宏观经济层面的预警能力最强，监管者在采取措施进行逆周期调节的同时要实时监控该指标的变动，以维持金融稳定为前提，合理防控风险。

股票市场系统性风险积累的情况较为复杂，因为股市涉及的范围较为广泛，不仅包括证券机构，还包括上市公司和投资者。证券市场的宏观审慎监管也因此变得更加复杂，对证券机构来说，监管部门2006年发布的《证券公司风险控制指标管理办法》已明确规定证券公司各项风险控制指标。对监管部门来说，要形成一套完整的风险监测及预警体系，定期披露风险情况，让投资者了解目前所处的风险状态。成交额、总市值、股价涨跌和换手率等市场指标能够反映股市繁荣程度，该指标值的大幅度增加说明市场投机氛围浓厚，此时监管者应及时引导投资者理性投资；融资融券交易具有杠杆效应，当其规模不断增加，杠杆率不断升高时，监管者应及时采取措施控制杠杆率，设立杠杆率指标体系，可根据市场情况采用逆周期资本要求、动态拨备和利润分配的限制等方法。对上市公司来说，监管部门要不断改进上市发行制度、提高上市公司质量、规范上市公司股权结构，这也是为避免证券市场投机盛行、大股东侵害小股东利益等现象发生的有效措施；同时，还要进一步建立健全上市公司退出机制，作为证券市场的一项重要制度，合理有效的退出机制能够更好地发挥证券市场资源配置的功能，也有利于实现社会资源在上市公司间的动态调整。只进不出的证券市场无法保证上市公司的整体质量，社会资源也很难按照市场价格信

---

① 何建雄. 建立金融安全预警系统：指标框架与运作机制［J］. 金融研究，2001（1）：105－117.

号进行流动。为了保证投资者的收益回报和上市公司的整体质量，监管部门必须对上市公司的资产规模、盈利能力、股利分配等股权结构等做出硬性规定，加强对上市公司的监管，降低由上市公司引起系统性风险的概率。

在证券机构维度，除了《证券公司风险控制指标管理办法》外，监管部门还要结合《关于完善系统重要性金融机构监管的指导意见》，解决证券公司"大而不能倒"的问题，加强对系统重要性证券机构的监管，完善以净资本为核心的风险控制管理体系。除了关注以净资本为核心的指标外，还应综合考虑金融机构的关联性、复杂性以及其业务模式可能带来的过高杠杆率或过高风险融资结构等，这些也是导致证券市场系统性风险过高的重要因素。对系统重要性金融机构（SIFIs）的监管应分为两个层次：一方面，对SIFIs的监管建立在对系统性风险监管的基本原理之上，审慎控制、信息披露和金融稳定是其三大支柱；另一方面，结合《巴塞尔协议Ⅲ》提出的宏观审慎监管与微观审慎监管并重的监管理念，对SIFIs还应实行更为严格的监管要求。如《巴塞尔协议Ⅲ》提出的1%附加资本要求、IMF提出的引入"系统性风险资本附加费"等，通过在监管资源上有所倾斜，将系统性风险控制在源头。具体工具的设置，监管部门应参考银行业的宏观审慎监管工具，尽快确定证券市场宏观审慎监管工具。

6.5 对证券市场系统性风险的进一步思考

沈联涛（Andrew Shen）说过，危机是一个事件，而改革与重组则是一个过程。一旦对制度框架进行适当的分析，我们就会意识到制度变化将是一个漫长的过程。[①] 国际金融危机后，尤其是《巴塞尔协议Ⅲ》实施之后，宏观审慎视角下证券市场系统性风险监管已成为金融监管部门及学者共同面临的问题。我们对证券市场系统性风险来源进行分析，并从宏观审慎监

---

① 沈联涛.监管：谁来保护我投资［M］.南京：江苏文艺出版社，2010：161.

管视角度量证券市场系统性风险，目的在于对证券市场有效实施宏观审慎监管。但是，从中国证券市场的现实看，实现真正意义上的监管转型可能是个长期过程，为此，我们认为有必要对本章的一些结论和观点再做强调和补充。

第一，证券市场必须进行宏观审慎监管，但宏观审慎监管并不必然排斥微观审慎监管。无论是国际金融危机的爆发还是国内股市大波动的发生，都表明证券市场具有顺周期性，证券市场的风险可以演化成整个金融体系的系统性风险。2007年和2015年两次国内股市大波动的发生，除了受到国际金融危机的冲击外，还受到采取的降温措施以及大量场外资金的非理性套利行为的影响，这表明以机构为监管对象的微观审慎监管不能维护证券市场平稳发展，必须要对证券市场进行宏观审慎监管。宏观审慎监管并不意味着必然排斥微观审慎监管，宏观审慎监管建立在微观审慎监管的基础上，它们之间是一种互补的关系。《巴塞尔协议Ⅲ》在加强宏观审慎监管时，也涵盖对银行等机构的微观审慎监管。我们在提出要加强宏观审慎监管的同时，必须要意识到宏观和微观审慎监管间不可割裂的关系。防范风险、维护金融机构的稳定运营是二者的相同之处；但也要注意宏观审慎监管并不是微观审慎监管的简单加总。针对机构的监管非常重要，证券市场宏观审慎监管不仅要针对证券机构，也要针对包括上市公司在内的其他市场主体，采用逆周期调控方式防范系统性风险的发生。

第二，证券市场宏观审慎监管的首要目的是防范系统性风险。我国证券市场系统性风险来自制度问题和市场问题两个方面，结合市场危机发生的案例剖析证券市场系统性风险的来源，我们认为股票发行体系因素、制度不完善与违规成本太低等问题是证券市场系统性风险来源的制度因素；过度杠杆化、证券市场违规行为频繁、经济周期性与经济下行、投资者结构不合理是证券市场系统性风险来源的市场因素。

第三，在本章中，我们度量证券市场系统性风险指数，可为证券市场确定宏观审慎监管工具提供依据。采用单一量化指标很难对市场运行的风险程度进行测度，必须从多维视角，构建一个具有客观性、可获得性和可比较性的量化指标体系。基于宏观审慎监管视角，我们从宏观经济维度、股票市场维度和证券机构维度选取22个客观指标来度量证券市场系统性风险指数。结果显示，自2000年以来，我国证券市场系统性风险指数表现跌宕起伏。2006年以前，证券市场系统性风险在逐渐下降；2008年至今，证券市场系统性风险呈增加趋势。通过对三次股市大波动的分析，发现每一次证券市场危机发生之前，都伴随系统性风险的大量累积。在上证综指暴跌之前，市场泡沫不断膨胀、系统性风险指数处于高位。上证综指暴跌后，此前市场累积的系统性风险快速释放，给证券市场带来严重冲击。

第四，证券市场系统性风险预警模型的建立应该分阶段。2001年新股发行改革后，证券市场系统性风险预警值为26.5538，经检验预警值较为可靠。基于历史事实检验发现，2007年和2015年股市大波动发生前，市场均能提前发出预警信号。2001年由于受到非市场因素的影响，此阶段的预警模型要进行适当修正。因而证券市场系统性风险预警模型的建立应该分阶段，将新股发行制度改革的影响考虑在内。基于数理模型检验发现，样本内外准确率分别在70%和60%以上，另外运用Logit模型进行预警因素分析，结果显示，股票市场维度预警能力最强的指标是总市值，宏观经济维度预警能力最强的指标是社会融资规模，证券公司预警能力最强的指标是资本充足率。一旦系统性风险指数接近或超过预警阈值，监管者要结合市场情况，立即采取措施进行逆周期监管。

第 7 章　证券市场宏观审慎监管框架、目标与工具

在总结金融危机给监管带来的启示时，刘鹤（2016）曾经说过，金融监管体系要有适应性，要根据本国金融体系的发展水平、结构变化和风险变迁动态演进，关键是要有效捕捉风险并与时俱进地配置监管资源，使监管能力建设与金融创新相适应。因此，当我们对证券市场宏观审慎监管进行研究时，不可能忽视证券市场监管模式的演变。从世界各国证券市场发展演变的经验看，证券市场监管模式一直处于不断变化之中。如果从历史角度审视，证券市场监管模式从来都不是孤立地存在，它是一个国家金融监管乃至国家治理的重要组成部分。由于各国经济发展水平和金融市场发育程度不同，政府宏观调控的手段和方式也不尽一致，所以各国证券市场的监管模式也有很大差异。

虽然迄今为止已经发生了多次与证券市场相关的金融危机，但是人们在论及金融监管时，不是以银行业为主而忽视证券市场，就是将银行业监管与证券市场监管混为一谈。更可悲的是，不论是各国证券监管当局还是学术界始终没能对证券监管模式形成共识：既没有建立统一的监管理论，也没有达成一致的监管框架。即使是在美国次贷危机发生后，世界各国纷纷实行金融监管改革，仍流行着一些观点认为，并不存在一个国家层面的监管模式能够完美适应当今金融行业国际化、复杂化的挑战。[①] G30

---

① 乔安妮·凯勒曼等.21世纪金融监管［M］.北京：中信出版社，2015：218.

(2008) 也认为，没有一个"普遍适用"的最佳模式，① 以至于各国所采用的证券监管模式差异远远大于商业银行监管模式。

从整体上看，金融监管模式并不复杂，但是，这其中又似乎存在着某种悖论。对世界各国金融监管模式进行梳理后可以发现，大多数国家采用的金融监管模式主要分为四种：机构监管模式、功能监管模式、综合监管模式和双峰监管模式②。但是，如果具体到证券行业监管，情况就变得复杂了。自20世纪大萧条之后，以美国为首的西方国家之所以对证券实行严格监管，目的在于避免金融危机再次发生。尽管学术界一直期望通过对证券监管模式的研究寻求防范风险的有效途径，但是已有的研究却导致了对证券监管模式分类的结果不尽一致。主要原因有三个：一是证券市场参与主体的多元化，导致了监管目标的多重性；二是证券市场的产品和服务的创新不断加快，导致了监管体系的复杂性；三是证券市场作为金融市场最重要的子系统，与金融体系和实体经济的高度关联性，导致了监管效率的不确定性。因此，各国证券监管当局选择不同的监管模式，或是基于政府自身的行政资源和管理能力的考虑，或基于整个金融体系监管目标的考虑。例如，究竟选择混业监管还是分业监管，是选择集中型监管还是非集中型监管，等等。

对学界而言，研究证券市场监管模式，要么是从监管者角度进行划分，要么是从被监管者角度进行划分，甚至依据不同的金融立法和制度体系对证券监管模式划分，得出的研究结论和分类结果往往大相径庭。如果从监管者角度进行划分，证券市场监管模式可分为集中型监管、自律型监管和中间型监管等不同监管模式；如果从被监管者角度进行划分，证券市场监管模式可分为机构监管、行为监管和功能监管等不同监管模式；如果从金融立法体系进行划分，证券市场监管模式又可分为分业监管和混业监管（也称综合监管）等不同监管模式。

---

① 沈联涛. 十年轮回：从亚洲到全球金融危机 [M]. 上海：上海远东出版社，2008：301.
② 沈联涛. 十年轮回：从亚洲到全球金融危机 [M]. 上海：上海远东出版社，2008：300.

7.1 传统的证券市场监管模式

7.1.1 集中型监管模式

集中型监管模式也称集中立法型监管模式，是指立法部门或政府监管部门通过制定专门的证券法规并设立全国性的证券监督管理机构来统一管理全国证券市场的一种证券监管模式。在这种模式下，由政府下属的部门或由直接隶属立法机关的国家证券监管机构对证券市场进行集中统一监管，而各种自律性证券组织机构，如证券交易所、证券行业协会等只能起到协助作用。这种监管模式主要有美国、日本和韩国等国。其中，美国是最典型的采用集中型监管模式的国家。20 世纪 30 年代大萧条过后，美国国会为恢复投资者信心，重建崩溃的证券市场，决定改变各州证券制度恶性竞争和地方证券监管机构容忍证券违法行为的状况，在联邦层面建立了统一的证券法体系和执法机制，最重要的是《1933 年证券法》（Securities Act of 1933）和《1934 年证券交易法》（Securities Exchange Act of 1934）。《1934 年证券交易法》的核心目的是在美国联邦层面成立统一的证券监管机构——证券交易委员会（以下简称"美国证监会"，SEC）。[①] SEC 隶属国会，独立于联邦政府。经国会授权，SEC 成为执行证券监管法律的独立机构，执法目标是保护投资者，维护公平、有秩序、高效率的证券市场。SEC 被国会和立法机构赋予了广泛的权力并具有很大的独立性，以确保有效地履行职责，对全国的证券发行、交易以及证券公司和投资公司等依法实施全面监管。SEC 的成立开创了美国政府对证券市场实行集中统一监管的监管模式。

采用集中型监管模式的国家和地区通常需要具备两个前提条件：一是完备的法律制度体系，二是政府或监管部门具有较强的行政权力并把行政

---

① ［美］乔尔·塞里格曼. 华尔街的变迁：证券交易委员会及现代公司融资制度演进［M］. 北京：中国财政经济出版社，2009：123.

权力作为对证券市场进行监管的主要手段。在采用集中型监管模式的国家中，虽然证券交易所和证券行业协会等自律行业监管组织也在证券市场中承担部分监管职能，但这种监管职能只能是作为辅助手段。集中型监管模式具有三个明显的特征：一是监管实施高度依赖政府行政权力。集中型监管模式必须建立全国性的、权威性的证券监管机关。二是重视证券市场的监管立法。集中型监管模式必须建立一套完整的证券市场监管法律、法规和制度体系，并将其作为证券市场参与主体的行为准则和证券市场的监管依据。三是证券市场自律监管组织承担着协助监管完成市场监管的职能。与其他监管模式相比，集中型监管模式可以充分发挥政府权力、财力资源丰富和非营利性的特点，使市场监管更具有效率性、公正性和客观性。

集中监管模式具有显而易见的优点：第一，能够公正、公平、高效、严格地发挥其监管作用，并能协调全国各证券市场，防止出现因过度投机所造成的混乱局面；第二，具有统一的证券法律法规，使监管实施和监管行为有法可依，提高了证券监管的权威性；第三，监管者处于相对超脱的地位，更加注重维护投资者的合法权益。但是，集中监管模式并非没有不足之处：一是证券法律法规的制定者和监管者超脱于市场，可能造成市场监管脱离实际，造成监管效率下降；二是与机构和市场从业者相比，监管部门专业能力可能不足以识别和防范各种套利行为；三是监管部门对市场发生的风险情况反应迟缓，可能处理不够及时。

经过近30年的发展，我国证券市场目前实行以集中型监管为主、自律监管为补充的监管模式。随着证券市场的不断发展，证券监管模式逐步经历了一个由地方监管到中央监管，由分散监管到集中监管转变的过程。从各国证券市场的监管模式比较来看，虽然集中统一监管模式有利有弊，但是美国金融危机后，各国都在开始加强政府监管力量，逐步走向集中统一的监管模式。因此，我国证券市场监管应当实行集中统一监管模式。首先，对证券市场实行集中统一监管的目的就是有效地防范、消除和化解导致系统性风险的各种市场运行因素，促进证券市场的规范、稳健发展。党的十九大以前所未有的高度提出防范系统性金融风险。证券市场参与者多、投机性强、敏感度高,是一个极易引发系统性风险的市场,加之证券市场风险具有突发性强、影响面广、传递速度快的特点,因而必须建立一个强有力的专业监管机构进行监管,以便及时发现和处理各种异常情况,有效地规避和控制市场风险。其次,证券市场是一个多主体市场,筹资者与投资者、上市公司与股东、证券经营机构与客户等之间有着各自不同的利益,存在着多种冲突和矛盾,也需要通过监管机构的集中统一监管,规范各市场主体的运作行为,维护市场正常运行秩序。

各国证券市场的发展经验证明,证券市场的平稳、健康发展需要一个强有力的监管机构。在本章的后半部分,我们还将详细论述。另外,我们从美国在100年内发生的两次金融危机,足以认识集中统一监管的重要性。1929年经济危机后,美国政府采取的重要措施之一就是成立了SEC,对证券发行、证券交易、证券经营机构等实行集中统一监管,此后美国证券市场得到了长足的发展。根据美国国会的独立调查,2008年国际金融危机之所以发生,一个重要原因就是资产规模高达2.5万亿美元的五大投资银行大量从事短期交易和场外衍生品交易等传统投资银行以外的业务,每当受到统一监管时,他们就会千方百计游说SEC使其免予监管。[①]

7.1.2 自律型监管模式

自律型监管其实是经济自由主义的产物,早期主要存在于市场原教旨主义国家。自律型监管模式,是指除了必要的国家立法外,政府很少干预证券市场,对证券市场的监管主要由证券交易所、证券行业协会等自律性组织进行监管,强调证券行业自我约束、自我管理的作用。英国、德国、意大利、荷兰等国家历史上都是自律管理模式的典型代表。自律管理模式具有两个特点:一是没有制定专门的证券市场管理法规,而是通过一系列间接的法律法规来约束证券市场的活动;二是不设立全国性的证券管理机构,而是依靠证券市场的自律监管机构来实行自我监管、自我约束。

---

① 美国金融危机调查委员会. 美国金融危机调查报告[M]. 北京:中信出版社,2012:167.

与集中型监管模式相比,自律型监管模式更加注重自律监管本身的价值,由于行业自律组织在证券市场监管过程中对违规、违法行为能够实施迅速而有效的处理,所以很多人认为自律型监管模式具有更高的监管效率。此外,由于自律型监管模式要求证券市场参与主体必须参与到证券市场监管制度的制定过程中,这势必会促进证券市场的监管制度更加符合现实需求,使监管制度在实施过程中具有更强的可操作性。具体地说,自律监管的优点体现在三个方面:一是通过市场参与者的自我管理和自我约束,可以增强市场的创新和竞争意识,有利于促进市场活跃;二是允许证券商参与制定证券市场的监管规则,可以促使市场监管更加切合实际,制定的监管规则具有更大的灵活性,有利于提高监管效率;三是自律组织具有快速反应机制,能够对市场发生的违规行为作出迅速而有效的反应。但是,自律型监管模式存在一些致命缺陷。由于监管组织的权威性往往与市场或监管要求不匹配,很多时候对违法违规行为的监管威慑力不够强大,监管手段的强度也缺乏力度,因此难以实现对整个证券市场的控制。此外,由于自律监管组织是在会员制基础上建立起来的,本能上就有保护会员利益的冲动,而投资者特别是中小投资者因为不是其会员,利益难以得到有效的保障。由于没有专门的证券监管机构,难以实现全国证券市场的协调发展,证券市场出现任何问题都很容易造成混乱状态。具体地说,自律监管的缺陷表现在三个方面:一是管理的侧重点通常放在市场的规范、稳健运行和保护证券交易所会员的经济利益上,对投资者的利益则往往没有提供充分的保障;二是缺乏立法作为坚实的后盾,监管手段显得比较脆弱;三是没有统一的监管机构,难以实现全国证券市场的协调有序发展,容易造成市场秩序混乱。到20世纪末,一些实行自律型监管的国家也开始借鉴集中型监管模式的做法,朝政府管制与市场相结合的方向发展。次贷危机后,世界各国的金融监管已经看不到真正意义上的自律监管模式的踪影了。

历史上,实行自律监管最典型的国家当属英国。在英国早期的国家立法中,一直没有证券法或证券交易法,只有分散的、与证券间接相关的法规。在20世纪后半叶,英国的自律监管几乎一直处于不断调整和完善状态。伴随着20世纪70年代初欧洲美元市场的兴起,伦敦逐渐从世界贸易中心过渡为世界金融中心。金融业飞速发展导致的银行危机使英国政府开始逐渐重视金融监管。20世纪80年代,英国设立了专门的证券管理机构——证券投资委员会(Securities and Investments Board, SIB),依据法律享有极大的监管权力,但它既不属于立法机关,也不属于政府内阁,实际监管工作主要通过以英国证券业理事会(Securities Industry Council, SIC)和证券交易所协会为核心的非政府机构进行自我监管。① 证券业理事会主要负责制定、解释有关证券交易的各项规章制度。理事会下设一个常设委员会,负责调查证券业内人士根据有关规章进行的投诉。证券交易所协会管理包括伦敦和全国其他6个地方性交易所的具体业务,实际控制和管理全国日常的证券交易活动。在此之下,由各证券交易所根据其交易规则,对上市公司及有关人士进行管理。在证券业理事会和证券交易所协会的自律管理基础上,英国贸易部下设公司登记处兼管公司股票发行登记,还对非交易所会员的证券商实行一定的监管。英格兰银行对一定金额以上的股票发行权进行审批。20世纪70年代后,英国发生了涉及个人养老金计划的金融丑闻,包括养老金和投资信托计划的不当销售等,这些事件的产生迫使政府重新考虑金融监管方式。1980年,撒切尔政府聘任著名公司法和金融法专家、南安普顿大学前任副校长劳伦斯·高尔(Laurence Cecil Bartlett Gower)教授负责新的金融监管立法。② 为了完成政府赋予的使命,

---

① http://biz.sse.com.cn/sseportal/ps/zhs/yjcb/magazine_content/2991/405479.html.
② 在英国金融监管史上,高尔是一个不可忽视且无人超越的传奇人物。出生于1913年的高尔早年毕业于伦敦大学学院(Universty College London)并获得法学硕士学位。第二次世界大战期间,高尔在英国皇家炮兵服役。第二次世界大战结束后,高尔回到伦敦大学。1948年,年仅35岁的高尔被任命为伦敦大学欧内斯特·卡塞尔爵士商法教授,其间并担任哈佛大学客座教授。1954年,高尔出版了《现代公司法原理》(*Principles of Modern Company Law*)一书,该书出版后即成为世界公司法经典之作,到2008年已连续出版8版。1962年,在戈尔本基安基金会(Gulbenkian Foundation)支助下,高尔赴非洲国家尼日利亚担任拉各斯大学(University of Lagos)法学院院长,其间高尔为另一西非国家加纳制定了著名的《加纳公司法典》(*The Companies Act* 1963)。1965年,高尔返回英国,在新成立的法律改革委员会任职。1971年,高尔被南安普顿大学(University of Southampton)聘任,担任副校长职务长达8年。1979年,高尔退休后再次受邀英国贸易部,为政府金融改革提供服务,最终促成《金融服务法》的出台。

1981年高尔发表了著名的《高尔报告》(Gower Report),在这份报告中高尔提出,应当建立更加全面的证券行业自律体系,包括自律监管的框架和结构。[1]英国政府采纳了高尔的建议,最终于1986年通过了《金融服务法》(Financial Services Act)。值得一提的是,《高尔报告》对证券(Securities)一词做了重新界定,把人寿保险(Life Insurance)纳入了证券监管范畴。在第1章中我们研究介绍,《金融服务法》首次以国家立法形式对金融投资行业进行全面系统的规范。尽管《高尔报告》提出建立全面的证券行业自律体系,但《金融服务法》却授予英格兰银行、证券交易所等机构代表国家进行干预的权力,这是一种"成文法框架下的行业自律"监管模式,开启了政府有限干预的监管模式,导致英国金融业发生了巨大变革。但是,以撒切尔夫人为首的英国政府为了缓解英国出现的经济和金融困局,出台了一系列新自由主义经济政策,进一步放松金融管制。其中最重要的金融市场改革是英国政府要求伦敦股票交易所(London Stock Exchange)放弃固定佣金制度,同时结束自身的垄断地位,接受外国公司成为交易所的会员。会员同时可以担当经纪人(Broker)和自营商(Dealer)。这次证券市场的改革被称为"大爆炸"(Big Bang)。大爆炸改革将竞争全面引入了伦敦股票交易所,极大地提升了伦敦股票交易所的效率和竞争力,使伦敦成为当时最重要的国际金融中心。20世纪90年代,英国再次发生一系列金融丑闻,最终导致巴林银行(Barings Bank)倒闭,社会各界希望彻底结束金融业的自律监管,并进一步加强已有金融监管机构的监管职责。在这样的背景下,1994年6月,证券投资委员会(SIB)撤销了金融中介机构、管理者和经纪人协会等自律监管组织的许可。1997年10月,证券投资委员会(SIB)更名为金融服务管理局(Financial Service Authority,FSA)。为顺应证券市场发展和金融国际化趋势,在监管体制逐渐集中统一的同时,英国证券监管立法进一步系统化。其中,2000年出台《金融服务与市场法》(Financial Services and Markets Act, 2000)也是英国迄今为止最

---

[1] Accountancy; Sep. 1982, Vol. 93 Issue 1069, p. 4.

重要的金融立法之一。该法吸收合并了1972年的《保险公司法》、1972年的《互助社法》、1977年的《保险经纪注册法》、1979年的《信用社法》以及1986年的《金融服务法》等9部与金融相关的重要法律。《金融服务与市场法》授权金融服务管理局（FSA）制定《市场行为守则》《投资服务规则》和《公开发行证券规则》等法规。规定了金融服务管理局（FSA）作为金融业单一监管机构的法定监管权力。因此可以说，《金融服务与市场法》使"成文法框架下的行业自律"最终转变为"成文法规范的单一监管机构"的监管模式，这意味着自律监管模式开始走向终点。

7.1.3　中间型监管模式

事实上，所谓中间型监管模式其实就是集中型监管模式和自律型监管模式相结合的监管模式。中间型监管模式既强调立法管制和重视政府在证券市场监管的作用与功能，同时又强化自律监管组织在证券市场监管的作用与功能。不难理解，中间型监管模式既吸收了集中型监管模式和自律型监管模式的优点，又在一定程度上克服了这两种监管模式的缺陷。自20世纪80年代以来，随着经济全球化和各国经济交往的频繁、联系的紧密。一些采用单一证券监管模式的国家开始在两种监管模式中进行优势比较、取长补短，希望通过两种监管模式的相互融合能产生协同效应，提高证券市场监管和防范风险的有效性。

目前，欧洲大陆国家证券市场监管模式大多采用中间型监管模式，其中以德国证券市场为典型代表。例如，德国制定的证券市场监管法律、法规十分繁杂，层级分明、门类齐全的监管法律法规堪称完善，这样的法律制度体系与美国的集中型监管模式在很大程度上有相似之处。但是，德国又不完全像美国一样由联邦政府制定统一的监管全国证券市场的证券法，倒是更类似于自律型监管模式。由于一直以来德国实行全能银行（Universal Banking）和金融混业经营制度，因此，没有设立具有全面监管职能的政府部门或机构对证券市场进行监管，而是由中央银行对证券市场行使统一监管职能。从立法层面上看，德国以股票交易法律为核心，制定了一系列法律法规来规范证券市场交易活动;另外,各州级政府在对证券交易活动进行监督和管理的基础上,也非常强调证券市场参与主体的自律监管,先后制定了《证券交易法》《投资公司法》等证券市场监管法律法规,甚至在《刑法》中也规定了许多证券市场监管的刑事责任等法律规范。20世纪末,随着金融全球化不断加快和深入,德国也像英国等其他国家一样对证券市场监管进行了改革和完善,逐步开始加强了政府在证券市场监管中的作用,颁布施行《第三次振兴金融市场法案》《证券法》和《股份公司法》等法律法规完善证券监管法律体系。

7.1.4　机构监管模式

机构监管是指在分业经营、分业监管的制度安排下,按照从事不同金融业务的金融机构来划分监管对象,由不同的政府金融监管部门对不同类型的机构进行监管的一种较为常见的监管模式。具体地说,政府金融监管部门对金融机构的市场准入、持续的稳健经营、信息披露、风险管控和风险处置以及市场退出等进行监管。金融机构从事的产品和业务通常已经获得监管部门的许可,因此,监管部门不再把产品和业务作为监管重点。

机构监管起源于美国,也是美国最早的监管模式。可以说,在金融监管的早期,机构监管就等同于金融监管。1929年的大萧条给美国经济和金融体系造成了致命打击。股市暴跌、银行大面积亏损和倒闭所引发的经济危机导致企业经营出现严重困难。到1933年,美国经济持续衰退陷入低谷,超过10000家不同种类和规模的商业银行破产与重整,使整个国家银行数量减少了40%。伴随着企业破产倒闭,大量失业人员使社会出现混乱。1933年3月,新任总统罗斯福(Franklin D. Roosevelt)在金融体系和整个经济已处于崩溃状态时出台了一系列紧急措施和包括银行业和证券业在内的一系列金融法案,以稳定金融、重振经济。在确定金融混业是金融危机的罪魁祸首后,《1933年银行法》(Bank Act 1933,也称《格拉斯—斯蒂格尔法案》,Glass - Steagall Act)首次规定,禁止商业银行关联企业从事证券发行、上市和承销等业务,商业银行只能购买由美联储批准的债券。

该法案将投资银行业务和商业银行业务严格分离，这种分离当时被认为是解决金融业综合经营风险的有效方法。《格拉斯—斯蒂格尔法案》的出台也为《1933 年证券法》（Securities Act of 1933）和《1934 年证券交易法》（Securities Exchange Act of 1933）的出台提供了不可或缺的法理依据。因为此前美国联邦层面对证券及其监管的立法一直是空白，证券立法属于各州独立管辖领域，如著名的《蓝天法》就是堪萨斯州最早的证券立法。[①]

机构监管的一个重要特征就是，要有一套严格、清晰和完整的监管立法体系。比如《1933 年证券法》第 2 条对"证券"一词做出迄今为止被广泛采用的明确的定义。该法还首次规定了证券发行的信息披露制度。[②]再比如，《1934 年证券交易法》第 4 条规定，证券交易委员会（SEC），并规定 SEC 的三项基本行政权力：立法、审判和调查—执行。该法还授权 SEC 对六个联邦证券法案所制定的所有规定进行管辖。[③]《格拉斯—斯蒂格尔法案》在法律上正式确立了金融分业经营制度，标志着美国金融业正式进入分业经营、分业监管的时代。此后长达将近一个世纪的事实证明，只要商业银行避免投资银行的业务风险，就能有效隔离金融系统的风险。因此可以说，机构监管正是金融行业实行分业经营的结果。采用机构监管的目的正是避免在从事不同金融业务的金融机构之间发生风险传递。机构监管的优点在于，监管部门普遍具有较强的专业性，对证券市场中的各种违法活动反应速度快。当金融机构从事多项业务时易于评价金融机构产品系列的风险，尤其在越来越多的风险因素如市场风险、利率风险、法律风险等被发现时，机构监管也可避免不必要的重复监管，在一定程度上提高了监管功效，降低了监管成本。尽管如此，机构监管仍然存在着由于不同类型金融机构之间的业务交叉而形成的监管盲点。

---

① 高如星，王敏祥. 美国证券法 [M]. 北京：法律出版社，2000：2.
② 张路. 美国 1933 年证券法 [M]. 北京：法律出版社，2006：5.
③ 张路. 美国 1934 年证券交易法 [M]. 北京：法律出版社，2006：91.

7.1.5 功能监管模式与行为监管模式

与机构监管所不同，功能监管所关注的不是金融机构，而是金融机构所从事的金融产品和业务。也就是说，功能监管模式是对相同功能、相同法律关系的金融产品，按照同一规则、由同一监管部门监管。我们以基金产品销售为例，如果商业银行要销售基金产品，就必须到证券监管部门申请获得基金销售牌照。

与功能监管相似，行为监管是针对从事金融活动的金融机构和个人。这意味着，所有金融行为都要纳入监管，只要从事金融业务就必须拥有金融监管部门发放的业务许可。从事哪项业务就要领取哪种牌照。对有牌照金融机构的经营活动要监管，对没有牌照从事金融业务的机构更要严格监管，无照经营的机构和人应当严厉打击。功能监管模式与行为监管模式可以从根本上避免相同金融产品按照不同监管原则监管的问题。次贷危机后，人们普遍认为功能监管模式与行为监管模式可以有效防止监管空白和监管套利，是金融稳定的重要基础。

其实，从某种意义上说，对证券市场监管模式分类在很大程度上反映了学术界长久以来一厢情愿的观点。现实中的证券监管模式不仅复杂，而且充满高度的不确定性。几乎每一个国家采用的监管模式都不是单一模式，更非一成不变。证券市场监管模式首先取决于整个金融行业的监管模式和监管部门对金融市场系统性风险的客观判断，当然，也取决于监管者和被监管者双方博弈的结果。比如美国，自20世纪30年代实行金融分业经营以来，金融界一直试图突破监管，重回混业经营的老路。尤其是70年代初布雷顿森林体系确立的以美元为中心的固定汇率制度的解体后，美国经济陷入了严重的滞胀（Stagnation）。自第二次世界大战以来政府一直推行的凯恩斯主义扩张性政策被认为是导致滞胀的重要原因，自由市场的思潮开始盛行。当时，美国公司普遍出现因利润大幅下滑而寻求提升经济效率和利润率的方法。受到政府管制的主要行业，如航空、通信、电力等行业开始放松管制（Deregulation），经济自由主义和金融自由化（Financial

Liberalization）浪潮开始涌动。应当说，金融自由化进程既与放松管制有关，也与金融创新有关。布雷顿森林体系的解体使汇率波动加剧，因此产生了金融衍生工具的需求，目的在于规避风险。与此同时，经济全球化也推动了金融管制进一步宽松。70年代美国的非金融类大型公司开始通过收购兼并向海外市场进行扩张，为了满足这些跨国公司的融资需求获取利润，美国商业银行纷纷开设海外分支机构。70年代油价不断上涨后，美国的金融行业获取了大量石油美元（Petrodollars）这使金融机构海外投资需求日趋庞大。日益紧密的海内外经济和金融交易使许多监管规定成为发展的桎梏，这无疑加快了金融自由化和全球化的进程。

1999年11月，克林顿政府出台了《金融服务现代化法案》（*Financial Services Modernization Act of 1999*，*FSMA*），法案的第一章就开宗明义地提出"促进银行、证券公司和保险公司的联合经营"，第一章第1条（即原文编号第101条）内容直截了当——废除《格拉斯—斯蒂格尔法案》。《金融服务现代化法案》以提高金融业效率和竞争力的名义，拆除了不同金融业务之间的"防火墙"，旨在推动金融控股公司发展，最终使金融混业经营成为事实。《金融服务现代化法案》在第二章提出了"功能监管"（Functional Supervision），主要是针对金融控股公司所从事的金融业务进行监管。[1]《金融服务现代化法案》授权美联储（FED）负责评估和监控金融控股公司的整体经营，其他行业监管机构针对各自负责的金融行业进行分业监管。这事实上是对金融控股公司实行了多重监管，从而形成了一种新的监管模式——伞形监管（Umbrella Regulation）。也就是说，《金融服务现代化法案》提出的功能监管并非是一种针对金融控股公司业务而实行的单纯的监管模式，而是由联邦层面、行业监管机构以及自律监管组织共同组成的统一监管（集中监管）、功能监管与机构监管相结合的混合监管模式，这种多头监管势必造成整个证券监管体系存在严重的监管重叠。[2] 从某种意

---

[1] 黄毅. 美国金融服务现代化法[M]. 北京：中国金融出版社，2000：80.
[2] 李丹，邓斌. 美国财政部资本市场评估报告综述[J]. 上海证券交易所，上证研报，2018（15）：2.

义上说，这也许是金融危机产生的原因之一。由于美国金融监管当局不断地相机抉择，《金融服务现代化法案》提出的"功能监管"已经演化为"集中监管+功能监管+机构监管"的混合监管模式。这种"打补丁"（Patched）方式建立的监管模式不仅使美国的金融监管存在低效重叠，而且呈现出复杂化和碎片化格局，放松对系统重要性机构制定和实施资本充足率、杠杆率和流动性要求，给系统重要性机构的监管套利创造了机会。[①]相比之下，大多数国家证券市场采用的还是机构监管模式。机构监管成为主要监管模式的原因在于，证券市场法律和制度体系很难随着市场的变化而变化，仍然对机构和监管具有限制（沈联涛，2016）。

7.2 中国证券市场监管模式

7.2.1 中国证券市场监管模式演变

2018年是我国改革开放40周年。尽管我国金融改革起步较晚，证券市场诞生只有30年的时间，但我国金融监管却经历了与欧美国家相似的过程，金融业发展同样走过了从原始混业经营到严格分业经营，再到混业经营的循环。经济转方式调结构的宏观调控政策和长期宽松的货币政策，使我国金融业增加值占GDP比重快速增长，2015年已经超过8%，2019年达到7.8%，高于欧美等发达国家（见图7-1）。如果仅从金融业增加值占GDP比重这一指标看，我国经济开始出现过度金融化特征，这在客观上为金融机构尤其是大量影子银行通过金融产品创新和一味地创新进行机构套利提供了可能。因此，利益驱动和效率驱动使近年来我国金融业发展再次呈现出混业经营趋势。

1983年9月17日，国务院发布了《关于中国人民银行专门行使中央银行职能的决定》。决定指出，中国人民银行专门行使中央银行职能，不

---

① 陈四清. 国外金融监管介绍[M]. 北京：中国金融出版社，2010.

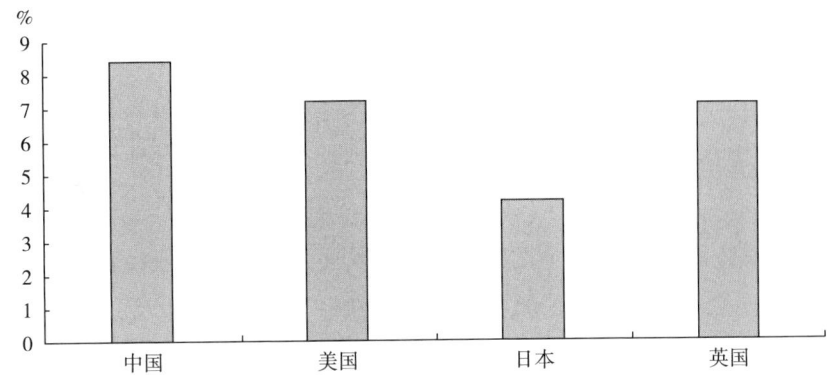

图 7-1 各国金融业增加值占比比较（2015 年）

（资料来源：中信证券研究部）

再兼办工商信贷和储蓄业务，以加强信贷资金的集中管理和综合平衡，更好地为宏观经济决策服务。这个决定中国务院明确规定，中国人民银行是国务院领导和管理全国金融事业的国家机关，不对企业和个人办理信贷业务，集中力量研究和做好全国金融的宏观决策，加强信贷资金管理，保持货币稳定。其主要职责是研究和拟订金融工作的方针、政策、法令、基本制度，经批准后组织执行；掌管货币发行，调节市场货币流通；统一管理人民币存贷利率和汇价；编制国家信贷计划，集中管理信贷资金；管理国家外汇、金银和国家外汇储备、黄金储备；代理国家财政金库；审批金融机构的设置或撤并；协调和稽核各金融机构的业务工作；管理金融市场；代表我国政府从事有关的国际金融活动。同时，国务院还规定，审批金融机构的设置或撤并是中国人民银行的一项主要职责。[1] 为了加强对金融机构的管理，1984 年 10 月，中国人民银行颁布《关于金融机构的设置或撤并的暂行规定》。国务院决定和中国人民银行规定的出台意味着国家开始对金融行业实行监管。1986 年 1 月，国务院出台的《中华人民共和国银行管理暂行条例》规定：凡经营存款、贷款、个人储蓄、票据贴现、外汇、

---

[1] 姜洋. 中国证券商监管制度研究 [M]. 北京：中国金融出版社，2001：226.

结算、信托、投资、金融租赁、代募证券等项业务的银行和其他金融机构，都应当遵守本条例的规定。这标志着中国人民银行开始行使对金融业集中统一监管的职能。1992年10月，中国证监会成立，国家将证券监管职能从中国人民银行分离出来，从此，中国证券市场进入分业经营、分业监管时代。①

就证券行业而言，从早期的混业经营发展到严格的分业经营，其间付出了巨大而惨痛的代价。2004—2007年，在证券市场初步建立了分业监管的制度框架后，监管部门开始清算整个行业混业经营留下的风险和隐患——中国证监会发起了证券行业综合治理运动。面对证券公司风险集中爆发，监管部门对全行业进行整顿和改革。在持续三年的综合治理过程中，监管部门采用典型的集中监管模式，利用行政手段从四个方面开展综合治理。一是化解历史遗留风险。通过处置高风险公司，化解证券公司挪用客户交易结算资金、违规资产管理、挪用客户债券和股东占款、超比例持股等长期积累形成的巨大风险，解决证券公司存在的流动性缺口问题。保留的100多家正常经营的证券公司各项风险控制指标全部达到规定标准。二是处置了高风险证券公司。综合治理期间，累计处置了37家高风险证券公司，关闭了其中的31家，关闭证券公司数量超过证券公司总数的25%（见表7-1）；对27家风险证券公司实施重组，使其达到持续经营的标准。三是完善了证券市场基础性制度。建立包括客户交易结算资金第三方存管制度、新国债回购交易制度、新资产管理和自营业务相关制度在内的一系列制度，实施证券公司信息公开披露制度等；起草了《证券公司监督管理条例》和《证券公司风险处置条例》，完善了对证券公司监管机制。四是查处违法违规行为。综合治理期间，19家公司被责令关闭，7家公司被撤销，4家公司被撤销业务许可，14家公司和9家营业部被暂停业务，涉嫌刑事犯罪的公司及责任人被移送司法部门调查。可以说，三年综合治理有

---

① 吴晓求等. 中国金融监管改革：现实动因与理论逻辑［M］. 北京：中国金融出版社，2018：136.

效化解了证券行业风险,证券公司财务状况显著改善,合规经营意识和风险管理能力明显增强。但是,整个行业所付出的代价巨大而惨痛,以至于虽然过去了16年的时间,对31家证券公司的关闭处置至今仍未结束。

表7-1　　　　　　　　　综合治理期间被处置证券公司

公司名称	处置时间	处置情况
南方证券	2004年1月	行政接管,由深圳市政府负责清算,已进入司法破产程序
云南证券	2004年6月	证券类资产由太平洋证券托管
德恒证券	2004年9月	华融资产管理公司托管经营并负责清算
恒信证券	2004年9月	华融资产管理公司托管经营并负责清算
中富证券	2004年9月	上海证券托管,并由高朋天达律师事务所负责清算
汉唐证券	2004年9月	信达资产管理公司托管经营并负责清算
闽发证券	2004年10月	东方资产管理公司托管经营并负责清算
辽宁证券	2004年10月	信达资产管理公司托管经营
大鹏证券	2005年1月	长江证券托管,并由中审会计师事务所负责清算,已进入司法破产程序
亚洲证券	2005年4月	华泰证券托管,并由金诚同达律师事务所负责清算
北方证券	2005年5月	东方证券托管,并由立信长江会计师事务所负责清算,已进入司法破产程序
民安证券	2005年6月	国信证券托管,并由金杜律师事务所负责清算
五洲证券	2005年6月	东海证券托管,并由中兴宇会计师事务所负责清算,已进入司法破产程序
武汉证券	2005年8月	广发证券托管,并由昌久律师事务所负责清算
甘肃证券	2005年9月	海通证券托管,并由赛德天勤律师事务所负责清算
昆仑证券	2005年10月	光大证券托管,并由观韬律师事务所负责清算,已进入司法破产程序
广东证券	2005年11月	中国证券投资者保护基金托管,中审会计师事务所负责清算
天勤证券	2005年11月	国元证券托管,并由兰台律师事务所负责清算
西北证券	2005年12月	南京证券托管,并由君泽君律师事务所负责清算,已进入司法破产程序
兴安证券	2005年12月	海通证券托管,并由大成律师事务所负责清算
河北证券	2006年1月	广发证券托管,并由邦信阳律师事务所负责清算
新疆证券	2006年1月	宏源证券托管,并由华证会计师事务所负责清算
中关村证券	2006年2月	中国证券投资者保护基金托管,金诚同达律师事务所负责清算

续表

公司名称	处置时间	处置情况
中国科技证券	2006年2月	中国证券投资者保护基金托管,中兴宇会计师事务所负责清算
天同证券	2006年3月	齐鲁证券托管,并由天铎律师事务所负责清算
健桥证券	2006年3月	西部证券托管,并由金杜律师事务所负责清算,已进入司法破产程序
中期证券	2006年3月	限制业务
航空证券	2006年3月	限制业务
华林证券	2006年3月	限制业务
天和证券	2006年3月	限制业务
天元证券	2006年3月	限制业务
第一证券	2006年6月	广发证券收购
世纪证券	2006年7月	首旅集团重组
泰阳证券	2006年7月	方正集团重组
天一证券	2006年7月	光大证券托管,并由中闻律师事务所负责清算
金通证券	2006年7月	中信证券收购100%股权,2006年11月更名为中信金通
巨田证券	2006年10月	招商证券托管,并由北京汉华律师事务所负责清算
蔚深证券	2006年10月	国家电网公司重组,更名为英大证券

资料来源:青岛大学资本市场研究院。

7.2.2 证券市场现行监管模式

从前面分析可知,我国目前的证券市场监管模式也属于集中监管模式下的机构监管,或者说是"集中监管+机构监管"模式。这种监管模式其实是在过去30年的时间里逐步形成的。近年来,我国GDP快速增长,2018年GDP总量已突破90万亿元。在宽松的货币政策下,社会财富的快速增加使金融行业迅猛发展。随着分业经营模式下的金融行业边界越来越模糊,金融机构借助金融创新的套利行为也愈演愈烈,证券行业自然也不例外。

党的十八届三中全会提出完善金融监管协同机制。第五次全国金融工作会议上也强调:"要以强化金融监管为重点,以防范系统性金融风险为底线,加快相关法律法规建设,完善金融机构法人治理结构,加强宏观审慎管理制度建设，加强功能监管，更加重视行为监管。"在过去的 10 年里，我国证券市场一直处在反复震荡波动并发生两次严重股市大波动说明，只有坚持市场化原则，按照党的十九大提出的"货币政策和宏观审慎政策双支柱调控框架"，健全金融监管体系，守住不发生系统性金融风险的底线，才能真正建成规范、透明、开放、有活力、有韧性的资本市场，发挥证券市场的资本要素流动和优化资源配置的功能，更好地服务实体经济。

针对证券经营机构的单一金融监管模式属于微观审慎监管范畴。微观审慎监管下的机构监管重点在于金融机构自身风险或内部风险。微观审慎监管所隐含的假设条件是，金融机构是独立的，单个金融机构安全是整个金融系统安全的充分必要条件。但现实中，这种假设并不存在。由于金融机构在服务实体经济时往往会连接无数的资金供需双方，因此，在金融系统内部以及金融系统与实体部门之间形成广泛的关联（Interconnectedness）。当一家金融机构尤其是大型金融机构倒闭时，所造成的损失绝不仅仅是这家机构自身，而是会影响和拖累很多其他企业。更进一步，如果考虑到金融机构之间巨大而频繁的复杂交易，一家金融机构倒闭有可能产生"多米诺骨牌"式连锁反应。金融界将这种机构称为"大而不倒"或者系统重要性机构，而经济学将这一现象称作关联外部性（Interconnectedness Externalities）。宏观审慎监管的目的正是防止关联外部性效应导致的系统性金融风险。

从各国证券市场发展的经验以及我国证券市场实践看，微观审慎监管下的机构监管模式在早期曾经是有效的。随着证券市场的不断发展，机构监管之所以在防范系统性金融风险方面缺乏效率，是因为证券市场作为金融市场的一部分，同样存在着一些难以克服的悖论。第一是"合成谬误"问题（Fallacy of Composition）。金融市场经常发生这样的情形，一个事物对系统局部而言是对的，但在系统整体视角下却是错的。同样，对证券机构而言，个体安全并不意味着整体必然安全。因此，分业经营和机构监管不能有效防范系统性风险。第二是监管空白问题。在将近 30 年的发展过程中，我国证券市场一直在借鉴和模仿欧美等国家，近年来的金融创新更是如此。以套利为目的的大量创新产品和业务涉及不同的金融监管部门,但是,现行的分业经营、分业监管等必然导致一些创新业务处于监管空白地段,给金融机构留下监管套利机会。第三是监管套利问题。分业经营和分业监管在造成市场分割的同时,也造成了信息分割,所带来的两个结果:一方面,政府因为不能及时、充分地获得市场信息而难以对市场风险做出及时、准确的决策判断。基于不及时和不充分信息做出的监管决策不仅难以提高监管效率,而且极有可能会造成对证券市场的伤害。另一方面,较早掌握市场信息的机构和个人能利用信息优势,这意味着,信息不对称将增加监管套利机会。第四是监管竞争问题。我国分业监管现实表明,金融监管必然兼顾监管与发展的双重使命,金融行业作为与实体经济关系最密切的领域,监管部门一方面要实现机构监管,另一方面又要求金融机构加快发展。根据风险与收益正相关的金融学基本原理,在加大金融收益的同时监管竞争也将增加金融行业风险。近年来,监管部门不断放松对证券、基金等金融子行业的监管,势必会强化这些子行业之间的风险关联,从而增加整个金融行业的系统性风险。

7.3 发达国家证券市场监管模式对我国的启示

7.3.1 证券市场必须纳入宏观审慎监管框架

从全球范围看,目前世界主要国家都已将证券市场纳入宏观审慎监管框架。所不同的是,各国在对证券市场实施宏观审慎监管时选择了适合各自国家现实的监管工具。党的十九大提出"双支柱调控框架"后,国家对金融监管机构的组织架构做出重大调整,在成立国务院金融发展与稳定委员会的基础上,将原来"一行三会"的组织架构改变为"一委一行两会"的组织架构。但是本质上,金融分业监管的性质没有改变。在金融机构经营综合化、混业化日趋严重和影子银行不断冲击的大背景下,要在不同监管部门之间建立协调机制并使之成为正式的制度保障,唯一的办法就是将金融行业的全部子行业纳入宏观审慎监管框架。

宏观审慎监管有两个维度：一是时间维度上的宏观审慎监管，目的是通过减轻风险因子的顺周期性缓释系统性风险，防止扩大金融市场的不稳定性。例如，提高机构资本金和流动性等风险要求、建立逆周期的资本缓冲器机制等。二是横截面维度上的宏观审慎监管，关注系统重要性金融机构和金融系统的关联性。与国外相比，我国实施宏观审慎监管不仅时间较晚，监管机构组织架构相对单一，而且目前仅在银行业实施，未将保险公司、证券公司和信托公司等较为重要金融机构作为系统重要性金融机构纳入宏观审慎监管。这也是目前我国缺乏解决"大而不倒"金融机构方案和路线图的根本原因。

7.3.2 宏观审慎监管与微观审慎监管

作为结果，金融分业监管必然导致以机构为监管对象的微观审慎监管，但是，宏观审慎监管并不必然排斥微观审慎监管。可以说，在很大程度上，宏观审慎监管建立在微观审慎监管的基础之上，它们之间是一种互补的关系。前面已经提到，宏观审慎监管和微观审慎监管的根本区别体现在监管对象上，当然，在监管目标和监管方式上也存在较大差异。宏观审慎监管并非微观审慎监管的简单加总，而是作为微观审慎监管的补充和拓展。今天，当我们强调宏观审慎监管时，我们同样必须看到二者之间不可割裂的关系（见表7-2）。

表7-2　　　　　　　　宏观审慎监管和微观审慎监管比较

	宏观审慎监管	微观审慎监管
主要目标	防止系统性风险	防范单个金融机构的风险
最终目标	避免产出损失	保护消费者/投资者/存款人
风险特征	与群体行为相关（内生性）	个体行为具有独立性（外生性）
机构行为相关性	重要	无关
监管方式	自上而下（Top Down）	自下而上（Bottom Up）

资料来源：Claudio Borio. Towards a macro - prudential framework for financial supervision and regulation. BIS working paper. February 2003.

首先，在监管对象上，微观审慎监管关注具体金融机构的风险暴露情况；宏观审慎监管关注金融体系的整体稳定性以及个别金融体系内的大型系统重要性机构，而不过分关注其余单个机构是否稳健。其次，在监管目标上，微观审慎监管的目标是控制个体风险，避免单个金融机构的危机，保护金融消费者的利益；宏观审慎监管的目标是防范系统性风险，确保金融体系的稳定性，减少金融危机带来的宏观经济损失。由此也可以看出，不管是微观审慎监管还是宏观审慎监管，防范风险、维护金融机构的稳定运营都是它们共同的根本目标。最后，在监管方式上，微观审慎监管自下而上实现监管，依赖于资本要求和会计准则，它关注单个机构的稳定性，然后将其汇总；而宏观审慎监管的运行机制更为复杂，包括监管和监测两部分，"监管"自上而下实现，使用的工具是部分或全部微观审慎工具之和，通过建立一个宏观审慎框架来避免系统的整体稳定性受到威胁，但不保证个体金融机构不发生危机；"监测"则侧重市场数据的收集和分析、压力测试和预警系统等。可见，宏观审慎监管在监管方式上对微观审慎监管做了有益补充，其监管工具也是互相交叉渗透的，但二者仍需要进一步丰富和完善监管手段。

7.3.3 宏观审慎监管与传统监管模式

证券市场监管模式涉及的监管内容和监管主体广泛而多样，是一项复杂性的系统工程，这决定了单纯依靠政府监管机关或行业自律组织的监督、管理和规制无法有效地实现监管目标，也无法保障证券市场的健康有序发展。如果仅仅依靠政府的行政权力进行强制性的管理，政府要想能够在任何时候、任何地点都能实现有效的监管，就必须不断扩展行政权力和扩大机构的组织、人员，因为如果没有这些组织、人员和资源支持，在违法信息的获取上政府都会存在巨大的困难，更谈不上实现监管工作的及时和有效，寄希望于用监管保障证券市场健康有序发展更是无从谈起。相反，如果仅仅依靠行业自律组织的自律监管去实现对证券监管，肯定是不切合实际的幻想，因为自律监管规则往往缺乏强有力的法律制裁措施作为支撑基础，处罚措施难以提高违法违规成本并产生震慑性作用，甚至处罚措施都难以落实。同时，由于行业自律监管组织的章程规定往往出自会员的意愿，因而很难实现整体的公平性，章程规定也很难完全体现整个国家的长远利益。基于以上原因，我国在对集中型监管模式进行改革和完善时，应当把监管部门行政权力过大、行政执法水平不高、行政执法程序设计不够合理和行业自律组织长时间为行政机关附庸问题作为改革重点。要突出强调行业自律组织自律监管的价值，要赋予行业自律组织真正的独立监管地位，充分地发挥行业自律组织自我监督、自我管理的作用，从而实现证券市场监管体制权力分配的平衡，实现集中型监管同自律型监管模式的融合，最终实现对证券市场风险的控制，维护良好的市场交易、竞争秩序，促进和保障证券市场的健康发展。

7.3.4 构建证券市场宏观审慎监管制度体系

不断重复的金融危机充分证明，有效的监管模式和制度体系绝非一蹴而就。不论是从美、英等国证券立法过程还是监管模式演变都可以看出，监管制度体系是建立在国家经济、法律、人文环境和国情基础上的，因国而异。因此，我们在学习和借鉴欧美证券市场发达国家监管模式和监管制度时应进行适当调整，确保这些监管理念、制度、措施与我国社会环境、制度条件、市场结构以及机构性质等相适应。从2015年股灾以来的市场表现看，尽管在规模上我国证券市场已经成为世界最大的市场之一，但是从市场功能和运行效率上看，仍然处于初级水平。在引进国外较为完善的监管制度的时候，必须从国情出发，只有这样才能保证优良的监管理念、制度、措施在我国发挥监管效果。

从国际上看，2010年美国颁布的《多德—弗兰克法案》（*Dodd-Frank Wall Street Reform and Consumer Protection Act*）和英国颁布的《金融服务法案》（*Financial Service Act*, 2010）是对金融监管理念和制度设计影响较大的法律。这两部法律是在总结和反思金融危机教训的基础上，不仅提出行为监管的理念，而且把金融消费者保护作为监管目标。我国目前虽然提出宏观审慎监管，保护金融消费者立法却明显滞后，证券市场长期低迷和反复震荡波动与此不无关系，因此，构建和完善证券市场宏观审慎监管制度体系已是迫在眉睫。

7.4 证券市场宏观审慎监管原则

众所周知，次贷危机后之所以在全球范围对金融业实行宏观审慎监管，主要缘于《巴塞尔协议Ⅱ》。2011年，修订后的《巴塞尔协议Ⅲ》体现了国际社会对宏观审慎管理取得的共识，覆盖了一级资本比率、资本留存缓冲、反周期缓冲、杠杆率、系统重要性银行和引入流动性指标等内容。[①] 英国金融政策委员会委员、金融稳定战略和风险管理局（FSSR）局长亚历克斯·布雷热（Alex Brazier）认为，宏观审慎政策简单来说就是保护金融体系免受实体经济的不利影响，同时也保护实体经济免受金融体系的不利影响，特别是要确保金融体系有能力吸收实体经济的冲击，避免出现这种冲击自我放大的局面。[②] 目前，世界上大多数国家已将协议内容转化为与宏观审慎监管相关的法律法规和监管规范，以期达到对金融体系的稳定和经济增长的促进作用。根据《巴塞尔协议Ⅲ》，宏观审慎监管应当遵循以下基本原则。

7.4.1 系统重要性原则

《巴塞尔协议Ⅲ》出台后，2011年7月，巴塞尔委员会（BCBS）又公布了《全球系统重要性银行：评估方法与附加的损失吸收能力要求》（Global Systemically Important Banks—Updated Assessment Methodology and the Higher Loss Absorbency Requirement），提出识别系统重要性金融机构（Systemically Important Financial Institutions，SIFIs）的方法和处置方式，为全球

---

① 巴塞尔银行监管委员会. 巴塞尔协议Ⅲ（综合版）[M]. 北京：中国金融出版社，2011：594-596.
② 亚历克斯·布雷热. 宏观审慎的五大原则 [J]. 中国金融，2017（7）.

系统重要性金融机构的管理奠定了基础。2013年7月，巴塞尔委员会再次更新全球系统重要性银行的评估方法，并要求成员国列出国内的系统重要性银行名单，对系统重要性银行实施更严格的监管，这意味着，宏观审慎监管首先要监管系统重要性金融机构。监管部门应当定期根据对金融机构风险外溢程度的量化测度，以及资本金规模、杠杆率等指标来确定进入机构的系统重要性程度。[①] 2018年11月，中国人民银行、中国银保监会和中国证监会联合下发《关于完善系统重要性金融机构监管的指导意见》（银发〔2018〕301号，以下简称《意见》），这是我国实施宏观监管以来首次出台关于系统重要性金融机构的法规，也是一部对宏观审慎监管实施产生重要影响的法规。《意见》不仅明确了什么是系统重要性金融机构，还规定了完善系统重要性金融机构监管的途径：一是对系统重要性金融机构制定特别监管要求，以增强其持续经营能力，降低发生重大风险的可能性；二是建立系统重要性金融机构特别处置机制，确保其在发生重大风险时，能够得到安全、快速、有效处置，保障其关键业务和服务不中断，同时防范"大而不能倒"风险。更重要的是，《意见》对宏观审慎监管框架设计的各个监管部门职责分工做出明晰划分。根据《意见》，系统重要性金融机构由金融委在中国人民银行和中国银保监会、中国证监会工作的基础上确定。中国人民银行负责系统重要性金融机构基本规则制定、监测分析、并表监管，视情责成有关监管部门采取相应监管措施，并在必要时经国务院批准对金融机构进行检查监督。中国银保监会、中国证监会负责系统重要性金融机构评估的数据收集、分值计算和名单报送，依法对相应行业系统重要性金融机构实施微观审慎监管。中国人民银行会同中国银保监会、中国证监会及财政部等其他相关单位建立系统重要性金融机构特别处置机制。金融委成员单位之间要切实加强关于系统重要性金融机构的信息共享和监管合作。

---

① 巴塞尔银行监管委员会. 巴塞尔协议Ⅲ（综合版）[M]. 北京：中国金融出版社，2014：13-16.

我们在本书第 5 章提出，除了单一系统重要性机构（Individually Systematic Important Institutions）外，监管部门还应当把两类机构作为证券市场宏观审慎监管重点。一类是具有较高关联性证券机构（Interconnected Institutions）。这是因为基于关联性形成的系统性风险有可能比"大而不能倒"的影响更深。当证券公司与其他金融机构关联性过强，即使这家证券公司规模不是特别大，也很有可能因风险传染迅速引发全国金融系统性危机，由于风险传染的速度过快，监管机构在发生危机之前采取有效解决措施相对困难。另一类是具有群体系统重要性机构（Systematic Institutions As Part of a Herd），这一类机构的资产规模不一定大，但是它们的行为可以产生群体效应（Herd Behavior）。典型例子是，在美国次贷危机中，大量对冲基金（Hedge Fund）在资产价格上涨和下跌过程中都起到了推波助澜的作用，加剧了市场波动，放大了市场风险。其实，这一类机构在市场正常运行时发挥着活跃市场和价格发现的作用，是不可或缺的市场主体。如果单个来看，这类机构的个体行为造成的外部性不大，但是一旦变成群体行为，将对市场产生致命的影响力和破坏力。我国 2015 年股灾中的私募基金放大资金和 2018 年上市公司股票质押都属于这种现象。

7.4.2 逆周期监管原则

宏观审慎监管的目的是防止系统性风险发生，因此它的监管对象是整个金融体系，而不是微观金融机构，这就意味着，在实施宏观审慎监管过程中不应过度干预微观主体的经营管理，而应当平衡金融稳定与金融效率之间的关系，协调宏观审慎监管与微观审慎监管，通过宏观审慎监管引导市场理性发展以控制系统性风险，通过微观审慎监管防范金融机构主体的风险。在保证金融体系稳定的基础上，给予金融机构更多自主权。逆周期监管是宏观审慎管理的重要原则，这一基本理念的本质就是，根据经济运行所处的不同周期阶段，采取差异化的监管方式和监管标准，缓和经济周期对金融体系的冲击。

新古典经济学理论和现代经济发展经验都证明，经济发展具有明显的周期性特征。系统性风险往往是伴随着信贷扩张（Credit Boom）而产生的。在经济繁荣时期，随着厂商扩大经营规模，商业银行会扩大信贷规模。当资产价格上涨时，金融机构通过买入资产获得收益，这会推动资产价格进一步上涨，金融机构也会通过加杠杆的方式买入资产，从而形成资产价格上涨的正向反馈；相反，当资产价格下跌时，会形成价格下跌的负向反馈，而高杠杆金融机构会通过抛售资产的方式获得流动性。此时，金融机构为了缓解财务困境而抛售资产，对市场产生具有破坏性的资产抛售（Fire Sale）外部性。

不论是金融机构还是非金融机构，杠杆行为都是顺周期的自发行为，因此，可以把两种反馈效应理解为金融系统所具有的内生性（Endogenous）。资产价格泡沫的产生和崩溃会给市场和整个金融体系造成巨大冲击和破坏，金融监管必须具有逆周期作用。为此，2010年12月，巴塞尔委员会公布《各国监管部门实施反周期缓冲资本的指引》（Guidance for National Authorities Operating the Countercyclical Capital Buffer）提出，对金融机构的资本要求必须加入逆经济周期因子，并把"信贷/GDP"指标作为进行资本缓冲决策时的共同参考指标。也就是说，金融监管部门以整个经济周期中信贷与GDP之间的关系作为依据，对金融机构的资本充足率进行监管，当信贷扩张大幅超过GDP增长长期平均水平时，监管部门必须加大对单一系统性机构和群体系统性机构的资本要求。具体来说，在金融机构资本金充足率前加上一个经济周期乘数 K 作为逆周期调节因子。当资产价格上涨时，$K>1$，即监管部门要求金融机构增加资本金；当资产价格下跌时，$K<1$，即监管部门降低金融机构资本金要求以防止发生资产抛售而导致流动性危机。

目前，证券行业执行的是2018年最新修订的《证券公司风险控制指标管理办法》（以下简称《办法》），通过风险覆盖率、资本杠杆率、流动性覆盖率及净稳定资金率四个核心指标，构建了证券类金融机构的风控指标体系。《办法》规定，中国证监会可以根据市场发展情况和审慎监管原则，对各项风险控制指标标准及计算要求进行动态调整，体现了证券行业的逆周期监管机制。尽管这一机制有利于提高风险控制的有效性，但是没有对行业的逆周期调节做出明确规定。

7.4.3　资本约束原则

建立以资本约束为核心的资本约束机制是宏观审慎监管的重要目标之一。现代金融学基本原理告诉我们，风险与收益正相关。金融危机则一再证明，风险与信用如影随形。这就很容易理解，为什么金融机构作为高杠杆经营的信用机构仍然会产生过度扩张的冲动，当然，扩张的结果是给自身更大的经营风险。宏观审慎监管的资本约束原则就是通过建立有效的资本约束机制，促使金融机构加强资本管理，实现资产扩张与资本水平之间的有效平衡，保证有足够的风险损失吸收能力。资本约束原则强调"有多大资本做多大的业务规模"，这对预先防范系统性风险的积累非常必要。

自宏观审慎监管提出以来，资本约束就成为防止金融机构过度扩张资产规模的主要工具。反映资本约束的重点指标是宏观审慎资本充足率，该指标在结合中国实际的基础上，体现了巴塞尔Ⅲ资本框架中逆周期资本缓冲、系统重要性附加资本等宏观审慎要素。其中，逆周期资本缓冲与宏观经济形势和经济增长的合理需要等因素密切相关。对于银行类金融机构而言，信贷规模增速超过趋势水平（通常以 GDP 增幅和 CPI 增幅为参照）越多，就需要持有越多的逆周期资本；同样，宏观经济热度越高，也需要持有越多的逆周期资本；系统重要性附加资本则取决于金融机构自身的系统重要性程度。如果金融机构的实际资本水平低于宏观审慎资本要求，意味着信贷增长过快，资本水平不足以覆盖金融机构风险，此时，必须控制信贷规模的增速，否则，就必须补充资本金。对证券类金融机构而言，在《证券公司风险控制指标管理办法》提出的风险覆盖率、资本杠杆率、流动性覆盖率及净稳定资金率四个核心指标中，资本杠杆率指标反映的也是指标约束理念。

7.4.4　监管前瞻性原则

刘鹤（2016）曾指出，前瞻性是风险管理和金融监管的生命所在。金融监管者需要对金融风险抱有一颗敬畏之心,提高风险警觉性,不能只在出现问题后才采取行动,要有预判、有预案。从某种意义上说,监管必须是内生逆周期性的,特别是在繁荣时期,金融监管在不受重视时最有价值。[1] 经济周期和经济杠杆的内生性要求监管必须具有前瞻性。在经济周期中不仅要考虑下行风险,还要防止尾部事件(Tail Events)的发生。

具体到证券市场,前瞻性是指在制定证券监管政策和出台监管方案时,应当充分考虑市场反应以及监管实施对市场可能产生的影响。比如,2015年股灾的发生,监管部门在做出清理"场外配资"时,可能忽视了市场的反应。监管的前瞻性还应当体现在避免监管套利方面,防止证券市场出现"上有政策,下有对策"现象。坚持监管前瞻性原则,提高证券监管效率,应当做好以下几个方面。首先,监管部门应当具有充分的专业性能力和信息处理能力,有足够的市场预见性。一方面,要进行"潜在问题分析",探讨监管过程中会出现哪些不利因素干扰监管方案的实施,可能的副作用是什么,会引起相关市场参与者可能的反应和阻力,尤其是要预计到一旦影响到他们的利益,他们会采取什么"对策";另一方面,还要探讨产生干扰因素和"对策"的原因,在此基础上事先制定应变对策,从而有效避免"上有政策,下有对策"的问题。其次,监管部门要关注市场的运行,合理使用监管工具,建立反映市场运行趋势的先行指标体系,超前研究可供选择的方案。再次,在出台监管政策解决市场问题时,要考虑对市场的长远影响,适应市场的发展趋势,为市场的未来发展预留空间。最后,全面评估监管政策可能衍生的新问题,预判实施后市场反应是否符合预期目标,据此建立有效的反馈机制并制定配套措施,把可能的不利影响降至最低限度。

7.4.5 其他监管原则

2017年5月,国际证监会组织(International Organization of Securities

---

[1] [荷]乔安妮·凯勒曼等.21世纪金融监管[M].北京:中信出版社,2016:13.

Commissions, IOSCO)① 重新修订了《证券监管目标和原则》(*Objectives and Principles of Securities Regulation*)。在《证券监管目标和原则》中，IOSCO 提出了与监管机构相关的 8 项原则，如对监管机构责任的规定应明确、客观；监管机构在行使职权时应该独立、负责；机构监管应当采取明确、一致的监管程序；监管机构应当根据其职权规定或促成相应程序，以识别、监控、减少并管理系统性风险等。② 这些原则意味着证券监管机构也应受到监督。因为在现代社会中，金融业是一个比其他行业更强大的利益集团，对监管部门、监管人员和监管政策制定的影响远大于金融消费者。证券监管部门在证券市场中占据十分重要的地位，对证券市场的运行效率和发展质量至关重要。"监管俘获理论"(Theory of Capture) 在证券市场上可以不断被证实。如何做到既能确保监管部门有效运用行政权力，又能防止"监管俘获"发生、避免监管权力的滥用，是世界各国证券监管中必须面对和解决的问题。尤其是在我国这种采用集中型监管模式的国家中，由于经历了几千年封建专制社会、制度建设不完善和行政执法程序不合理，加强对证券监管机构的监督显得更加重要。首先，应当加强证券监管机构之间的监督制度措施的立法，从法律制度上确立对证券监管机构监督的合法性。其次，要进行司法改革，完善司法监督机制，将证券监管机构的执法行为都纳入司法监督、约束体系中。再次，要加强行政执法过程、处罚措施的公开透明度，这有利于推动行政监管机关及时、高效地执法，同时广大人民群众也可以全面、有效地监督证券监管机构的执法行为。最后，要加强新闻监督立法和社会监督立法，使证券监管部门无法，也不敢超越法定的职权范围而滥用职权进行违法监管。

---

① 国际证监会组织成立于 1983 年，前身是 1974 年成立的泛美证券监管机构组织。国际证监会组织最初只有 11 个来自南北美洲创始成员，1984 年，英国、法国、印度尼西亚和韩国加入后，成员范围扩大到美洲以外地区。国际证监会组织并非依据任何国际条约成立，在国际法上没有正式地位。目前有 126 个正式成员（2017 年数据），占全球资本市场 95% 以上的国家和地区，中国证监会于 2009 年 2 月正式加入国际证监会组织。

② ［加］珍妮特·奥斯汀. 无处可逃：内幕交易和市场操纵的跨境追诉［M］. 上海：上海人民出版社，2020：173.

7.5 证券市场宏观审慎监管框架设计

7.5.1 宏观审慎监管目标

理论上，金融监管目标是判断金融监管是否有效的标准。金融监管目标是一个多层次概念，宏观审慎监管目标的选择决定了监管模式、监管内容和监管工具的选择。Borio 等（2003）认为，宏观审慎监管的初始目标是防范金融体系整体的系统性危机。[1] Hanson 等和 Caruana（2010）通过对比宏观审慎监管与微观审慎监管的区别，研究了金融机构之间的关联性以及金融体系的顺周期性后认为，宏观审慎监管的直接目标是要控制金融机构之间的关联性和顺周期性，降低金融资产恶化带来的社会成本，从而降低系统性风险。Clement（2010）提出，宏观审慎监管的最终目标是最大限度地控制金融体系的全局性危机或失衡而导致实体经济受到损失，避免宏观经济波动以及社会总产出的损失。[2] 陈雨露等人（2012）认为，宏观审慎监管的核心目标是如何抑制金融体系的"过度顺周期性"。[3] 中国人民银行（2010）提出，宏观审慎监管的最终目标是防范系统性风险，增强金融体系稳健性，进而促进宏观经济稳定增长。并进一步从宏观审慎分析、政策选择以及使用工具三方面构建了宏观审慎监管框架。

证券市场是现代金融体系的核心组成部分。过去 100 年的金融危机反复证明，所有风险的发生都与证券市场密切相关。实施宏观审慎监管的目标是防范证券业成为引发金融体系系统性危机的"源头"或"放大器"，避免金融不稳定给宏观经济发展带来冲击。遗憾的是，迄今为止世界各国

---

[1] Claudio Borio. Towards a macro-prudential framework for financial supervision and regulation. BIS working paper. February 2003.

[2] Piet Clement the term "macroprudential": origins and evolution. BIS quarterly review. 3. 2010：59-67.

[3] 陈雨露，马勇. 宏观审慎监管：目标、工具与相关制度安排 [J]. 经济理论与经济管理，2012（3）.

对证券市场监管目标并没有形成共识。但是,通过分析我们发现,在某些目标上,各国证券监管当局可以达成一致。比如,在《证券监管目标和原则》中,IOSCO 把"保护投资者利益"和"确保市场公平、高效和透明"和"减少系统风险"确定为证券市场的监管目标。IOSCO 认为,由于证券市场存在信息不对称、垄断、负外部性等市场失灵问题,并且市场无法自我实现克服和解决"失灵问题",监管部门必须对证券市场实施监管。IOSCO 尤其强调,证券监管应当促进资本形成和经济增长。

可以说,虽然各国对证券市场监管的目标表述不尽一致,但本质上却是大同小异,即共同关注和强调促进经济运行的稳定和发展。美国在《1933 年证券法》中就将向投资者提供有关证券公开发行的实质性信息和禁止欺诈行为作为证券市场监管目标。在 1986 年的证券立法中又进一步强调保护投资者利益这个目标,并明确规定为交易活动提供统一性、稳定性环境和相应的金融责任、账务记录、报告及有关管理办法等确保实现保护投资者利益的目标措施。① 我国 2019 年修改后的《证券法》将保护投资者合法权益作为证券市场监管的首要目标。同时强调,证券市场监管的目标是维护社会经济秩序和社会公共利益,促进社会主义市场经济的发展。IOSCO 也提出了证券监管应该实现"保护投资者利益""确保市场公正、高效和透明"和"减少系统性风险"三大监管目标。2018 年 4 月,中国人民银行、中国银保监会和中国证监会等共同出台的《关于规范金融机构资产管理业务的指导意见》首次提出:"坚持宏观审慎管理与微观审慎监管相结合、机构监管与功能监管相结合的监管理念。实现对各类机构开展资产管理业务的全面、统一覆盖,采取有效监管措施,加强金融消费者权益保护。"

比较分析欧美等国、IOSCO 以及我国证券市场制度体系,结合我国目前证券市场现状,本书认为,我国证券市场监管目标也应当是一个多层次概念。证券市场宏观审慎监管框架下的监管目标应当分为初始目标、直接

---

① 高如星,王敏祥. 美国证券法 [M]. 北京:法律出版社,2000:222.

目标和最终目标。这意味着，宏观审慎监管既要把保护投资者利益和防止系统性风险作为首要目标，同时还要兼顾长远发展，提高市场运行效率，使证券市场的基本功能正常发挥。本书提出，证券市场宏观审慎监管的初始目标是减少市场波动，减少投资者损失，保护投资者利益；直接目标是减少金融机构之间的关联性以及金融结构与金融体系的顺周期性；最终目标是防范证券市场系统性风险，避免证券市场持续下跌造成宏观经济波动和社会总产出的损失。

7.5.2 宏观审慎监管的组织架构

美国次贷危机爆发以来，社会各界对我国金融监管改革提出很多建议。尤其是 2015 年发生股市大波动后，将证券市场纳入宏观审慎监管的观点已形成共识。至于采用什么模式实施宏观审慎监管，或者说宏观审慎监管框架的结构如何建立至今仍莫衷一是。我国自证券市场建立初期，监管模式主要借鉴美英等国，体现了集中型监管模式下不同监管部门的分业监管职能。2017 年 7 月，第五次全国金融工作会议决定成立国务院金融稳定发展委员会（以下简称国务院金融委）。党的十九大后，国务院金融委正式成立。随后，国务院决定将中国银监会与中国保监会合并（见图 7-2）。国务院金融委有五项职责：一是落实党中央、国务院关于金融工作的决策部署；二是审议金融业改革发展的重大规划；三是统筹金融改革发展与监管，协调货币政策与金融监管相关事项，统筹协调金融监管重大事项，协调金融政策与相关财政政策、产业政策等；四是分析研究国内国际上的金融形势，做好国际金融风险应对工作，研究系统性金融风险防范处置和维护金融稳定的重大政策；五是指导地方金融改革发展与监管，对金融管理部门和地方政府进行业务监督和履职问责等。从职责划分上看，虽然国务院金融委也是金融监管体系的一部分，但是它并不直接参与监管，而是一个决策机构和协调机构，金融监管实施仍然由具体的监管部门负责。这意味着，虽然在"一行两会"之上成立了国务院金融委，但集中型金融监管模式与组织架构并没有发生根本的改革，宏观审慎监管职责仍然由中国人民银行承担,针对金融机构、具有分业监管特征的微观审慎监管仍然由中国银保监会和中国证监会承担。所不同的是,在宏观审慎监管框架下,分业监管要从原来的机构监管逐步向行为监管转变。

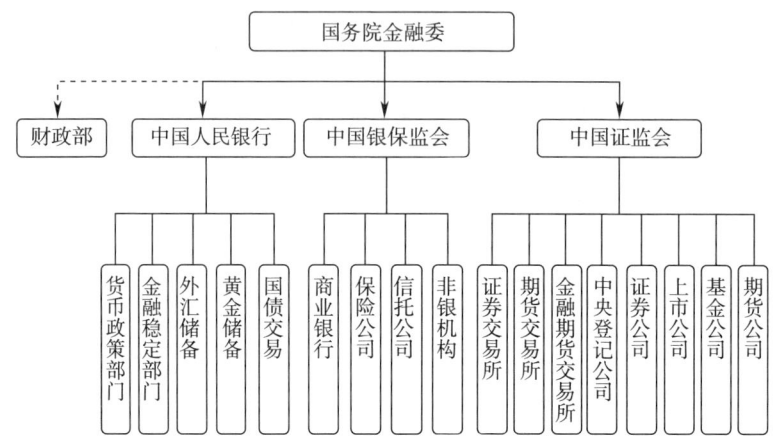

图7-2　我国金融监管组织架构

7.5.3　宏观审慎监管下的功能监管和行为监管

第五次全国金融工作会议提出:"加强功能监管,更加重视行为监管。"这是我国金融监管最高决策层首次提出"功能监管"和"行为监管"概念。前文述及,与微观审慎监管下监管部门只关注金融机构的稳健经营所不同,功能监管关注的是金融机构所从事的金融活动,根据金融机构从事金融服务的功能不同,将金融机构行为分成不同类型,由不同的金融监管部门监管。功能监管理论认为,金融服务的基本功能比金融机构更具有稳定性,可以跨时间和跨空间进行资源配置。作为结果,金融制度可能随着金融功能的实现方式不同而发生变化。在金融监管实践中,尽管金融功能的实现方式不断发生变化,只要金融监管始终在制度上保持对金融功能的适应性,就能实现监管的有效性。行为监管指的是监管部门通过制定公平的市场规则,对金融机构的经营活动及交易行为实施监督管理,包括禁止误导销售及欺诈行为、充分信息披露、个人金融信息保护、实现合同及交易公平、打击操纵市场及内幕交易、规范债权人行为等。行为监管一方面致力于降低金融交易中的信息不对称，推动金融消费者保护及市场有序竞争目标的实现；另一方面又针对金融机构与消费者之间的交易行为进行监管。美国次贷危机以来，强化行为监管与金融消费者保护已成为世界各国金融监管的改革重点，行为监管与宏观审慎管理、微观审慎监管一道，构成了后危机时代金融监管改革的三大核心。

可以说，不论是功能监管还是行为监管，都是为了防止机构监管模式下"合成谬误"的发生。近年来，随着我国金融改革的不断深化，各种金融创新活动借助信息技术不断涌现，金融产品与服务日益呈现出多样化、复杂化和混业化特征。对普通金融消费者而言，由于受自身掌握金融专业知识的限制，金融机构与金融消费者之间的信息不对称、交易地位不对等现象更加明显。一些影子银行机构非法参与证券市场融资活动、欺诈销售假标产品、操纵市场、泄露个人信息等侵害金融消费者权益的风险事件及金融乱象频频发生。越发突出的行为风险隐患要求证券市场实行宏观审慎监管框架下的功能监管与行为监管。在中国，党的十九大提出"双支柱调控框架"后，国务院成立金融发展与稳定委员会，对金融监管组织架构进行重大调整，为宏观审慎监管框架下实现功能监管和行为监管提供了可能。

从近年来全球范围的金融监管实践来看，G20、世界银行、金融稳定理事会（FSB）等都将行为监管与金融消费者保护作为金融监管改革的重要议题，出台了相应的指导性意见，如G20《金融消费者保护高级原则》(*High-level Principles on Financial Consumer Protection*)、世界银行的《金融消费者保护的良好经验》(*Good Practices for Financial Consumer Protection*)等。其中，2012年世界银行出台的《金融消费者保护的良好经验》涵盖了银行、证券、保险和非银行信贷机构等，从消费者保护制度、披露和销售行为、消费者账户的管理和维护、隐私和数据保护、争端解决机制、保障和补偿计划、金融教育与消费者自我保护能力和鼓励竞争九个方面提出了加强行为监管与金融消费者保护的建议。实际上，次贷危机后，澳大利亚和荷兰等国采用的金融监管模式已经引起包括美国、英国在内的世界各国的效仿和关注。这些国家监管模式的最大特点就是成立两个独立的监管机构分别负责宏观审慎监管和行为监管。英国金融创新研究中心的学者泰勒（Michael Taylor）最早将这种监管模式定义为"双峰监管模式"（Twin Peaks Model）。[1]

以英国金融监管改革和"双峰监管"架构形成为例。基于经济自由主义的英国，由于金融监管立法不完善，在很长一段时间里采用自律监管的模式，这种情况直到20世纪80年代才发生改变。《金融服务法》首次对金融投资行业进行全面立法，从而以国家立法的方式确定自律监管模式。但是，《金融服务法》同时也赋予了政府的有限监管职责。本章在前面已经做过详细介绍。2000年颁布的《金融服务和市场法》（*Financial Service and Market Act* 2000）彻底终结了英国自律监管的历史，将对金融机构和金融市场的监管职责交给了由证券投资委员会（SIB）演变而来的金融服务管理局（FSA），证券投资委员会（SIB）是一个公司制的非官方组织，本质上也可以看做是自律监管的一种特殊形式。而金融服务管理局（FSA）与证券投资委员会（SIB）有着很大不同，到金融危机前，FSA事实上已经成为所有金融机构的超级监管机构。但是，2010年后英国再次对金融监管模式进行重大改革。2012年，英国出台了《金融服务法》，明确了英格兰银行作为中央银行在新的监管框架中的核心地位，赋予英格兰银行维护金融体系稳定的职责，成立了金融政策委员会（Financial Policy Committee，FPC）。同时，财政部将FSA拆分为审慎监管局（Prudential Regulation Authority，PRA）和金融行为监管局（Financial Conduct Authority，FCA），最终建立起目前的"双峰监管"架构。应当说，英国"双峰监管"架构形成的过程其实就是一个由自律型监管向集中型监管转变的过程。从目前实行"双峰监管"国家的实践经验看，宏观审慎监管、集中型监管与功能监管、行为监管具有较强的相容性。同样地，我国也可以将集中型监管、功能监

---

[1] Michael Taylor. "Twin peaks": A regulatory structure for the new century. OpenGrey Repository.

管和行为监管纳入宏观审慎监管框架中。

7.5.4 证券市场宏观审慎监管的重点

证券市场宏观审慎监管的重点是证券机构,这不仅是华尔街金融危机留给我们的重要教训,也是证券机构风险性质所决定的。在证券市场上,证券公司与其他市场主体的高关联性关系决定了证券公司自身的风险具有较强的外部性和溢出效应。其实,《巴塞尔协议Ⅲ》提出的三大支柱——最低资本要求、外部监管和市场约束已经隐含了对证券市场宏观审慎监管重点的要求。尤其是核心资本充足率要求,使证券系统重要性机构监管成为宏观审慎监管的核心内容。在本书中,我们根据中国人民银行等三部委《关于完善系统重要性金融机构监管的意见》,从证券机构规模、关联性、可替代性、复杂性和资产变现等方面,建立了证券公司系统重要性评价体系和计算方法,用于对证券系统重要性机构识别。我们对证券公司系统重要性进行排名和分析后发现,虽然目前我国证券公司重要性普遍达不到监管部门设定的标准,但在总体上却呈现严重分化,存在多种引发系统性金融风险的问题。在这种情况下,监管不仅要防范"太大而不能倒"的风险,也要防范"太关联而不能倒"和"太多而不能倒"的风险;不仅要从宏观审慎监管角度防范证券机构引发系统性风险,也要从金融业开放和市场竞争的角度,推动证券公司并购重组。

尽管在本书中,我们强调证券机构是证券市场宏观审慎监管的重点,但这并不意味着来自其他市场主体的风险可以忽视。证券市场监管模式取决于市场结构的变化和市场主体的行为,从这个意义上说,即使监管框架不改变,证券市场的宏观审慎监管在内容上一定是有别于银行业。证券市场30年的发展经验足以证明,导致系统性风险的因素不仅仅来自证券公司这样的系统性机构,也可能来自上市公司和游离于监管之外的影子银行机构,甚至来自具有"羊群效应"特征的众多个人投资者。因此,宏观审慎监管内容既应当包括系统重要性机构,也要包括与市场流动性相互作用的其他市场主体。早在2006年7月,中国证监会就出台《证券公司风险控制指标管理办法》（以下简称《办法》）。次贷危机爆发后，2008 年 6 月，中国证监会对《办法》进行了修订。2015 年 12 月，中国人民银行将准备金动态调整机制和合意贷款管理机制上升为"宏观审慎评估体系"（MPA）后，2016 年 6 月和 2018 年，中国证监会根据宏观审慎监管要求，先后两次对《办法》进行大范围修订。此两次修订维持对证券公司监管的总体框架不变，对不适应宏观行业发展需要的具体规则进行调整；同时，结合宏观审慎监管的新形势，通过改进净资本、风险资本准备计算公式，完善杠杆率、流动性监管等指标，明确逆周期调节机制，提升风控指标的完备性和有效性。修订后的《办法》主要通过资本杠杆率对公司杠杆进行约束，综合考虑流动性风险监管指标要求，通过风险覆盖率、资本杠杆率、流动性覆盖率及净稳定资金率四个核心指标，构建合理有效的风控指标体系。此次《关于完善系统重要性金融机构监管的意见》不仅明确了系统重要性金融机构的定义和范畴，也规定了系统重要性金融机构评价流程和总体方法，对进一步完善证券市场宏观审慎监管具有重要的现实意义。

7.6　证券市场宏观审慎监管工具选择

本章前文已经阐述，根据系统重要性原则，仅有针对证券公司的宏观审慎监管指标体系不能充分揭示证券市场系统性风险。中国人民银行三部委《意见》要求从证券市场运行的角度来构建宏观指标体系。但是，从各国证券市场发展和监管经验看，构建能够客观反映证券市场风险的量化指标并非易事。现实中，很难用单一量化指标对证券市场风险程度进行测度。在总结和借鉴已有研究的基础上，我们认为，采用一套相对综合、便于监测、可交叉比对的量化指标体系对市场风险程度进行测度，这一指标体系包含股票市场、证券公司和宏观经济三个维度，之所以将证券公司作为一个维度，主要基于"证券公司是证券市场宏观审慎监管重点"这一逻辑基础。在这三个维度中，市场运行维度指标包括上市公司总市值、月度换手率、月度交易金额、月度新增股民数量占比、融资融券规模、沪深

300 指数样本公司平均 PE、投资者信心指数等；证券公司维度指标包括净资本比率、净资本、净资产、资本充足率、风险覆盖率等；宏观经济维度指标包括工业增加值、社会融资规模、固定资产投资规模、利率、GDP 和 PMI 等。我们使用主成分分析法、层次分析法、熵值法及灰色关联法构建指标体系，计算证券市场系统性风险指数和系统性风险预警值。

证券市场系统性风险指数的经济学含义与前面提到的经济周期乘数 K 相似，也是一种逆周期调节因子，所不同的是，证券市场系统性风险指数既可以作为监管部门进行逆周期调节时选择调节工具的依据，又可以作为向投资者发出的市场风险程度预警，让投资者根据证券市场综合风险指数所反映的市场风险程度做出调整决策。我们根据证券市场系统性风险预警值，将证券市场运行的风险程度划分为三种风险程度，即"低迷""正常"和"过热"。

值得说明的是，在第 6 章计算市场风险指数指标体系中，我们所选取的 22 项指标全部为客观性指标。更重要的是，这些指标的数据来源具有较强的权威性和便利的可得性。通过对 2000 年 1 月至 2019 年 6 月非金融上市公司历史数据进行实证分析，验证指标体系计算出的证券市场系统性风险预警值，对这一区间我国股票市场历次股灾具有较强的解释力。因此，我们认为采用上述指标体系计算出的风险指数与市场风险程度之间存在较高的对应关系，市场风险指数可以作为证券市场宏观审慎监管实施过程中制定逆周期监管政策的依据。可以根据这些指标在一段期限内的变化来判断市场景气度，明确逆周期调节操作方式，向市场释放逆周期调节信号。

中国人民银行和中国银保监会提出的宏观审慎评估体系将资本充足率、杠杆率、流动性和贷款损失准备等指标作为宏观审慎监管工具。这些监管工具用于银行和证券公司可能有效，但只能覆盖证券市场主体的一部分，对证券公司以外的市场主体并不适用。2015 年的股市大波动和 2018 年的上市公司股权质押风险表明，必须建立针对证券市场的宏观审慎监管工具体系。为保持净资本的严肃性、可比性，本书不建议经常性调整净资本的扣减比例，在市场过度活跃时，通过提高各项业务风险资本准备计算比例,引导公司审慎控制业务规模;在市场持续低迷时,通过降低各项业务风险资本准备计算比例,引导行业适度扩大业务规模。对整个证券市场而言,我们建议将融资融券业务规模、融资成本以及股市平准基金作为宏观审慎监管工具。

第8章 研究结论与政策建议

金德尔伯格（Charles P. Kindleberger）有一句名言：金融危机是一个永恒的现象。这位世界金融史研究的泰斗还告诉我们，危机总是伴随经济周期的繁荣阶段而爆发。在本书最后一章，我们想说的是，尽管本书用大量篇幅对证券市场监管模式进行分析，其实，我们很难得出一个清晰而满意的结论。对证券市场而言，宏观审慎监管不应该仅仅理解成一种模式，它更是一种理念。纵观人类近千年的金融危机史，总能找到一些似曾相识的东西。英国经济学家白芝浩（Walter Bagehot）早在18世纪就提出银行破产所产生的金融危机。此后，从金德尔伯格到莱茵哈特和罗格夫，虽然他们研究金融危机的视角不同，但是他们引导后人的方向却非常一致，那就是防止下一次危机的发生。在对过去400年里世界各国所发生的金融危机进行研究后，金德尔伯格提出了"最后贷款人"（Lender of Last Resort）理论。在这个理论体系中，"最后贷款人"其实是一种医治金融危机的公共产品，是政府和中央银行必须承担的责任和义务。所以早在半个世纪前金德尔伯格就像先知一样地说："当最后贷款人开始实施拯救时，即使很笨拙，也使危机后的复苏变得短暂，经济增长只会轻微放慢。"[①] 需要指出的是，随着经济金融全球化程度的加深，国与国之间的资本与货币一体化使20世纪以来的金融危机超越国别的限制在世界范围内传播。因此，最后

[①] [美] 查尔斯·P. 金德尔伯格. 疯狂、恐惧和崩溃：金融危机史 [M]. 北京：中国金融出版社，2007：260.

贷款人理论的影响也从金融经济领域扩大到政治乃至国际公共事务领域。金德尔伯格提出的最后贷款人理论隐含着一个重要逻辑就是，政府必须对金融行业施以监管，以防止金融危机的发生。党的十九大以来，我国已经把防范和化解系统性金融风险作为实现高质量发展必须跨越的重大关口，并把防范化解重大风险作为必须打赢的三大攻坚战之一。按照党的十九大报告精神，"一委一行两会"正在构建适合中国金融现实的宏观审慎监管组织架构和制度体系。本书针对中国证券市场风险不断累积的现实，从宏观审慎监管的目标和原则出发，研究设计证券市场宏观审慎监管框架和宏观审慎监管工具。

本书通过对其他国家和地区证券市场系统性风险产生的背景、主要过程、主要经济后果以及主要原因进行分析，回顾总结了发达国家和地区证券市场监管模式的演变逻辑和宏观审慎监管框架的主要特征。通过对我国2015年股灾以及当前证券市场的风险因素、监管情况进行系统分析，本书认为在中国经济"减速换挡"的背景下，随着各经济部门杠杆率的不断上升，证券市场风险在不断累积。要实现党中央提出的"打造一个规范、透明、开放、有活力、有韧性的资本市场"的目标，必须按照十九大提出的"双支柱调控框架"，建立完善的宏观审慎监管体系。

8.1　本书的主要研究结论

8.1.1　证券市场必须纳入宏观审慎监管

不论是国际金融危机还是国内股灾的发生都可以充分证明，证券市场具有顺周期性，证券市场发生的风险可以演化成整个金融体系的系统性风险。2007年和2015年中国股市大波动的连续爆发，除了国际金融危机等外部因素影响以外，国内政策对股市态度、监管部门对股市采取的降温措施以及大量场外资金的非理性套利行为，客观上加剧了股市危机的发生，这使以机构为监管对象的微观审慎监管缺陷暴露无遗。微观审慎监管之所以无法避免证券市场发生危机,原因在于对单只证券机构的监管并不足以识别、阻止和消除证券市场的系统性风险,在机构风险转化为系统性风险过程中存在"合成谬误"现象。

宏观审慎监管并不是必须排斥微观审慎监管,宏观审慎监管建立在微观审慎监管的基础上,它们之间是一种互补的关系。宏观审慎监管和微观审慎监管的根本区别在于监管对象不同,在监管目标和监管方式上也存在较大差异。宏观审慎监管强调防范系统性风险和金融消费者保护。目前,虽然我国已经提出宏观审慎监管,但保护金融消费者的立法却明显滞后,证券市场长期低迷和反复震荡波动与此不无关系,因此,构建和完善证券市场宏观审慎监管制度体系已迫在眉睫。

8.1.2 证券机构是证券市场宏观审慎监管的重点

在第 5 章中我们已经提出,本书两个核心观点之一就是,证券公司是证券市场宏观审慎监管的重点。根据中国人民银行等三部委《关于完善系统重要性金融机构监管的指导意见》(以下简称《意见》)要求对证券公司实行宏观审慎监管至少包含两层含义:一是证券公司最低资本要求,二是对所有证券经营机构进行系统重要性分类。《意见》首次明确了系统重要性金融机构的定义和范畴,明确规定,系统重要性金融机构是指"规模较大、结构和业务复杂度较高、与其他金融机构关联性较强,在金融体系中提供难以替代的关键服务,一旦发生重大风险事件而无法持续经营,将对金融体系和实体经济产生重大不利影响、可能引发系统性风险的金融机构"。《意见》还规定了系统重要性金融机构的评价流程和总体方法,采用定量评估方法按照资产规模、业务规模和风险敞口规模等指标计算证券经营机构的系统重要性分值,以此衡量系统重要性金融机构经营失败对金融体系和实体经济的潜在影响。在本书中,我们根据《意见》指引和我们已有的研究,探索构建系统重要性证券公司的评价指标体系,识别出我国的系统重要性证券公司,为金融监管部门提供决策参考。我们的研究显示,目前,我国的证券公司在系统重要性方面远远达不到《意见》规定的标准,形势不容乐观。考虑到金融业开放的大势所趋,证券监管部门可能应当银行业宏观审慎监管,把提高证券行业集中度和证券行业系统重要性作为监管重点之一,推动行业格局重构,使中国证券市场尽早出现能够与国外大型投资银行相竞争的证券公司。

目前,监管部门依据证券公司经营的合规性对证券行业实行分类监管。自2006年《证券公司风险控制指标管理办法》实施以来,我国证券公司杠杆率指标有净资本比负债、净资产比负债两个指标。但这两个指标未将表外业务、担保等隐性负债考虑进去,因此证券公司的杠杆率被明显低估。2018年,监管部门第二次对《证券公司风险控制指标管理办法》修订后规定,证券公司必须持续符合的风险控制指标包括"资本杠杆率不得低于8%"和"流动性覆盖率不得低于100%"。其中,资本杠杆率指标已经考虑了证券公司表外业务可能产生的风险,将表内外资产总额纳入监管范畴。因此,对证券经营机构进行系统重要性分类将对宏观审慎监管具有重大的现实意义。

8.1.3 建立完善的证券市场逆周期调节机制

在本书前面几章中我们已经阐述过,以资本缓冲为核心的逆周期调节是《巴塞尔协议Ⅲ》的重大创新之一,它代表了监管理念的重大转变。2012年8月,中国证监会在《关于推进证券公司改革开放、创新发展的思路及措施(征求意见稿)》中首次提出,要完善逆周期调节机制。2016年3月和2018年5月,中国证监会两次修订《证券公司风险控制指标管理办法》。2019年8月,中国证监会再次对修订《证券公司风险控制指标计算标准》(以下简称《计算标准》)进行修订。监管部门的这些能力显示了建立证券市场逆周期调节的迫切性。尤其是《计算标准》的修订,对证券市场具有明显的政策导向意义。在维持总体框架不变的基础上,监管部门根据市场情况和行业发展需要对部分指标进行修订,具体变化包括:一是支持证券公司遵循价值投资理念,深度参与市场交易,适当放宽投资成分股、权益类指数基金、政策性金融债等产品的风控指标计算标准。二是按照宽严相济、防范风险的原则,针对股票质押、私募资产管理等业务特点和各类金融产品风险特征,完善相应指标计算标准。三是结合市场发展实践,明确新业务、新产品的风控指标计算标准,确保对各类业务风险全覆盖。四是为支持证券公司提升全面风险管理水平,对连续三年分类评价为A类AA级及以上的证券公司,风险资本准备调整系数设为0.5;明确对纳入并表监管的证券公司,相关风险控制指标计算标准可由中国证监会另行规定。可以说,此次修订标志着证券市场逆周期调节向前迈出了重要一步,对证券行业意义深远。首先,监管部门实施逆周期调节,可以引导行业优化资本配置。针对不同业务、产品的风险特征,实施宽严相济的指标调整,发挥风控指标计算标准的导向作用,提升资本市场流动性,支持行业健康有序发展。其次,对风控指标计算标准的修订,可以进一步提升风控指标完备性,监管部门根据市场发展情况和行业实践中的新业务、新情况,进一步明确新业务计算标准。再次,完善差异化监管指标,可以提升优质证券公司资本运作空间。从本书第5章的分析可以看出,我国证券公司行业集中度明显偏低,监管部门结合证券公司分类评价结果实行强化差异化监管,将大大提升那些合规风控有效、业务拓展能力较强的大型证券公司的资本运作空间。因此,我们判断,对《计算标准》的修订有助于引导券商在严控风险的前提下,合理有效地进行存量业务发展和创新业务开拓,同时提升资本运作空间并最终达到提高ROE水平的目的,监管部门甚至可以通过逆周期调节实现扶优限劣的监管目标。不难想象,未来风控和专业能力强的大型券商,有望在杠杆类业务和创新业务拓展上把握先机,行业格局分化将更为显著。

需要指出的是,证券市场逆周期调节的含义与银行业的逆周期调节并不完全相同。如果说银行业的市场逆周期调节是针对经济周期和金融周期的话,那么证券市场逆周期调节还要针对证券市场自身的波动。在很多时候,证券市场的剧烈震荡和大幅波动与经济周期和金融周期没有必然联系,这就是说,证券市场逆周期调节的本质是熨平和防止市场波动导致的系统性风险。随着《巴塞尔协议Ⅲ》的全面实施,对证券市场逆周期调节的研究也越来越多。现在人们更加关注的是，以证券公司为监管对象的逆周期调节是否充分和适当？逆周期调节机制的本质是，当市场出现过热迹象时，以监管部门为核心的相关部门和机构对市场进行的反向操作。因此，逆周期调节的关键是对经济周期、金融周期以及市场波动趋势的判断。如果能够在市场过热的时候准确判断市场波动幅度、资产价格泡沫化程度以及周期持续时间等指标，在逆周期调节工具选择具有科学性、客观性和可操作性的条件下，逆周期调节机制将使审慎监管变得更加有效，反之则有可能进一步强化市场的顺周期性，从而进一步放大系统性风险。不难理解，证券市场逆周期监管的实施必然是一个多方合作的结果，不仅需要以监管部门为核心，交易所、证券公司以及其他服务机构等多方进行协调与合作，更需要在国务院金融委统一领导下的"一行两会"的协调与合作。从这个意义上说，建立完善的证券市场逆周期调节机制仍任重道远。

8.1.4　证券市场系统性风险具有负外部性、累积性、传导性和高度关联性等特征

通过对政策风险、利率风险、购买力风险、市场风险、汇率风险、经济波动带来的不确定性风险、政治风险、公司治理风险以及市场监管风险等多重角度的分析，我们发现，证券市场系统性风险不仅具有明显的负外部性，同时还具有累积性、传导性和高度关联性等特征。本书在剖析系统性风险触发原因的基础上，从流动性角度对中国证券市场现实风险情况进行了分析。我们认为，由于证券市场内生性存在两种反馈效应，当投资者和证券机构为了缓解财务困境而抛售资产时，市场流动性会瞬间枯竭，从而对市场产生巨大的破坏性，2015年连续发生"千股跌停"其实就是流动性枯竭的结果。研究发现，中国系统性风险的最大威胁在于经济周期与金融周期的错配，流动性波动也会对实体经济和整个金融市场产生冲击。

根据明斯基"金融不稳定性假说"和国内学者"系统性金融风险主要是由微观主体引发"的观点，在本书第4章中，我们以上市公司为研究对

象，分析了证券市场系统性风险在不同部门之间的传染，因为，引发证券市场大幅波动的原因不仅有市场的外部冲击，也有内部的交叉传染问题。上市公司是证券市场最重要的市场主体之一，不同行业的杠杆率、流动性需求以及财务特征等不一样，决定了上市公司的风险抵御能力和爆发路径以及对整个证券市场的影响不同。在本书中，我们以利润总额与总负债的比例来衡量企业的偿债能力即风险抵御能力，以加总的利润总额与总负债比例来衡量行业的风险水平。研究发现，不同行业的风险均有不断增加的趋势，行业内部风险不断累积，并且行业金融结构水平，即总负债占比越高，风险水平越高。但是，令人担忧的是，大部分行业抵御风险能力均在降低，并且降低至很低的水平。行业内无论是国有企业还是非国有企业，风险抵御能力都在不同程度地降低。虽然近些年行业降杠杆的迹象较为明显，然而企业的风险抵御能力并未随杠杆率的降低而提高。制造业的风险抵御能力虽然明显下降，但与其他行业相比，仍有较高的风险抵御能力。需要特别指出的是，我们通过向量误差修正模型发现，风险会从风险高的行业向风险低的行业传递。

8.1.5 构建测度证券市场风险指标体系

作为选择和使用宏观审慎监管工具的依据，证券市场系统性风险测度与银行业有着本质的不同。因此，仅仅对证券经营机构进行系统重要性分类并针对证券经营机构进行逆周期调节还远远不够，必须针对宏观经济运行和证券市场运行情况，建立客观的量化指标体系，对证券市场进行风险测度，根据证券市场风险指数，选择使用逆周期宏观审慎监管工具。从各国监管经验来看，采用单一量化指标很难对市场运行的风险程度进行测度，必须从多维视角，构建一个具有客观性、可获得性和可比较性的量化指标体系，计算出证券市场风险指数。本书在第6章中，我们从多个方面分析证券市场系统性风险的来源。基于宏观审慎监管逻辑，从宏观经济、股票市场和证券机构三个维度选取具有较强解释力的客观指标，度量证券市场系统性风险，构建风险预警体系，为证券市场实施宏观审慎监管逆周期调节以及具体调节工具的选择提供依据。我们认为，对于证券市场宏观审慎监管来说，构建测度证券市场风险指标体系不仅示范重要，而且非常必要。首先，监管部门可以根据某些指标一段时期内的变化来判断市场风险情况，及时进行逆周期调节，动态调整各项业务风险资本准备的计算比例，向市场释放逆周期调整信号；其次，投资者也可以通过发布风险指数了解市场风险状况，做出正确的投资决策。这对防范系统性风险、保证我国证券市场平稳发展具有重要的理论与现实意义。在第 6 章中，我们通过对历史数据的实证统计和分析，从宏观经济、股票市场和上市公司三个维度选择了 22 项客观指标计算出证券市场风险指数——系统性风险预警值。经过历史数据检验，我们认为该预警值较为可靠。事实上，我们也可以根据风险指数值将证券市场分为"低迷""过热"和"正常"三种状态。监管部门可以根据市场风险指数来选择使用何种宏观审慎监管工具以及宏观审慎监管工具的使用期限；投资者可以根据市场风险指数的变化来判断市场运行情况，并作为投资决策参考。

8.2　政策性建议

8.2.1　证券监管部门应成立审慎监管机构

综观世界各国金融监管实践，建立在《巴塞尔协议Ⅲ》原则基础上的宏观审慎监管框架正在变得趋同。各国宏观审慎监管的共同特征是，更加突出中央银行的地位和作用，强调金融监管协调和金融消费者保护，制定相关制度和法规，建立金融风险处置过程中的退出清算机制等。国务院金融委成立后，以中央银行为核心的宏观审慎监管理念和架构正在逐步建立，这意味着，国务院金融委将整个金融市场的宏观审慎监管职能交给中国人民银行。但是在证券市场内部，中国证监会应当设立相关部门落实国务院金融委和中央银行关于宏观审慎监管的战略部署，负责与其他金融部门的协调，确定行业系统重要性机构，制定证券市场与宏观审慎监管相关的监管法规和规定，跟踪关注证券市场风险变化，研究和选择宏观审慎监管工具等。

8.2.2 建立适合证券市场的宏观审慎监管工具体系

无论是原中国银监会出台的《关于中国银行业实施新监管标准的指导意见》，还是中国人民银行提出的宏观审慎评估体系（MPA）七个方面的指标，均将资本充足率、杠杆率、流动性和贷款损失准备等指标作为宏观审慎监管工具。但是，这些监管工具用于证券市场很有可能并非有效，它们只能覆盖证券市场主体的一部分，有效实施证券市场宏观审慎监管客观上要求通过金融创新，建立适合证券市场的宏观审慎监管工具体系。资本充足率、杠杆率和流动性等指标可以用于对证券市场系统重要性机构的逆周期监管，但对证券公司以外的市场主体并不适用。2015年的股市大波动和2018年的上市公司股权质押风险表明，必须建立针对证券市场所有市场主体和市场参与者的宏观审慎监管工具体系。在此，本书建议将融资融券业务规模和融资成本作为宏观审慎监管工具。

8.2.3 定期发布证券市场风险指数

为了防止证券市场的顺周期行为和双向反馈效应而产生叠加效果，本书建议由交易所或独立第三方机构定期发布证券市场风险指数。风险指数唯一的功能就是揭示市场风险和指引市场信心。事实上，证券市场本身产生的很多交易数据同样具有风险警示的信号作用。但是，当市场处于"过热"和"过冷"状态时，投资者由于"羊群效应"往往会对市场数据麻木或不相信这些数据所代表的意义。此时，直接发布代表市场风险的指标和数据，向投资者、上市公司和监管部门进行警示可能会产生比交易数据更加明显的效果。此外，市场风险指数还可以作为逆周期调控的依据。监管部门可以根据市场风险指数的变化情况，决定是否使用宏观审慎监管工具以及使用何种监管工具进行逆周期调节和逆周期调控的期限。

目前，中国投资者保护基金股份有限公司每月公布中国证券市场投资者信心指数，该指数的计算基于中国证券市场投资者信心问卷调查，问卷调查对象为个人投资者和机构投资者，样本数量大约为 2000 个。我们认为，采用问卷调查方式计算出的市场指标可能受到主观因素影响，可以考虑在公布投资者信心指数的同时，再公布一个完全由交易数据和统计数据计算出来的市场风险指数，这样更能客观地反映市场运行状况。

8.2.4 建立股市平准基金

关于设立股市平准基金，国内已有较多讨论和研究成果。主张设立平准基金的观点认为，平准基金对于中国股市有四个作用：一是为政府和证券监管部门提供抑制股市波动性的工具，提高政府和证券监管部门调控证券市场的能力，增强股市的稳定程度，有利于股市健康、稳定发展。二是能夯实股票市场的制度性基础，增强中国股市整体抗系统性风险能力，提高政府和证券监管部门风险管理水平。三是能为社保基金和企业年金等保障性基金进入股市起到引导和示范作用。根据欧美等国证券市场发展经验，社会保障性基金最终将通过大量进入股票市场或购买其他权益类资产，实现收益。但是，目前在我国社会保障性基金的资产配置中，股票市场权益类资产配置比例微乎其微。如果成立股市平准基金，将为社会保障性基金进入股票市场积累经验。四是由于股市平准基金的管理人代表国家意志，因此，基金运作体现了国家宏观调控的政策导向，在一定程度上将对市场资金流向起到调整和优化作用，从而促进重点产业发展。从韩国、中国香港和中国台湾的经验来看，股市平准基金在稳定投资者信心和股市方面所产生的作用，比其他监管方式更加有效。可以设想，如果 2015 年股市大波动发生时有平准基金入市，千股跌停的惨状不会反复出现，投资者损失也不会如此巨大。为此，建议将现有的中国投资者保护基金直接变更为股市平准基金。

2015 年 7 月 8 日，股市大波动发生不到一个月的时候，也就是上证综指跌至 3373 点时，中国证券金融股份有限公司（以下简称证金公司）按照中国证监会要求，动用了 2000 亿元的资金规模，申购易方达、华夏基金、南方基金、嘉实基金及招商基金五大基金公司偏股型基金产品，每家基金公司额度为 400 亿元。这一资金规模达到当时存量偏股基金规模的 10%。在整个股市大波动期间，监管部门采取的 20 项救市举措，这一举措被市场认为是最有效的（详见本书第 2 章中的图 2 - 11、表 2 - 2）。所以，很多人据此认为，证金公司就是中国的平准基金。这可能是一种善意的误解。从监管部门公开的资料看，证金公司成立于 2011 年 10 月，是经国务院同意，中国证监会批准设立的全国性证券类金融机构，是中国境内唯一从事转融通业务的金融机构，旨在为证券公司融资融券业务提供配套服务。证金公司股东单位为上海证券交易所、深圳证券交易所、上海期货交易所、中国证券登记结算有限责任公司、中国金融期货交易所、大连商品交易所和郑州商品交易所。证金公司的经营范围主要是为证券公司融资融券业务提供转融资和转融券服务。很显然，证金公司其实就是一家专营转融通业务的金融机构，它与其他金融机构并无本质区别，减少股市波动、维护市场稳定不应作为一家金融机构的经营宗旨。

投资者保护基金的全称为"中国投资者保护基金股份有限公司"，顾名思义，是专门为保护投资者而设立的。2005 年 6 月，国务院批准中国证监会、财政部、中国人民银行发布《证券投资者保护基金管理办法》，同意设立国有独资的中国证券投资者保护基金有限责任公司（以下简称投资者保护基金）。按照《证券投资者保护基金管理办法》的规定，投资者保护基金的宗旨是，建立防范和处置证券公司风险的长效机制，维护社会经济秩序和社会公共利益，保护证券投资者的合法权益，促进证券市场有序、健康发展。因此，投资者保护基金本身就有维护市场稳定、减少市场波动，维护投资者信心、促进资本市场发展的职责。投资者保护基金刚成立时，主要职能是参与处置被撤销、被关闭和破产清算的证券公司，按照法律规定，对证券公司债权人进行偿付。根据投资者保护基金年报，截至 2019 年 12 月末，基金累计向被处置证券公司发放的资金约为 270 亿元，被处置证券公司的平均偿付率约为 50%。2019 年投资者保护基金共筹集资金 89 亿元，基金资产余额累计约为 750 亿元。①按照《证券投资者保护基金管理办法》规定的职能，投资者保护基金对 31 家被撤销、被关闭和破产清算的证券公司的处置工作已经持续了长达 15 年。但是，无论怎样，证券公司处置工作终将结束，按照保守估计，届时投资者保护基金的基金资产规模可能超过 1000 亿元。既然成立基金的初衷就是保护投资者，那么建议将它的职能增加，变更为股市平准基金。当然，将投资者保护基金增加股市平准基金功能，涉及修改《证券投资者保护基金管理办法》中关于"基金使用"等相关条款和规定。

---

① http：//www.sipf.com.cn/images/zwz/gywm/nbyb/2020/02/17/9D61A9605DDCF45A6A39383D0F9D9168.pdf.

参考文献

[1] 孙国茂. 中国投资银行竞争力研究 [J]. 济南大学学报（社会科学版），2012（3）.

[2] 孙国茂. 制度、模式与中国投资银行发展 [M]. 北京：中国金融出版社，2011.

[3] 孙国茂. 中国投资银行竞争力研究报告（2012）[M]. 北京：中国金融出版社，2012.

[4] 孙国茂. 中国投资银行竞争力研究报告（2013）[M]. 北京：中国金融出版社，2013.

[5] 孙国茂. 中国投资银行竞争力研究报告（2014）[M]. 北京：中国金融出版社，2014.

[6] 孙国茂. 中国投资银行竞争力研究报告（2015）[M]. 北京：中国金融出版社，2015.

[7] 孙国茂. 中国投资银行竞争力研究报告（2016）[M]. 北京：中国金融出版社，2016.

[8] 孙国茂. 中国投资银行竞争力研究报告（2017）[M]. 北京：中国金融出版社，2017.

[9] 孙国茂. 中国证券公司竞争力研究报告（2018）[M]. 北京：社会科学文献出版社，2018.

[10] 孙国茂. 中国证券公司竞争力研究报告（2019）[M]. 北京：社会科学文献出版社，2019.

[11] 陈元. 美国银行监管 [M]. 北京：中国金融出版社，1998.

[12] 林准超. 英国金融服务法 [M]. 北京：中国民主法制出版社，1997.

[13] 黄毅. 美国金融服务现代化法 [M]. 北京：中国金融出版社，2000.

[14] 高如星，王敏祥. 美国证券法 [M]. 北京：法律出版社，2000.

[15] 董裕平等. 多德—弗兰克华尔街改革与消费者保护法案 [M]. 中译本. 北京：中国金融出版社，2010.

[16] 乔治·索罗斯. 开放社会：改革全球资本主义 [M]. 北京：商务印书馆，2001.

[17] 张路. 美国1933年证券法 [M]. 中译本. 北京：法律出版社，2006.

[18] 张路. 美国1934年证券交易法（上下册）[M]. 中译本. 北京：法律出版社，2006.

[19] 罗平. 巴塞尔新资本协议研究文献及评述 [M]. 北京：中国金融出版社，2004.

[20] 国际清算银行. 巴塞尔银行监管委员会文献汇编 [M]. 北京：中国金融出版社，1998.

[21] 巴塞尔委员会. 巴塞尔银行监管委员会文献汇编 [M]. 北京：中国金融出版社，2002.

[22] 安起光，王聪聪，邵明新. 基于综合指数法的商业银行系统性金融风险度量与分析——以山东省商业银行为例 [J]. 经济与管理评论，2018，34（3）：143-152.

[23] 艾伦·格林斯潘. 动荡的世界：风险、人性与未来的前景 [M]. 中译本. 北京：中信出版社，2014.

[24] 阿兰·莫里森，小威廉·维尔勒姆. 投资银行：制度、政治和法律 [M]. 中译本. 北京：中信出版社，2011.

[25] 阿维纳什·D. 珀森德. 流动性黑洞：理解、量化与管理金融流

动性风险［M］．中译本．北京：中国金融出版社，2007．

［26］巴曙松，朱元倩．巴塞尔资本协议Ⅲ研究［M］．北京：中国金融出版社，2011．

［27］巴曙松，吴博．美国金融监管改革法案内容评析［J］．金融管理与研究，2010（8）：6－9．

［28］保罗·穆勒，马修·帕蒂斯．谁在欺骗谁：危机的链条［M］．中译本，北京：中信出版社，2009：177－192．

［29］安德鲁·罗斯索尔金．大而不倒［M］．中译本．北京：中国人民大学出版社，2010．

［30］巴塞尔银行监管委员会．巴塞尔协议Ⅲ［M］．中译本．北京：中国金融出版社，2014．

［31］陈建奇．霸权的危机：美国巨额财政赤字与债务风险研究［M］．北京：中国社会科学出版社，2011．

［32］陈四清．国外金融监管介绍［M］．北京：中国金融出版社，2010：55．

［33］陈守东，王妍．系统性金融风险与宏观审慎监管研究［M］．北京：科学出版社，2016：8－30．

［34］陈雨露，马勇．宏观审慎监管：目标、工具与相关制度安排［J］．经济理论与经济管理，2012（3）：5－15．

［35］查尔斯·古德哈特．巴塞尔银行监管委员会早期历史（1974—1997）［M］．中译本．北京：中国金融出版社，2014．

［36］查尔斯·P．金德尔伯格．疯狂、惊恐和崩溃：金融危机史［M］．中译本．北京：中国金融出版社，2007：50－76．

［37］路易斯·D．布兰代斯．别人的钱：投资银行家的贪婪真相［M］．中译本．北京：法律出版社，2009．

［38］威廉·D．科汉．贝尔斯登：华尔街的贪婪与毁灭［M］．中译本．北京：华夏出版社，2010．

［39］查尔斯·埃利斯．高盛帝国（上、下）［M］．中译本．北京：

中信出版社,2010.

[40] 董纯,佘珍. 期货市场与系统性金融风险综合指数 [J]. 经营与管理,2019(8):76-79.

[41] 杜长江. 系统性风险的来源、预警机制与监管策略 [D]. 天津:南开大学,2010.

[42] 戴维·德罗萨. 20世纪90年代金融危机真相 [M]. 中译本. 北京:中信出版社,2008.

[43] 迪迪埃·索尔内特. 股市为什么会崩盘 [M]. 中译本. 北京:中国人民大学出版社,2018.

[44] 樊莉. 后危机时代的中国金融宏观审慎监管研究 [D]. 天津:南开大学,2012.

[45] 方芳,林海涛. 系统性金融风险再认识:演化、测量与检验 [J]. 经济理论与经济管理,2017(11):45-57.

[46] 冯超. 宏观审慎管理视角下我国银行系统性风险监管研究 [D]. 长沙:湖南大学,2016.

[47] 范小云,曹元涛,胡博态. 银行系统性风险测度最新研究比较 [J]. 金融博览,2006(3):32-33.

[48] 范小云,方意,王道平. 我国银行系统性风险的动态特征及系统重要性银行甄别——基于CCA与DAG相结合的分析 [J]. 金融研究,2013(11):82-95.

[49] 范小云,王道平. 巴塞尔Ⅲ在监管理论与框架上的改进:微观与宏观审慎有机结合 [J]. 国际金融研究,2012(1):63-71.

[50] 甘茂智,黄柏翔,周书仪. 宏观审慎评估体系下股市系统性风险防范研究 [J]. 当代经济研究,2018(9):80-89.

[51] 管涛,邓海清,韩会师. 泡沫的终结:透视中国股市异动 [M]. 北京:中信出版社,2016:152-170.

[52] 郭莉. 香港证券市场全透视 [M]. 北京:中信出版社,2009.

[53] 廖凡. 英国金融监管体制改革的最新发展及其启示 [J]. 金融

监管研究，2012（2）.

[54] 中国证券市场风险防范研究［D］. 沈阳：辽宁大学，2016.

[55] 黄亭亭. 宏观审慎管理操作框架研究［M］. 北京：中国金融出版社，2011.

[56] 黄孝武，唐毅. 宏观审慎监管理论研究新进展［J］. 财经问题研究，2012（5）：13 - 20.

[57] 何德旭，王朝阳. 中国金融业高增长：逻辑与风险［M］. 北京：中国社会科学出版社，2017.

[58] 谢平，邹传伟. 银行宏观审慎监管的基础理论研究［M］. 北京：中国金融出版社，2013.

[59] 何建雄. 建立金融安全预警系统：指标框架与运作机制［J］. 金融研究，2001（1）：105 - 117.

[60] 何塞 - 路易斯·佩德罗，拉克·莱文，泽维尔·弗雷克萨斯. 系统性风险、危机与宏观审慎监管［M］. 中译本. 北京：中国金融出版社，2017：11 - 37.

[61] 姜洋. 中国证券商监管制度研究［M］. 北京：中国金融出版社，2001：225 - 271.

[62] 贾彦东. 金融机构的系统重要性分析——金融网络中的系统风险衡量与成本分担［J］. 金融研究，2011（10）：21 - 37.

[63] 加雷·加勒特. 美国金融泡沫史［M］. 中译本. 福州：海峡书局. 2014：5 - 15.

[64] 卡门 M. 莱因哈特，肯尼斯 S. 罗格夫. 这次不一样：八百年金融危机史［M］. 中译本. 北京：机械工业出版社，2017：120 - 184.

[65] 克恩·亚历山大，拉胡尔·都莫，约翰·伊特威尔. 金融体系的全球治理：系统性风险的国际监管［M］. 中译本. 辽宁：东北财经大学出版社，2010.

[66] 克劳迪奥·博里奥：经济周期和宏观经济学，载于吴敬琏编《比较》2014 年第 2 辑，北京：中信出版社，2014：66 - 94.

[67] 克劳迪奥·博里奥：国际货币和金融体系的缺陷及其应对策略，载于吴敬琏编《比较》2016 年第 5 辑，北京：中信出版社，2016：182-201.

[68] 克里斯蒂安·肖瓦尼奥. 金融危机简史 [M]. 中译本. 北京：民主与建设出版社，2017：130-156.

[69] 梁琪，李政，郝项超. 我国系统重要性金融机构的识别与监管——基于系统性风险指数 SRISK 方法的分析 [J]. 金融研究，2013 (9)：56-70.

[70] 梁晓静. 次贷危机同步解析：来自风暴前沿的研究报告 [M]. 北京：中国金融出版社，2009.

[71] 李妍. 宏观审慎监管与金融稳定 [J]. 金融研究，2009 (8)：52-60.

[72] 李扬，胡滨. 金融危机背景下的全球金融监管改革 [M]. 北京：社会科学文献出版社，2010.

[73] 李丹，邓斌. 美国财政部资本市场评估报告综述 [J]. 上海证券交易所，上证研报，2018 (15)：2.

[74] 李拉亚. 宏观审慎管理的理论基础研究 [M]. 北京：经济科学出版社，2016.

[75] 李红权，何敏园，严定容. 国际金融风险传导的微观经济基础研究：基于公司数据角度 [J]. 金融评论，2017，9 (5)：58-72，125.

[76] 刘鹤. 两次全球大危机的比较研究 [M]. 北京：中国经济出版社，2013：5-39.

[77] 刘阳，张萌. 中国系统性风险指数构建与评估研究——基于主成分分析方法 [J]. 技术经济与管理研究，2015 (6)：13-17.

[78] 刘亚，张家臻. 中国银行业系统性风险水平测度与监管——基于综合指数法的实证研究 [J]. 河南师范大学学报（哲学社会科学版），2018，45 (5)：21-26.

[79] 刘超，郝丹辉，唐孝文，刘宸琦. 基于复杂网络的金融风险跨

市场传导机制研究——以金融危机时期（2007—2009年）数据为例［J］. 运筹与管理, 2018（8）: 155-161, 181.

［80］刘仁伍. 构建宏观审慎管理新体系［J］. 中国金融, 2010（13）: 37-39.

［81］刘仁伍. 宏观审慎管理: 框架、机制与政策［M］北京: 社会科学文献出版社, 2012.

［82］张新, 朱武祥. 证券监管的经济学分析［M］上海: 上海三联出版社, 2008.

［83］刘春航, 朱元倩. 银行业系统性风险度量框架的研究［J］. 金融研究, 2011（12）: 85-99.

［84］刘圣尧, 李怡宗, 杨云红. 中国股市的崩盘系统性风险与投资者行为偏好［J］. 金融研究, 2016（2）: 55-70.

［85］米尔顿·弗里德曼, 安娜·J. 施瓦茨. 美国货币史［M］. 中译本. 北京: 北京大学出版社, 2008.

［86］理查德·比特纳. 贪婪、欺诈和无知: 美国次贷危机真相［M］. 中译本. 北京: 中信出版社, 2008.

［87］理查德·泰勒. "错误"的行为: 行为经济学关于世界的思考, 从个人到商业和社会［M］. 中译本. 北京: 中信出版集团, 2016.

［88］马理, 葛斌. 基于宏观审慎的系统重要性商业银行评价与监管［J］. 金融监管研究, 2014（9）: 12-25.

［89］毛昊翔, 方意, 左传长. 系统性风险预警与逆周期宏观审慎监管［J］. 宏观经济研究, 2019（2）: 18-32.

［90］苗永旺. 宏观审慎监管研究［M］. 北京: 中国金融出版社, 2012.

［91］美国金融危机调查委员会. 美国金融危机调查报告［M］. 北京: 中信出版社, 2012: 167.

［92］美国金融与经济危机起因调查委员会. 金融危机调查报告［M］. 中译本. 北京: 社会科学文献出版社, 2013.

[93] 裴平. 美国次贷风险引发的国际金融危机研究 [M]. 北京：中国金融出版社, 2016：326-399.

[94] 潘宏胜. 中国金融体系复杂化的成因及影响 [M]. 北京：中信出版社, 2017：236-247.

[95] 全先银, 闫小娜. 美国的金融监管改革 [J]. 中国金融, 2009 (17)：17-19.

[96] 乔安妮·凯勒曼等. 21世纪金融监管 [M]. 北京：中信出版社, 2016：13.

[97] 任培政. 金融风险的溢出效应及宏观审慎监管研究 [D]. 武汉：华中科技大学, 2015.

[98] 宋丽. 我国系统重要性金融机构研究综述 [J]. 海南金融, 2016, 327 (2)：21-24.

[99] 史建平, 高宇. 宏观审慎监管理论研究综述 [J]. 国际金融研究, 2011 (8)：66-74.

[100] 孙天琦. 对设立美国金融消费者保护局的争议 [J]. 金融时报, 2015-06-29.

[101] 沈联涛. 十年轮回：从亚洲到全球金融危机 [M]. 上海：上海远东出版社, 2009：300-301.

[102] 斯科特·格林. 《萨班斯—奥克斯利法案》与董事会：公司治理的最佳技巧及范例 [M]. 中译本. 沈阳：东北财经大学出版社, 2012.

[103] 斯梯恩·克雷森斯, 道格拉斯·D. 伊万诺夫, 乔治·G. 考夫曼, 劳拉·E. 科德雷斯. 宏观审慎监管政策：通向金融稳定的新道路 [M]. 中译本. 北京：电子工业出版社, 2013.

[104] 陶玲, 朱迎. 系统性金融风险的监测和度量——基于中国金融体系的研究 [J]. 金融研究, 2016 (6)：18-36.

[105] 吴星. 美国金融稳定监督委员会运作模式及启示——基于宏观审慎监管视角 [J]. 河北金融, 2018 (10)：5-8, 37.

[106] 吴晓求, 等. 股市危机：历史与逻辑 [M] 北京：中国金融出

版社，2016.

[107] 吴晓求，等．中国金融监管改革：现实动因与理论逻辑［M］．北京：中国金融出版社，2017：135-151.

[108] 王雯，张金清，李滨，田英良．资本市场系统性风险的跨市场传导及防范研究［J］．金融经济学研究，2018，33（1）：60-71.

[109] 王伯达．大泡沫：央行没有告诉你的真相［M］．海口：南方出版社，2014：76.

[110] 王春玲．关于对证券公司实施宏观审慎监管的思考［J］．证券市场导报，2011（11）：67-71.

[111] 王道平，范小云，方意．中国系统性金融风险：测度与宏观审慎监管［M］．北京：经济管理出版社，2017：35-48.

[112] 王凡平．欧洲央行宏观审慎监管框架及其最新发展探究［J］．武汉金融，2015（6）：38-40.

[113] 王乐兵，周杰．债务危机背景下的欧洲场外衍生品监管改革［J］．欧洲研究，2014（3）：123-141.

[114] 王胜邦．巴塞尔Ⅲ审慎监管框架：从单一约束转向多重约束［J］．国际金融研究，2018（6）：44-52.

[115] 王永利．世界金融大变局下的中国选择［M］．成都：四川人民出版社，2019.

[116] 威廉·波纳，安迪森·维金．债务帝国［M］．中译本．北京：中信出版社，2009.

[117] 威廉·西尔伯．关闭华尔街：1914年金融危机和美元霸权的崛起［M］．中译本．北京：中信出版社，2018.

[118] 许涤龙，陈双莲．基于金融压力指数的系统性金融风险测度研究［J］．经济学动态，2015（4）：69-78.

[119] 谢百三，童鑫来．中国2015年"股灾"的反思及建议［J］．价格理论与实践，2015（12）：29-32.

[120] 谢姤青，朱平芳．融资融券对股票波动程度影响的评估研究

[J]. 山东大学学报（哲学社会科学版），2019（2）：137-145.

[121] 辛乔利. 影子银行：揭秘一个鲜为人知的金融黑洞［M］. 中译本. 北京：中国经济出版社，2010.

[122] 袁闯. 中国证券行业宏观审慎监管研究［D］. 长沙：湖南大学，2012.

[123] 叶康为. 宏观审慎监管视角下的中国银行业系统性风险预警研究［D］. 广州：暨南大学，2017.

[124] 尹振涛，李欢. 美国特朗普政府放松金融监管的思路与启示［J］. 金融与经济，2018（10）：34-40.

[125] 闫庆民，李建华. 中国影子银行监管研究［M］. 北京：中国人民大学出版社，2014.

[126] 殷剑锋，吴建伟，王增武. 钱去哪了［M］. 北京：社会科学文献出版社，2017.

[127] 殷剑锋，王增武. 影子银行与银行的影子［M］. 北京：社会科学文献出版社，2013.

[128] 杨霞，吴林. 我国银行业系统性风险预警研究［J］. 统计与决策，2015（10）：147-150.

[129] 杨燕青. 中国金融风险与稳定报告（2018）：在改革和波动中实现金融稳定［M］. 北京：中国金融出版社，2018.

[130] 杨子晖，陈雨恬，谢锐楷. 我国金融机构系统性金融风险度量与跨部门风险溢出效应研究［J］. 金融研究，2018，460（10）：23-41.

[131] 杨子晖，李东承. 我国银行系统性金融风险研究——基于"去一法"的应用分析［J］. 经济研究，2018（8）：36-51.

[132] 杨·克莱格尔. 明斯基和动态审慎监管［M］. 北京：中信出版社，2018：92-110.

[133] 亚历克斯·布雷热. 宏观审慎的五大原则［J］. 中国金融，2017（7）：19-21.

[134] 约瑟福·P. 乔伊斯. IMF 与全球金融危机［M］. 中译本. 北

京：中国金融出版社，2015.

[135] 约瑟夫·斯蒂格利茨．喧嚣的九十年代［M］．中译本．北京：中国金融出版社，2005：154-171.

[136] 邹传伟．银行宏观审慎监管的基础理论研究［D］．北京：中国人民银行金融研究所，2013.

[137] 章彰．巴塞尔新资本协议：监管要求与实施中的问题［M］．北京：中国金融出版社，2011.

[138] 詹先永．港口上市公司IPO溢价率研究［D］．大连：大连海事大学，2011.

[139] 赵远．中国证券业宏观审慎监管问题研究［D］．武汉：武汉大学，2013.

[140] 赵胜民，何玉洁．宏观金融风险和银行风险行为关系分析——兼论宏观审慎政策和微观审慎监管政策的协调［J］．中央财经大学学报，2019（6）：33-44.

[141] 赵一林．宏观审慎监管与银行风险研究［D］．北京：对外经济贸易大学，2018.

[142] 朱波．中国金融体系系统性风险研究［M］．成都：西南财经大学出版社，2014.

[143] 朱晓谦，李靖宇，李建平，等．基于危机条件概率的系统性风险度量研究［J］．中国管理科学，2018（6）：1-7.

[144] 朱元倩，苗雨峰．关于系统性风险度量和预警的模型综述［J］．国际金融研究，2012（1）：79-88.

[145] 张亮，周志波．完善中国宏观审慎金融监管框架研究——基于德英日三国的比较分析［J］．宏观经济研究，2018（2）：30-43.

[146] 张陆洋，齐想．国际系统性金融风险防范模式的转变与启示［J］．金融论坛，2018（7）：3-7，24.

[147] 张天顶，张宇．宏观审慎监管、系统性风险及国内外金融监管实践及启示［J］．证券市场导报，2018（4）：61-68.

[148] 张显球. 宏观审慎监管: 理论含义及政策选择 [M]. 北京: 中国金融出版社, 2012: 2.

[149] 钟伟, 顾弦. 动荡未定: 新巴塞尔协议Ⅲ和操作风险管理理论 [M]. 北京: 中国经济出版社, 2012.

[150] 周强, 杨柳勇. 论中国系统重要性银行识别——市场模型法还是指标法 [J]. 国际金融研究, 2014 (9): 70-79.

[151] 周小川. 国际金融危机: 观察、分析与应对 [M]. 北京: 中国金融出版社, 2012.

[152] 周小川. 金融政策对金融危机的响应——宏观审慎政策框架的形成背景、内在逻辑和主要内容 [J]. 金融研究, 2011 (1): 1-14.

[153] 中国人民银行金融稳定分析小组. 中国金融稳定报告 (2010) [M]. 北京: 中国金融出版社, 2010: 122-137.

[154] 中国人民银行金融稳定分析小组. 中国金融稳定报告 (2018) [M]. 北京: 中国金融出版社, 2018.

[155] 金融危机调查报告: 美国金融与经济危机起因调查委员会最终报告 [M]. 北京: 社会科学文献出版社, 2013: 3-279.

[156] [法] 让·梯诺尔. 金融危机、流动性与国际货币体系 [M]. 中国人民大学出版社, 2003: 2.

[157] 沈联涛. 十年轮回: 从亚洲到全球的金融危机 [M]. 上海: 上海远东出版社, 2016: 224.

[158] [美] 本·伯南克. 灭火: 美国金融危机及其教训 [M]. 北京: 中信出版社, 2019: 84.

[159] [美] 查尔斯·P. 金德尔伯格. 疯狂、恐惧和崩溃: 金融危机史 [M]. 北京: 中国金融出版社, 2007: 260.

[160] [美] 江平. 台湾股市大泡沫 [M]. 北京: 中信出版社, 2009: 5.

[161] [美] 兰德尔·克罗茨纳, 罗伯特·席勒. 美国金融市场改革: 《多德—弗兰克法案》颁布前后的反思 [M]. 大连: 东北财经大学出版

社，2013：25.

［162］［美］乔尔·塞里格曼. 华尔街的变迁：证券交易委员会及现代公司融资制度演进［M］. 北京：中国财政经济出版社，2009：123.

［163］［英］阿黛尔·特纳. 债务和魔鬼：货币、信贷和全球金融体系重建［M］. 北京：中信出版社，2015：169.

［164］［美］海曼·明斯基. 稳定不稳定的经济：一种不稳定视角［M］. 北京：清华大学出版社，2015：278.

［165］［美］威廉·西博尔. 力挽狂澜：保罗·沃克尔和他改变的金融世界［M］. 上海：上海财经大学出版社，2013.

［166］英国财政部. 刘志宇译. 金融监管的新方法：判断、焦点及稳定性［M］.《金融服务法评论》（第三卷），北京：法律出版社，2012：443－502.

［167］巴塞尔委员会. 第三版巴塞尔协议［M］. 北京：中国金融出版社，2011.

［168］［美］亚当·拉伯. 巴塞尔之塔：揭秘国际清算银行主导的世界［M］. 北京：机械工业出版社，2014.

［169］［美］亨利·保尔森. 峭壁边缘：拯救世界金融之路［M］. 北京：中信出版社，2010.

［170］［美］蒂莫西·盖特纳. 压力测试：对金融危机的反思［M］. 北京：中信出版社，2015.

［171］［加］珍妮特·奥斯汀. 无处可逃：内幕交易和市场操纵的跨境追诉［M］. 上海：上海人民出版社，2020.

［172］Accountancy；Sep，1982，Vol. 93 Issue 1069，p. 4.

［173］Acharya V. A theory of Systemic Risk and Design of Prudential Bank Regulation［J］. Journal of Financial Stability，2009（5）.

［174］Acharya，V V. ，Pedersen，L H. and Philippon，T. et al. 2017. "Measuring Systemic Risk". Working Paper，29（1002），pp. 85－119.

［175］Allen，F. and Gale，D. ，1998. "Optimal financial crises"［J］.

The Journal of Finance, 53 (4), pp. 1245 – 1284.

[176] Allen, F. and Gale, D., 2000. "Financial contagion" [J]. Journal of political economy, 108 (1), pp. 1 – 33.

[177] Allen, F., Babus, A. and Carletti, E., 2009. "Financial Crises: Theory and Evidence". Annual Review of Financial Economics, 1, pp. 97 – 116.

[178] Alvaro Ortiz Vidal – Abarca, Alfonso Ugarte Ruiz. Introducing a New Early Warning System Indicator (EWSI) of Banking Crises. January 2015, Working Papers from BBVA Bank No 1502.

[179] Bank of England, 2010. "Financial Stability Report". Issue No. 27, December.

[180] Basel Committee on Banking Supervision, Messages from the Academic literature on Risk Measurement for the Trading Book. Bank for International Settlements, 2011.

[181] Basel, 1994. "Bank for International Settlements". 64th Annual Report, Switzerland, BIS.

[182] BCBS. Messages from the Academic literature on Risk Measurement for the Trading Book [R]. Working Paper, 2011.

[183] Ben Bernanke, C S., 2009. "Financial Reform to Address Systemic Risk". Speech at the Council on Foreign Relations.

[184] Billio, M., M. Getmansky, A. W. Lo, and L. P., 2012. "Econometric Measures of Connectedness and Systemic Risk in the Finance and Insurance Sectors" [J]. Journal of Financial Economics, 104 (3): 535 – 559.

[185] BIS. 71 st Annual Report, 2001.

[186] BIS. Bank for International Settlements [R]. 64th Annual Report, 1994.

[187] BIS. Cycles and the Financial System [R]. 71st Annual Report, 2001: 123 – 141.

[188] Borio, C., 2009. "Implementing the macroprudential approach to

financial regulation and supervision" [J]. Financial Stability Review, 13 (4).

[189] Borio, C., 2003. "Towards a macroprudential framework for financial supervision and regulation?". BIS Workine Pauer. No. 128.

[190] Braun, A., Schmeiser, Hato., Siegel, C., The Impact of Private Equity on a Life Insurer's Capital Charges Under Solvency II and the Swiss Solvency Test [J]. Journal of Risk and Insurance, 2014, 81 (1): 113 – 158.

[191] Brunnermeier, M., Crockett, A., Goodhart, C., Hellwig, M., Persaud, A. and Shin, H., 2009. "The Fundamental Principles of Financial Regulation". Geneva Reports on the World Economy, Preliminary Conference Draft, 11.

[192] Caruana J. The international policy response to financial crises: making the macro – prudential approach operational [J]. Jackson Hole, 2009: 21 – 22.

[193] Charles P. Kindleberger, Robert Z. Aliber. Manias Panics and Crashes: A History of Financial Crises Seventh Edition [M]. London: Palgrave Macmillan, 2014: 50 – 76.

[194] Claessens, S., Tong, H. and Wei, S., 2012. "From the Financial Crisis to the Real Economy: Using Firm – level Data to Identify Transmission Channel" [J]. Journal of International Economics, 88, pp. 375 – 387.

[195] Claessens, S., Kose, M A. and Terrones, M E., 2012. "How do business and financial cycles interact?" [J]. Journal of International Economics, 87 (1), pp. 178 – 190.

[196] Claudio Borio. Towards a macro – prudential framework for financial supervision and regulation. BIS working paper. February 2003.

[197] Clement P., 2010. the term "macroprudential": origins and evolution. BIS quarterly review. (3), pp. 59 – 67.

[198] Diamond, D W. and Dybvig, P H., 1983. "Bank runs, deposit insurance, and liquidity" [J]. The journal of political economy, pp. 401 – 419.

[199] Diamond, D W. and Rajan, R G. , 2001. "Banks and liquidity". The American Economic Review, 91 (2), pp. 422 – 425.

[200] Didier Sornette. Why did the stock market crash? [M]. China: China RenminUniversity Press, 2018: 10.

[201] Elsinger, H. , Lehar, A. and Summer, M. , 2006. "Risk assessment for banking systems" [J]. Management Science, 52: 1301 – 1314.

[202] End V D, Willem J. Liquidity Stress – Tester: A Model for Stress – testing Banks' Liquidity Risk [J]. CESifo Economic Studies, 2010, 56 (1): 38 – 69.

[203] Frankel J. A. & Rose A. K. , 1996. "Curreny Crashes in Emerging Markets: An Empirical Treatment" [J]. Journal of International Economics, Elsevier, Vol. 41, 3 – 4: 351 – 356, November.

[204] Forbes, K J. and Rigobon , R. , 2002. "No contagion, only interdependence: measuring stock market comovements" [J]. The journal of finance, 57 (5), pp. 2223 – 2261.

[205] Forbes, K. , 2004. "The Asian Flu and Russian Virus: The International Transmission of Crises in Firm – level Data" [J]. Journal of International Economics, 63, pp. 59 – 92.

[206] Forbes, K. and Warnock, F. , 2012. "Capital Flow Waves: Surges, Stops, Flight, and Retrenchment" . Journal of International Economics, 88, pp. 235 – 251.

[207] FSB, IMF, BIS, 2011. " Macroprudential Policy Tools and Frameworks" . Progress Report to G20.

[208] Frankel J A, Rose A K. Current Crashes in Emerging Markets: An Empirical Treatment [R]. Journal of International Economics, 1996, 9 (1): 351 – 356.

[209] Gray, Dale F. and S. Malone. , 2008. " Macrofinancial Risk Analysis" . New York: John Wiley& Sons.

[210] Gray, D. F. and A. A. Jobst, 2010. "Systemic CCA – A Model Approach to Systemic Risk", http://www.bundesbank.en/Redaktion/DE/Standardartikel/seite_ nichit_ gefunden. html.

[211] Giordano, R., Pericoli, M. and Tommasino, P., 2013. "Pure or Wake – up – Call Contagion? Another Look at the EMU Sovereign Debt Crisis" [J]. International Finance, 16, pp. 131 – 160.

[212] Hartmann, P., S. Straetmans and C. de Vries. Banking System Stability: A Cross – AtlanticPerspective. NBER Working Paper No. 116, 2005.

[213] Hautsch, N., Schaumburg, J. and Schienle, M., 2011. "Quantifying time – varying marginal systemic risk contributions". Technical report.

[214] Hoening, 2004. "Exploring the Macro – prudential Aspect of Financial Sector Supervision". Economic Review, Issue Q2, pp. 5 – 17.

[215] Huang Xin, Hao Z. A Framework for Assessing the Systemic Risk of Major Financial Institutions [R]. Journal of Banking and Finance, 2009, 33 (11): 36 – 49.

[216] Illing M, Liu Y. Measuring Financial Stress in A Developed Country: An Application to Canada [J]. Journal of Financial Stability, 2006 (3): 243 – 265.

[217] IMF/BIS/FSB (2009) Guidance to Assess the Systemic Importance of Financial Institutions, Markets and Instruments: Initial Considerations.

[218] IMF. Macro – prudential Policy: An Organizing Framework [R]. Working Paper, 2011.

[219] IMF, 2009. "Assessing the Systemic Implications of Financial Linkages. Global Financial Stability Review". pp. 73 – 110.

[220] IMF, 2009. "Global Stability Report – Responding to the Financial Crisis and Measuring Systemic Risks". Working Paper.

[221] Jaime Caruana, 2009. "The international policy response to financial crises: making the macroprudential approach aperational", Panel remarks,

Jackson Hole, 21~22 August.

[222] Kaminsky G, Lizondo S, Reinhart C M. Leading Indicators of Currency Crises [R]. IMF Staff Papers, 1998, 5 (1): 1-48.

[223] Kaminsky, G., Lyons, R. and Schmukler, S.. 2002. "Economic Fragility, Liquidity, and Risk: The Behavior of Mutual Funds During Crises". Working Paper.

[224] Kaufman, G G., 1996. "Bank Failures, Systemic Risk and Bank Regulation". Cato Joural, 16 (1).

[225] Knight., 2006. "Marrying the Micro and Macroprudential Dimensions of Financial Stability: Six Years on". Speech Delivered at the 14th International Conference of Banking Supervisor, BIS Speeches, October.

[226] Kodres, L E. and Pritsker, M., 2002. "A rational expectations model of financial contagion". Journal of Finance, 57 (2), pp. 769-799.

[227] Kritzman M. Principal Components as a Measure of Systemic Risk [J]. The Journal of Portfolio Management, 2011, 37 (4): 112-126.

[228] Kwan S H. Firm-Specific Information and the Correlation Between Individual Stocks and Bonds [J]. Journal of Financial Economics, 1996, 40 (1): 64-80.

[229] Lehar and Alfred, 2005. "Measuring systemic risk: A risk management approach" [J]. Journal of Banking&Finance, 29: 2577-2603.

[230] Liu he. Comparative study of two global crises [M]. China: China economic press, 2015, p. 65.

[231] Michael Taylor. "Twin peaks": A regulatory structure for the new century. OpenGrey Repository.

[232] Minsky, H P., 2008. "Stabilizing an Unstable Economy". New York: McGraw-Hill.

[233] Manconi, A., Massa, M. and Yasuda, A., 2012. "The Role of Institutional Investors in Propagating the Crisis of 2007-2008". Journal of

Financial Economics, 104, pp. 491 – 518.

[234] Murray N. Rothbard. America's Great Depression [M]. China: Hainan Press, 2017: 5.

[235] Najand, Mohammad. "A Causality Test of the October Crash of 1987: Evidence from Asian Stock Markets" [J]. Journal of Business Finance & Accounting, 1996, 23 (3): 439 – 448.

[236] Nier, E., Yang, J. and Yorulmazer, T., 2007. "Network models and financial stability" [J]. Journal of Economic Dynamics and Control, 31 (6): 2022 – 2060.

[237] Patro D K, Sun X. A Simple Indicator of Systemic Risk [J]. Journal of Financial Stability, 2013, 9 (1): 105 – 116.

[238] Piet Clement the term "macroprudential": origins and evolution. BIS quarterly review, 3, 2010: 59 – 67.

[239] Suandararajan, 2002. "Financial Soundness Indicators: Analytical Aspects and Country Practice". IMF Occasional Paper 212.

[240] Schwarcz, S., 2008. "Systemic Risk". Georgetown Law Journal, 97 (1).

[241] Segoviano, M. A. and Goodhart, C., 2009. "Banking stability measures. Financial Markets Group". Discussion paper 627, London School of Economics and Political Science.

[242] Tarashev N, Borio C, Tsatsaronis K. The systemic importance of financial institutions [J]. BIS Quarterly Review, 2009.

[243] Tarashev, Nikola & Borio, Claudio & Tsatsaronis, Kostas. Attributing Systemic Risk to Individual Institutions. Bank for International Settlements, BIS Working Papers, 2010.

[244] Tarashev, Nikola, Tsatsaronis, et al. Risk Attribution Using the Shapley Value: Methodology and Policy Applications [J]. Review of Finance, 2016.

[245] Vidal – Abarca A O, Ruiz A U. Introducing a New Early Warning System Indicator (EWSI) of Banking Crises [R]. Working Paper, 2015.

[246] Upper, Christian., 2007. "Using Counterfactual Simulations to Assess the Danger of Contagionin Interbank Markets". Bank for International Settlements, Working Paper 234.

[247] Xavier Freixas, Luc Laeven, José – Luis Peydró. Systemic Risk, Crises and Macro – prudential Regulation [M]. America: The MIT Press, 2015: 11 – 37.

[248] Yang, J. and Zhou, Y., 2013. "Credit Risk Spillovers Among Financial Institutions Around the Global Credit Crisis: Firm – Level Evidence". Management Science, 59 (10): 2343 – 2359.

[249] Zigrand, J., 2014. "Systems and Systemic Risk in Finance and Economics". LSE Systemic Risk Special Paper.

[250] https://www.imf.org/external/chinese/np/blog/2018/090518c.pdf.

[251] http://www.qhrb.com.cn/2015/0826/184515.shtml.

[252] https://www.sohu.com/a/26112792_115479.

[253] http://finance.sina.com.cn/stock/t/2016 – 09 – 22/doc – ifxwevmc5180168.shtml.

[254] https://www.sohu.com/a/12176979_137993.

[255] http://news.sina.com.cn/o/2019 – 09 – 19/doc – iicezueu6960896.shtml.

[256] http://finance.ifeng.com/a/20180125/15948088_0.shtml.

[257] http://www.bis.org/publ/othp07.pdf.

[258] http://www.sipf.com.cn/images/zwz/gywm/nbyb/2020/02/17/9D61A9605DDCF45A6A39383D0F9D9168.pdf.

[259] http://biz.sse.com.cn/sseportal/ps/zhs/yjcb/magazine_content/2991/405479.html.

附　　录

附录 1　　世界各国股票市场波动案例汇总

案例	时间	特征	原因
美国黑色星期一	1987年	一个交易日内发生暴跌； 市场情绪极度恐慌； 恐慌情绪从美国蔓延到其他国家； 在政府的强力干预下市场恢复平稳	股市长期上涨； 实体经济与股票市场走势背离； 巨额财政赤字和贸易赤字； 程式交易导致市场自我强化机制
日本股市风险	1990年	经济连年呈负增长或零增长； 不良资产、呆账死账骤增； 金融机构破产倒闭频发； 股市从此长期低迷	贴现率不断降低导致股票投机热情高涨； 企业法人相互持股导致股价不正常上涨
美国次贷危机	2008年	房地产泡沫破裂，房地产贬值； 次级抵押贷款企业大规模破产倒闭； 波及所有购买美国次级债的国家； 对金融体系和实体经济产生巨大冲击	金融自由化背景下的监管放松； 资产证券化名义下次级债券泛滥； 金融机构的过度杠杆化； 信用评级机构加大系统重要性机构的风险外溢
中国股市大波动	2015年	股市暴跌导致两融余额迅速下降； 资本市场低迷，实体经济疲软； 人民币汇率波动，金融体系动荡； 期货市场巨幅波动	经济泛债务化导致股市杠杆操作； 盈率过高，股市呈现泡沫化； 监管层对系统性风险的忽视； "羊群效应"与投资者过度恐慌

附录2　　　　　　　　　利润总额与总负债比例　　　　　单位：%

行业＼年份	2008	2009	2010	2011	2012	2013	2014	2015	2016	2017	2018
农林牧渔业	0.097	0.086 -11.2	0.119 37.7	0.166 39.3	0.093 -43.7	0.052 -44.4	0.019 -64.3	0.016 -12.4	0.092 469.0	0.047 -49.4	0.016 -64.7
采矿业	0.235	0.171 -27.0	0.245 42.9	0.273 11.3	0.191 -30.0	0.161 -15.6	0.091 -43.5	0.039 -57.6	0.043 10.8	0.104 143.7	0.053 -49.3
制造业	0.155	0.172 11.2	0.411 138.8	0.279 -32.0	0.229 -17.8	0.202 -11.9	0.185 -8.5	0.176 -4.9	0.188 7.1	0.188 -0.3	0.107 -43.1
电等供应业	0.024	0.022 -9.3	0.052 139.7	0.078 51.1	0.072 -8.1	0.076 5.7	0.074 -2.8	0.082 10.8	0.082 -0.2	0.078 -4.9	0.045 -42.3
建筑业	0.053	0.064 21.4	0.088 37.4	0.087 -1.8	0.000 -100.0	0.073 —	0.040 -45.5	0.050 25.6	0.033 -32.9	0.029 -11.7	0.019 -34.5
批发零售业	0.092	0.080 -13.4	0.098 22.8	0.114 16.3	0.088 -22.8	0.080 -9.5	0.119 49.0	0.089 -24.7	0.086 -3.8	0.082 -4.2	0.050 -39.7
交运等业	0.193	0.180 -6.8	0.230 27.8	0.212 -7.7	0.183 -13.7	0.164 -10.4	0.191 16.8	0.124 -35.2	0.125 0.9	0.153 22.6	0.090 -41.5
住宿餐饮业	0.178	0.153 -14.0	0.176 14.7	0.140 -20.5	0.151 8.1	0.072 -52.4	0.068 -5.4	0.040 -40.6	0.039 -3.8	0.060 55.2	0.044 -26.4
信息等业	0.325	0.437 34.5	0.454 3.8	0.463 2.0	0.419 -9.4	0.329 -21.4	0.267 -19.0	0.201 -24.8	0.200 -0.5	0.174 -12.9	0.060 -65.4
房地产业	0.054	0.067 25.0	0.088 32.2	0.036 -58.8	0.047 29.5	0.060 27.0	0.036 -40.7	0.023 -33.9	0.026 12.5	0.043 62.0	0.017 -59.4
租赁等业	0.094	0.117 24.4	0.192 64.2	0.143 -25.3	0.135 -6.0	0.105 -22.3	0.088 -16.3	0.099 12.7	0.138 39.4	0.130 -5.7	0.076 -41.2
科技服务业	0.165	0.233 41.1	0.241 3.3	0.333 38.0	0.226 -32.1	0.215 -4.9	0.178 -17.1	0.167 -6.2	0.136 -18.5	0.187 37.1	0.126 -32.5
水利等业	0.085	0.114 34.8	0.122 7.1	0.174 42.0	0.162 -6.4	0.000 -100.0	0.122 —	0.133 9.6	0.101 -24.1	0.115 13.3	0.062 -45.6
居民服务业					0.242	0.592 144.9	0.443 -25.2	0.310 -30.1	0.583 88.1	0.577 -1.0	0.272 -52.9
教育	-0.077	-0.014 -82.1	0.013 -194.9	0.089 582.3	0.065 -26.9	0.045 -31.1	0.080 78.1	0.147 83.4	0.121 -17.3	0.097 -20.3	0.034 -64.5

续表

年份 行业	2008	2009	2010	2011	2012	2013	2014	2015	2016	2017	2018
卫生等行业	0.243	0.269	0.348	0.344	0.421	0.436	0.295	0.235	0.164	0.131	0.192
	10.7	29.0	-1.0	22.4	3.6	-32.3	-20.5	-30.4	-19.9	46.8	
文化等业	1.754	0.111	0.366	0.276	0.376	0.224	0.000	-0.006	0.195	0.184	0.093
	-93.7	230.3	-24.4	36.1	-40.3	-100.0	—	-3376.5	-5.8	-49.6	
综合	0.089	0.020	-0.027	0.124	0.055	0.079	0.074	-0.073	0.031	0.067	0.013
	-77.9	-239.6	-550.8	-55.2	42.9	-7.1	-198.6	-143.0	114.2	-80.9	

注：数据不包括金融业。数据来源于 Wind 数据库。部分行业部分年份的数据缺失，如居民服务业在 2008—2011 年数据缺失。

附录3　　　　　　　　　总负债与总资产比例　　　　　　　单位：%

行业\年份	2008	2009	2010	2011	2012	2013	2014	2015	2016	2017	2018
农林牧渔业	0.397	0.413	0.404	0.374	0.402	0.432	0.445	0.447	0.424	0.429	0.435
	3.8	-2.0	-7.6	7.7	7.3	3.0	0.5	-5.2	1.3	1.3	
采矿业	10.508	1.016	0.834	0.936	0.581	0.461	0.472	0.476	0.481	0.466	0.469
	-90.3	-17.9	12.2	-37.9	-20.5	2.2	0.8	1.2	-3.1	0.6	
制造业	0.599	0.577	0.498	0.444	0.420	0.423	0.422	0.417	0.387	0.377	0.382
	-3.6	-13.7	-10.9	-5.3	0.8	-0.3	-1.2	-7.2	-2.6	1.2	
电等供应业	0.640	0.687	0.715	0.663	0.720	0.622	0.576	0.562	0.567	0.529	0.533
	7.3	4.1	-7.2	8.5	-13.6	-7.4	-2.5	0.9	-6.7	0.8	
建筑业	0.667	0.665	0.608	0.584	0.602	0.646	0.639	0.633	0.603	0.596	0.618
	-0.4	-8.5	-4.0	3.1	7.3	-1.2	-0.9	-4.7	-1.1	3.6	
批发零售业	0.608	0.629	0.592	0.558	0.563	0.561	0.552	0.542	0.530	0.525	0.525
	3.4	-5.9	-5.7	0.8	-0.3	-1.6	-1.9	-2.2	-0.9	-0.1	
交运等业	0.474	0.473	0.461	0.494	0.462	0.479	0.505	0.444	0.441	0.426	0.419
	-0.3	-2.6	7.3	-6.5	3.6	5.4	-12.0	-0.8	-3.4	-1.5	
住宿餐饮业	0.343	0.329	0.306	0.327	0.351	0.372	0.423	0.523	0.512	0.516	0.464
	-3.9	-6.9	6.8	7.3	6.2	13.5	23.6	-2.1	0.9	-10.1	
信息等业	0.509	0.453	0.376	0.354	0.344	0.394	0.318	0.329	0.315	0.317	0.323
	-11.1	-17.0	-6.0	-2.6	14.6	-19.5	3.5	-4.2	0.7	1.9	
房地产业	0.747	0.873	0.873	0.809	0.712	0.639	0.642	0.647	0.643	0.635	0.635
	16.9	0.0	-7.4	-11.9	-10.2	0.4	0.8	-0.6	-1.3	0.0	
租赁等业	0.808	0.516	0.461	0.465	0.480	0.457	0.460	0.463	0.456	0.461	0.493
	-36.1	-10.7	0.8	3.2	-4.8	0.6	0.8	-1.6	1.1	6.9	
科技服务业	0.507	0.484	0.423	0.408	0.450	0.483	0.445	0.422	0.417	0.350	0.343
	-4.6	-12.4	-3.7	10.4	7.3	-7.8	-5.2	-1.2	-16.0	-2.1	
水利等业	0.666	0.680	0.660	0.627	0.560	0.591	0.425	0.426	0.443	0.453	0.458
	2.1	-2.9	-5.0	-10.7	5.6	-28.2	0.2	4.1	2.2	1.2	
居民服务业					0.509	0.350	0.312	0.368	0.332	0.278	0.148
					-31.2	-10.9	17.8	-9.7	-16.1	-47.0	
教育	0.381	0.397	0.378	0.376	0.383	0.401	0.394	0.418	0.572	0.600	0.623
	4.3	-4.9	-0.4	1.8	4.8	-1.9	6.2	36.9	4.9	3.8	

续表

年份 行业	2008	2009	2010	2011	2012	2013	2014	2015	2016	2017	2018
卫生等行业	0.366	0.352	0.323	0.341	0.371	0.394	0.412	0.403	0.347	0.415	0.420
		-3.9	-8.2	5.5	8.7	6.3	4.5	-2.3	-14.0	19.7	1.4
文化等业	2.181	4.010	6.466	0.591	0.363	0.350	0.351	0.322	0.313	0.313	0.317
		83.8	61.3	-90.9	-38.6	-3.6	0.4	-8.5	-2.6	-0.2	1.3
综合	1.151	3.846	1.480	0.877	0.834	0.736	0.484	0.491	0.486	0.425	0.454
		234.3	-61.5	-40.7	-4.9	-11.7	-34.3	1.6	-1.0	-12.7	7.0

注：数据不包括金融业。数据来源于 Wind 数据库。部分行业部分年份的数据缺失，如居民服务业在 2008—2011 年数据缺失。

附录 4 证券公司系统重要性指标排名汇总

系统重要性排名	公司简称	机构规模			杠杆率排名	关联性		可替代性			复杂性		资产变现		系统重要性分值	百分制
		营业收入排名	总资产排名	净资产排名		金融机构间资产排名	金融机构间负债排名	证券经纪业务收入排名	投资银行业务收入排名	客户资产管理业务收入排名	股权质押规模排名	融资融券余额排名	净资本排名	净资本/净资产排名		
1	中信证券	1	1	1	4	2	1	1	2	5	101	95	1	91	0.76	100.00
2	海通证券	2	2	3	2	1	2	9	3	12	18	43	3	100	0.71	93.40
3	华泰证券	4	5	4	24	5	9	6	5	2	55	58	5	101	0.66	86.79
4	广发证券	5	4	5	6	3	3	4	8	4	27	28	6	82	0.66	86.71
5	国泰君安	3	3	2	39	4	4	2	6	3	49	39	2	84	0.65	86.31
6	申万宏源	7	6	8	26	6	5	7	12	6	98	85	7	36	0.64	84.72
7	银河证券	12	9	7	51	11	10	3	23	9	83	95	4	30	0.64	84.14
8	国信证券	11	11	9	11	7	12	5	9	29	67	41	11	83	0.59	77.49
9	招商证券	8	7	6	15	13	8	8	7	8	101	95	8	97	0.59	77.20
10	中信建投	9	13	12	28	18	13	11	1	15	101	95	9	53	0.56	73.46
11	光大证券	15	12	11	12	14	14	14	11	7	63	27	12	89	0.50	65.94
12	东方证券	10	10	10	13	20	7	19	10	1	50	18	10	69	0.48	63.50
13	中金公司	6	8	13	1	10	6	10	4	14	101	95	15	104	0.47	61.48
14	平安证券	13	18	18	17	32	19	16	13	23	21	76	16	67	0.45	58.95
15	中泰证券	16	16	15	5	12	15	13	18	19	101	95	19	103	0.43	57.17
16	兴业证券	22	17	16	53	9	16	18	15	25	71	95	14	20	0.42	55.55
17	方正证券	19	14	14	8	8	11	12	34	21	23	25	21	106	0.40	52.72
18	长江证券	20	19	19	44	25	21	17	21	20	101	95	17	56	0.39	51.87
19	安信证券	14	15	17	36	15	17	15	28	22	10	2	13	108	0.39	51.08
20	国海证券	39	27	34	47	26	18	44	37	33	31	32	25	1	0.37	49.10

注：全国131家证券公司系统重要性指标排名汇总请详见孙国茂主编的蓝皮书《中国证券公司竞争力研究报告（2019）》。

附录

附录5　证券公司竞争力排名（2018年）

排名	公司简称	经营能力			盈利能力			基于微观审慎的风控能力			基于宏观审慎的风控能力				创新能力		成长能力			综合竞争力分值	百分制
		营业收入排名	总资产排名	净资产排名	ROA排名	ROE排名	销售利润率排名	净资本排名	净资本/净资产排名	风险覆盖率排名	公司治理排名	资本充足率排名	资本杠杆率排名	流动性覆盖率排名	净稳定资金率排名	业务创新能力排名	技术创新能力排名	营业收入增长率排名	净利润增长率排名	总资产增长率排名		
1	中信证券	1	1	1	34	17	34	1	89	52	13	91	84	51	36	2	2	68	34	37	0.68	100
2	国泰君安	3	3	2	31	22	13	2	82	12	11	75	34	33	41	14	1	48	51	52	0.68	99.44
3	海通证券	2	2	3	58	32	38	3	98	32	27	81	45	24	54	1	7	76	58	31	0.66	97.31
4	华泰证券	4	5	4	40	31	17	5	99	25	18	83	38	20	51	6	5	95	64	74	0.65	95.24
5	广发证券	5	4	5	53	24	21	6	80	42	23	88	82	31	53	3	3	104	67	28	0.64	93.55
6	招商证券	8	7	6	37	27	8	8	95	16	19	43	75	47	31	9	17	75	41	33	0.63	92.20
7	申万宏源	7	6	8	49	21	16	7	34	40	96	49	92	37	61	7	14	45	28	20	0.62	91.02
8	东方证券	10	10	10	76	63	73	10	67	22	17	1	85	45	38	21	12	39	82	69	0.62	91.00
9	中信建投	9	13	12	32	19	26	9	51	38	32	76	77	21	10	11	10	42	42	80	0.62	90.43
10	中金公司	6	8	13	48	15	32	15	102	61	43	50	94	28	35	16	16	17	13	18	0.61	89.93
11	银河证券	12	9	7	54	43	27	4	28	14	62	65	58	41	47	25	18	63	45	65	0.60	87.95
12	国信证券	11	11	9	30	20	11	11	81	43	38	92	78	44	55	20	8	77	44	35	0.59	87.21
13	兴业证券	22	17	16	86	82	66	14	19	36	12	16	87	8	52	5	11	111	98	75	0.59	86.49
14	光大证券	15	12	11	102	101	100	12	87	41	25	78	59	11	40	13	20	90	106	59	0.59	86.12

续表

排名	公司简称	经营能力 营业收入排名	总资产排名	净资产排名	盈利能力 ROA排名	ROE排名	销售利润率排名	基于微观审慎的风控能力 净资本排名	净资本/净资产排名	风险覆盖率排名	公司治理排名	基于宏观审慎的风控能力 资本充足率排名	资本杠杆率排名	流动性覆盖率排名	净稳定资金率排名	创新能力 业务创新能力排名	技术创新能力排名	成长能力 营业收入增长率排名	净利润增长率排名	总资产增长率排名	综合竞争力分值	百分制
15	平安证券	13	18	18	42	26	52	16	65	20	65	63	80	61	43	28	4	33	39	10	0.58	84.97
16	财通证券	27	28	25	41	45	44	28	71	10	31	3	40	15	50	33	30	87	63	48	0.58	84.63
17	天风证券	26	31	41	75	60	72	38	32	48	1	17	83	14	37	4	45	22	66	40	0.57	84.15
18	国金证券	23	38	24	23	33	28	23	61	7	9	55	13	65	22	22	27	69	32	25	0.56	82.82
19	方正证券	19	14	14	79	73	71	21	104	50	26	82	51	23	64	12	15	44	73	60	0.56	82.01
20	长江证券	20	19	19	97	93	94	17	54	39	4	41	56	38	57	10	6	92	103	96	0.56	81.94
21	安信证券	14	15	17	57	37	51	13	106	61	95	60	70	50	48	18	19	21	53	27	0.56	81.83
22	东吴证券	21	20	22	80	75	80	20	40	35	20	24	57	42	33	23	21	35	77	89	0.54	79.49
23	东兴证券	25	23	23	44	35	29	22	56	37	40	27	63	57	21	39	22	55	40	76	0.54	78.80
24	华西证券	33	37	26	27	41	9	26	58	2	99	66	15	39	15	100	24	49	33	83	0.53	78.21
25	长城证券	30	35	30	50	49	50	31	78	45	36	62	36	19	49	34	35	50	55	24	0.53	77.91
26	华安证券	47	39	36	46	39	23	39	59	11	16	22	50	30	25	76	32	53	29	23	0.53	77.45
27	东北证券	18	25	32	78	70	98	35	77	54	34	73	88	62	44	19	28	8	76	29	0.53	77.07
28	浙商证券	24	30	38	47	23	46	30	4	18	45	58	73	46	59	38	26	84	50	30	0.52	77.02

续表

排名	公司简称	经营能力			盈利能力			基于微观审慎的风控能力			基于宏观审慎的风控能力			创新能力		成长能力			综合竞争力分值	百分制
		营业收入排名	总资产排名	净资产排名	ROA排名	ROE排名	销售利润率排名	净资本排名	净资本/净资产排名	风险覆盖率排名	公司治理排名	资本充足率排名	资本杠杆率排名	流动性覆盖率排名	净稳定资金率排名	业务创新能力排名	技术创新能力排名	营业收入增长率排名	净利润增长率排名	总资产增长率排名		
29	中泰证券	16	16	15	69	54	63	19	101	61	83	90	74	66	65	17	13	67	60	43	0.52	75.89
30	西部证券	38	32	28	82	85	75	27	48	17	28	21	41	40	18	36	43	105	89	46	0.52	75.58
31	国元证券	34	22	20	67	59	37	24	94	28	14	70	29	63	63	40	48	103	62	68	0.51	75.34
32	山西证券	17	29	35	83	74	99	48	90	47	29	26	89	60	34	47	100	5	71	26	0.51	75.25
33	渤海证券	51	34	21	63	66	25	29	88	21	42	34	24	4	16	53	66	12	10	95	0.51	74.90
34	国海证券	39	27	34	101	95	90	25	1	31	24	42	93	58	2	31	39	86	91	78	0.51	74.86
35	东海证券	54	47	59	92	87	79	62	69	8	10	89	26	9	13	60	62	97	96	45	0.51	74.79
36	西南证券	31	26	27	87	84	84	32	97	33	30	37	55	35	46	37	37	58	83	58	0.51	74.54
37	国联证券	70	64	63	95	99	86	61	39	6	22	47	17	10	19	32	56	89	105	93	0.51	74.48
38	南京证券	61	62	46	64	69	49	51	73	5	21	68	12	22	20	57	63	60	59	36	0.51	74.36
39	湘财证券	71	66	64	85	90	93	53	10	4	69	14	14	13	4	92	51	101	101	104	0.50	73.57
40	万和证券	100	82	73	72	77	53	73	23	61	66	1	28	66	65	49	88	3	2	19	0.50	72.97
41	华龙证券	58	51	33	77	86	68	43	92	9	8	20	16	54	24	106	55	71	92	64	0.49	72.58
42	华林证券	69	85	85	20	13	22	91	44	24	47	72	21	34	3	88	60	6	38	112	0.49	72.23

续表

排名	公司简称	经营能力			盈利能力			基于微观审慎的风控能力			基于宏观审慎的风控能力				创新能力		成长能力			综合竞争力分值	百分制
		营业收入排名	总资产排名	净资产排名	ROA排名	ROE排名	销售利润率排名	净资本/净资产排名	风险覆盖率排名	公司治理排名	资本充足率排名	资本杠杆率排名	流动性覆盖率排名	净稳定资金排名	业务创新能力排名	技术创新能力排名	营业收入增长率排名	净利润增长率排名	总资产增长率排名		
43	中航证券	85	76	90	66	46	45	81	7	61	78	52	76	12	14	59	83	59	61	3	0.49	72.12
44	华创证券	44	46	44	73	68	64	37	14	61	90	15	65	66	65	15	49	13	14	34	0.49	71.93
45	红塔证券	63	57	40	38	51	12	33	6	61	46	44	31	66	65	61	84	27	16	2	0.49	71.18
46	中原证券	49	41	53	98	91	91	60	91	30	35	79	79	17	39	54	59	94	100	41	0.48	70.97
47	中银国际	29	36	39	35	25	36	34	17	55	49	77	47	66	65	35	38	57	54	50	0.48	70.70
48	东莞证券	53	55	68	70	53	65	68	25	61	51	86	72	16	17	51	73	102	90	67	0.48	70.59
49	第一创业	46	49	57	81	78	92	67	96	59	5	71	71	64	32	63	25	56	84	51	0.48	70.23
50	华福证券	37	42	54	28	16	19	54	68	57	48	67	64	6	27	97	52	91	35	56	0.48	70.23
51	民生证券	55	44	43	96	94	82	52	86	46	85	39	69	49	58	26	69	74	93	22	0.48	70.22
52	国开证券	41	43	29	36	48	10	18	2	61	67	18	44	66	65	78	75	23	46	81	0.48	70.03
53	华金证券	93	88	86	61	64	57	93	53	61	81	2	22	66	65	42	36	4	4	115	0.47	69.65
54	西藏东方财富	45	54	65	24	12	14	58	13	61	93	35	95	66	65	77	9	15	20	79	0.47	69.40
55	大通证券	102	92	76	51	72	40	80	72	61	44	28	2	7	1	95	87	96	68	102	0.46	67.12
56	新时代证券	40	58	50	62	62	58	56	84	61	55	33	23	66	65	29	74	41	56	109	0.46	66.78

续表

排名	公司简称	经营能力			盈利能力			基于微观审慎的风控能力			基于宏观审慎的风控能力				创新能力		成长能力			综合竞争力分值	百分制
		营业收入排名	总资产排名	净资产排名	ROA排名	ROE排名	销售利润率排名	净资本排名	净资本净资产排名	风险覆盖率排名	公司治理排名	资本充足率排名	资本杠杆率排名	流动性覆盖率排名	净稳定资金率排名	业务创新能力排名	技术创新能力排名	营业收入增长率排名	净利润增长率排名	总资产增长率排名		
57	万联证券	67	52	45	68	65	43	46	46	61	57	29	49	66	65	74	68	34	37	12	0.45	66.71
58	五矿证券	82	65	61	52	55	15	55	27	61	92	7	43	66	65	98	70	19	22	94	0.45	66.70
59	国融证券	75	77	88	105	105	106	82	16	61	76	9	66	36	30	85	34	32	99	70	0.45	66.43
60	国盛证券	90	59	52	112	113	117	49	49	61	96	36	33	59	7	24	78	121	112	11	0.45	66.07
61	招商证券资产管理	62	104	97	3	5	2	63	106	61	102	95	95	66	65	56	125	26	23	8	0.45	65.97
62	广州证券	32	33	42	111	116	111	36	12	61	97	10	86	66	65	70	29	7	117	17	0.45	65.91
63	上海光大资产管理	72	112	106	2	2	5	88	106	34	102	95	95	26	23	52	116	52	26	39	0.45	65.71
64	国都证券	95	70	56	113	109	116	57	66	19	3	69	9	66	65	110	71	124	111	97	0.45	65.52
65	中邮证券	103	89	93	56	61	42	71	106	61	68	5	7	66	65	96	94	20	11	9	0.45	65.36
66	开源证券	59	72	74	91	92	96	79	75	60	54	8	54	66	65	81	77	11	30	6	0.45	65.34
67	华鑫证券	77	71	77	109	110	108	86	79	26	96	53	42	25	6	69	33	106	119	16	0.45	65.33
68	财达证券	57	50	58	100	96	87	45	3	61	50	38	60	66	65	62	64	40	95	14	0.44	65.25

续表

排名	公司简称	经营能力			盈利能力			基于微观审慎的风控能力			基于宏观审慎的风控能力				创新能力		成长能力			综合竞争力分值	百分制
		营业收入排名	总资产排名	净资产排名	ROA排名	ROE排名	销售利润率排名	净资本排名	净资本/净资产排名	风险覆盖率排名	公司治理排名	资本充足率排名	资本杠杆率排名	流动性覆盖率排名	净稳定资金率排名	业务创新能力排名	技术创新能力排名	营业收入增长率排名	净利润增长率排名	总资产增长率排名		
69	上海海通资产管理	79	95	92	7	8	1	41	106	61	102	95	95	66	65	46	117	38	17	5	0.44	64.52
70	德邦证券	52	78	60	33	58	56	65	74	61	87	54	8	66	65	73	58	83	80	62	0.44	64.14
71	联储证券	86	69	72	99	97	88	76	85	61	33	4	68	66	65	110	40	46	72	44	0.44	64.00
72	银泰证券	109	98	98	74	83	69	98	63	61	86	48	6	18	11	109	92	82	86	90	0.44	64.00
73	民族证券	68	81	62	29	57	41	59	41	61	96	40	95	27	12	108	113	43	21	114	0.43	63.60
74	信达证券	56	45	55	103	102	107	44	5	29	91	64	61	66	65	30	44	80	88	123	0.43	63.51
75	联讯证券	98	80	78	115	117	114	75	45	58	6	25	39	29	26	45	76	85	123	99	0.43	63.49
76	长城国瑞	99	83	83	59	56	39	89	47	61	39	12	20	5	60	75	90	119	78	101	0.43	63.37
77	国泰君安资产管理	43	93	80	5	7	20	50	106	61	102	95	95	66	65	44	108	29	31	38	0.43	63.01
78	金元证券	65	75	67	65	67	67	69	62	61	80	45	18	66	65	101	79	31	43	32	0.43	62.81
79	宏信证券	88	90	101	45	29	48	99	57	49	70	93	37	48	42	104	80	81	52	82	0.43	62.61
80	华泰联合	42	97	89	4	6	18	92	38	61	94	95	95	66	65	110	54	78	25	111	0.43	62.45

续表

排名	公司简称	经营能力			盈利能力			基于微观审慎的风控能力				基于宏观审慎的风控能力				创新能力		成长能力			综合竞争力分值	百分制
		营业收入排名	总资产排名	净资产排名	ROA排名	ROE排名	销售利润率排名	净资本排名	净资本/净资产排名	风险覆盖率排名	公司治理排名	资本充足率排名	资本杠杆率排名	流动性覆盖率排名	净稳定资金率排名	业务创新能力排名	技术创新能力排名	营业收入增长率排名	净利润增长率排名	总资产增长率排名		
81	华宝证券	94	79	82	88	89	83	83	60	61	82	11	53	66	65	71	41	61	8	87	0.42	61.68
82	川财证券	105	106	110	71	76	78	107	33	61	53	59	25	32	45	41	95	24	48	125	0.42	61.16
83	恒泰证券	73	53	49	119	121	123	66	100	61	7	85	30	52	28	64	31	125	116	113	0.41	60.64
84	太平洋证券	104	40	47	122	125	125	40	18	51	2	32	90	43	29	27	42	126	124	88	0.41	60.46
85	北京高华	76	102	96	18	47	59	102	105	61	37	95	3	66	65	66	72	54	27	121	0.41	60.41
86	中山证券	66	60	75	90	79	95	85	83	61	77	51	52	66	65	105	61	18	65	92	0.41	60.34
87	江海证券	60	48	51	110	111	110	42	8	61	96	19	67	66	65	107	57	51	115	110	0.41	60.25
88	首创证券	81	68	84	60	44	47	90	43	13	63	80	91	2	8	93	65	62	57	61	0.41	60.24
89	财富证券	91	67	69	117	119	120	74	70	61	89	61	32	53	62	55	23	115	121	120	0.41	60.17
90	九州证券	89	86	95	107	107	104	87	11	61	84	13	62	66	65	90	85	117	109	127	0.41	59.77
91	上海证券	74	56	48	93	98	77	47	42	61	58	74	95	66	65	43	118	109	104	105	0.40	58.82
92	中天证券	112	91	94	114	115	118	96	76	61	52	30	10	66	65	86	97	2	6	73	0.40	58.47
93	华菁证券	118	108	99	120	114	115	97	31	61	56	95	1	66	65	82	93	1	5	53	0.40	58.31
94	大同证券	110	96	108	104	104	102	104	15	61	41	84	27	55	9	110	82	112	108	107	0.40	58.24

续表

公司简称	排名	经营能力			盈利能力			基于微观审慎的风控能力			基于宏观审慎的风控能力				创新能力		成长能力			综合竞争力分值	百分制
		营业收入排名	总资产排名	净资产排名	ROA排名	ROE排名	销售利润率排名	净资本排名	净资本/净资产排名	风险覆盖率排名	公司治理排名	资本充足率排名	资本杠杆率排名	流动性覆盖率排名	净稳定资金率排名	业务创新能力排名	技术创新能力排名	营业收入增长率排名	净利润增长率排名	总资产增长率排名		
英大证券	95	92	84	91	89	88	81	94	37	61	72	31	46	66	65	99	67	70	87	84	0.40	58.21
上海东方资产管理	96	35	107	100	1	1	6	120	106	61	102	95	95	66	65	110	115	16	7	21	0.39	57.33
金通证券	97	127	129	128	39	80	30	119	20	1	96	95	95	66	65	8	112	9	1	4	0.38	56.43
东方花旗	98	83	114	109	6	11	55	109	35	61	100	95	48	66	65	94	99	93	49	108	0.38	56.10
申万宏源西部	99	78	87	66	22	42	7	64	21	61	96	46	95	66	65	110	120	64	36	77	0.38	55.31
中投证券	100	28	24	31	55	34	31	120	106	61	96	95	95	66	65	80	91	65	19	71	0.38	55.19
华融证券	101	50	21	37	116	122	121	70	103	53	79	56	81	66	65	65	47	127	114	124	0.37	54.76
中信证券（山东）	102	64	74	70	25	30	24	72	52	61	98	87	95	66	65	110	129	73	47	54	0.37	54.48
银河金汇资产管理	103	84	111	113	21	36	76	77	106	15	102	95	95	66	65	50	122	28	69	106	0.37	53.94
爱建证券	104	113	101	112	121	123	119	106	9	44	61	23	19	56	5	67	81	110	122	128	0.36	53.34

续表

排名	公司简称	经营能力			盈利能力			基于微观审慎的风控能力				基于宏观审慎的风控能力				创新能力		成长能力			综合竞争力分值	百分制
		营业收入排名	总资产排名	净资产排名	ROA排名	ROE排名	销售利润率排名	净资本排名	净资本/净资产排名	风险覆盖率排名	公司治理排名	资本充足率排名	资本杠杆率排名	流动性覆盖率排名	净稳定资金率排名	业务创新能力排名	技术创新能力排名	营业收入增长率排名	净利润增长率排名	总资产增长率排名		
105	华泰证券资产管理	36	61	71	10	3	3	120	106	61	102	95	95	66	65	110	110	14	12	98	0.36	52.76
106	财通资产管理	87	119	122	8	10	70	111	106	27	102	95	95	66	65	79	102	66	79	63	0.35	51.88
107	瑞银证券	80	103	102	94	100	103	120	106	61	60	94	5	66	65	48	46	47	94	15	0.35	51.44
108	兴证证券资产管理	106	109	120	16	9	33	100	106	61	102	95	95	66	65	72	121	99	70	117	0.35	50.89
109	广发证券资产管理	48	73	79	11	4	4	120	106	61	102	95	95	66	65	110	106	72	24	86	0.34	49.21
110	高盛高华	101	115	107	14	40	60	105	29	56	75	95	95	1	65	110	105	79	18	72	0.33	48.39
111	中泰证券资产管理	96	124	126	13	14	85	103	106	61	102	95	95	66	65	87	128	114	81	85	0.33	47.93
112	申港证券	116	94	87	126	124	124	84	22	61	15	95	11	66	65	91	89	113	126	42	0.32	47.17
113	中德证券	108	118	115	106	106	105	112	24	61	73	95	95	66	65	83	127	120	110	91	0.32	46.75
114	长江保荐	107	128	127	15	28	97	118	36	61	102	95	95	66	65	110	123	10	3	47	0.32	46.29

续表

公司简称	排名	经营能力			盈利能力			基于微观审慎的风控能力			基于宏观审慎的风控能力				创新能力		成长能力			综合竞争力分值	百分制
		营业收入排名	总资产排名	净资产排名	ROA排名	ROE排名	销售利润率排名	净资本排名	净资本/净资产排名	风险覆盖率排名	公司治理排名	资本充足率排名	资本杠杆率排名	流动性覆盖率排名	净稳定资金率排名	业务创新能力排名	技术创新能力排名	营业收入增长率排名	净利润增长率排名	总资产增长率排名		
东证融汇资产管理	115	120	122	118	43	81	89	101	106	61	102	95	95	66	65	89	104	98	102	57	0.31	45.20
恒泰长财	116	123	127	125	26	71	74	117	64	1	101	95	95	66	65	110	109	116	85	66	0.31	44.99
国盛证券资产管理	117	124	126	124	12	38	54	115	106	3	102	95	95	66	65	110	107	30	74	55	0.31	44.78
渤海汇金资产管理	118	122	116	116	118	112	109	95	106	61	102	95	95	66	65	58	101	37	113	118	0.30	44.55
申万宏源承销保荐	119	111	117	111	19	52	62	108	30	61	102	95	95	66	65	110	119	122	97	103	0.30	43.92
长江资产管理	120	97	110	103	9	18	35	120	106	61	102	95	95	66	65	110	124	88	75	13	0.28	41.27
世纪证券	121	125	99	114	125	128	128	113	55	61	71	57	35	3	56	84	86	123	127	122	0.26	37.80
华英证券	122	115	120	117	17	50	61	120	106	61	96	95	95	66	65	110	111	25	15	119	0.26	37.47
浙江证券资产管理	123	114	113	104	84	103	101	120	106	61	102	95	95	66	65	110	126	100	107	7	0.25	36.12
瑞信方正	124	117	121	119	124	120	113	120	106	61	74	95	95	66	65	110	53	107	118	49	0.24	35.44

续表

公司简称	排名	经营能力			盈利能力			基于微观审慎的风控能力			基于宏观审慎的风控能力				创新能力		成长能力			综合竞争力分值	百分制
		营业收入排名	总资产排名	净资产排名	ROA排名	ROE排名	销售利润率排名	净资本排名	净资本/净资产排名	风险覆盖率排名	公司治理排名	资本充足率排名	资本杠杆率排名	流动性覆盖率排名	净稳定资金率排名	业务创新能力排名	技术创新能力排名	营业收入增长率排名	净利润增长率排名	总资产增长率排名		
第一创业承销保荐	125	121	123	121	123	118	112	114	26	61	102	95	95	66	65	110	103	108	120	126	0.24	35.35
华信证券	126	126	105	105	128	128	129	110	93	61	96	6	4	66	65	103	50	128	128	129	0.23	33.31
中天国富证券	127	127	100	81	128	127	127	78	50	23	88	95	1	66	65	110	98	36	125	100	0.22	31.79
网信证券	128	127	63	128	108	108	122	120	106	61	64	95	95	66	65	102	96	36	129	1	0.21	30.58
摩根士丹利华鑫	129	119	125	123	127	126	126	116	106	61	59	95	95	66	65	110	114	118	9	116	0.17	25.47
东亚前海证券	—	—	—	—	—	—	—	—	—	—	—	—	—	—	—	—	—	—	—	—	—	—
汇丰前海证券	—	—	—	—	—	—	—	—	—	—	—	—	—	—	—	—	—	—	—	—	—	—

现代金融体系与宏观审慎监管

（代后记）

一

莱因哈特和罗格夫在他们著名的《这次不一样：八百年金融危机史》一书中说过，2007—2008年的美国金融危机发生的原因在于，在传统上受到监管的银行机构外，有很多金融企业借来短期资金并投资于缺乏流动性的产品，在现代金融体系中，不仅银行会招致挤兑，用短期融资支持高杠杆投资组合的其他类型金融机构也有被挤兑的风险。众所周知，这两位来自哈佛大学的经济学教授多年来一直以研究金融危机而闻名于世。在对全球范围几百年里发生的上百次系统性金融危机全面研究中，两位经济学家取得了一系列令人尊敬的成果，提出了足以对各国政府产生影响的观点。[①]在莱因哈特和罗格夫看来，越晚接受非常时期需要采取非常措施的观点，一些国家的危机严重程度超过20世纪30年代大衰退的概率就越高。事实上，正是受到诸多类似观点的影响，金融危机发生以来，各国金融监管部门在推动金融改革和监管立法方面已经做了巨大改进。

对中国而言，金融危机的直接影响就是加快了中国金融改革和监管立法的进程。在过去的10多年里，中国金融监管立法的一个重大事件就是

[①] 就在我写这篇文章时，2020年5月20日，世界银行行长戴维·马尔帕斯（David Malpass）宣布，哈佛大学教授卡门·莱因哈特（Carmen Reinhart）被任命为新任副行长兼首席经济学家，这一任命自6月15日起生效。

《证券法》的修订。这次修订历时六年，可谓旷日持久，其间中国证券市场不仅反复波动、风险频发，并且经历了三轮重大监管调整，因此引起社会各界广泛关注。实际上，此次修订之前，党中央、国务院已经把资本市场改革与发展提到前所未有的战略高度。第五次全国金融工作会议提出了金融服务实体经济、防控金融风险和深化金融改革的三大任务；党的十九大提出，健全货币政策与宏观审慎政策"双支柱调控框架"；2019年中央经济工作会议提出，加快金融体制改革，完善资本市场基础制度。习近平总书记在不同场合多次提出，建设一个规范、透明、开放、有活力、有韧性的资本市场。因此，可以肯定，新《证券法》的实施必将给资本市场带来一场具有里程碑意义的改革。

第一，新《证券法》为完善资本市场基础制度明确了方向。尤其是在证券定义上，将CDR、资管产品和ABS纳入证券范畴，显然是汲取金融危机惨痛教训，把可能造成系统性金融风险的领域纳入监管。另外，此次修订不仅从根本上完善了资本市场基础制度，也对制定配套行政法规和监管规章、规则做出必要授权。第二，新《证券法》为全面推进以注册制为核心的资本市场改革提供了制度保障。因为注册制改革是一个渐进式的系统工程，新《证券法》授权国务院对证券发行注册制的具体范围、实施步骤进行规定，为全面实施注册制改革预留了必要制度空间。第三，新《证券法》明确了监管部门的监管责任，修订后的《证券法》增加了证监会"维护证券市场公开、公平、公正，防范系统性风险，维护投资者合法权益，促进证券市场健康发展"的职责要求。其中，"防范系统性风险"是四大责任之一。第四，新《证券法》更加注重加强投资者保护，这与宏观审慎监管倡导的消费者保护完全一致，有利于增强市场信心。修订后的《证券法》不仅规定了投资者适当性制度，证券公司违反该制度导致投资者损失的，需承担相应的赔偿责任。针对证券民事赔偿诉讼维权时面临的受害人众多、单个金额少的困境，规定了证券代表人诉讼制度，投资者保护机构作为代表主导诉讼，投资者通过"默示加入、明示退出"的方式参与诉讼，最大限度地保护投资者权利。

二

2020年是中国证券市场的而立之年。经过30年发展，不论是市场规模、投资者数量，还是市场深度、广度和开放程度都在不断提高。党的十九大报告首次提出"建立现代金融体系"，习近平总书记在中央政治局举行第十三次集体学习时说："要以金融体系结构调整优化为重点，优化融资结构和金融机构体系、市场体系、产品体系，为实体经济发展提供更高质量、更有效率的金融服务。"认真领会习近平总书记的关于资本市场的一系列讲话精神，我认为，金融供给侧结构性改革的目标就是要优化金融结构，建立以资本市场为核心的金融体系，提高整个金融体系的运行效率和金融体系服务实体经济的效率。发展以资本市场为主的金融体系，为全社会提供更加充分的权益类资本要素，实现创新驱动，催生经济新动能，是现代金融体系的本质，也是我国金融改革与发展的主要方向。

最近，党中央、国务院《关于构建更加完善的要素市场化配置体制机制的意见》再次提出，推进资本要素市场化配置，完善主板、科创板、中小企业板、创业板和全国中小企业股份转让系统（新三板）市场建设。传统经济学理论认为，资本是经济发展最重要的要素之一。当前推进资本要素市场化配置改革的关键在于推动资本市场发展，发展股权融资，为以高新技术、服务业为核心的新经济提供有效的融资支持，推动经济增长动力转换。欧美等国的经验证明，实施创新驱动和高新技术产业的形成只能通过资本市场和股权融资，通过建立起风险共担、收益共享的市场化股权融资机制，促进科技创新型企业做大做强。

在过去的30年里，中国资本市场创造了人类金融发展史上毋庸置疑的辉煌成就——帮助中国国有企业完成了优化资本结构、完善公司治理、建立现代企业制度等一系列重大改革，使中国国有企业成为世界经济舞台上最重要的参与者和竞争者。可以说，如果没有资本市场，中国国有企业改革就很难实施，更不可能顺利完成！今天，环顾整个资本市场，几乎所有重要的国有企业都成了控股上市公司。但必须承认的是，中国资本市场无论是市场结构、投资者结构还是制度设计,都存在着明显的先天缺陷。以证券市场制度设计为例,证券市场设立的初衷是为了给国有企业改革提供服务,偏重于为大中型国有企业融资。所以,基础的制度设计就存在着严重的扭曲,导致证券市场被当作单纯的融资工具,单一地承担着为国有企业改制、脱困服务的重任。融资功能逐步被放大和扭曲为圈钱、解困,通过资本市场实现控制权转移和企业重组、优化资源配置的功能被忽视和削弱,为资本市场的发展埋下巨大隐患。以为国有企业解困作为逻辑起点的制度体系延续至今的结果就是,上市公司作为融资者的违法成本极低,投资者利益保护形同虚设,市场上很多"烂苹果"不能被淘汰。

从本质上说,资本市场存在的问题是金融结构失衡的必然结果。在过去的20年里,我国一直把"转方式、调结构"作为制定各种宏观经济政策的依据,令人困惑的是,我们从来没有提出调整金融结构,没有把优化金融结构作为工作重点。现实中,我们意识到经济结构有问题,却不愿意承认作为经济核心的金融结构不合理,只是把资本市场作为金融体系的一个组成部分,理所当然地认为资本市场是银行和信贷体系的补充。有学者认为,随着经济增长和中国经济货币化、金融化程度的提高,金融结构将会发生显著变化,推动金融体系投资转化机制的形成。事实上,金融结构失衡现象并未改变,甚至愈演愈烈,这也是为什么金融体系中资源错配现象越来越多、金融运行效率越来越低。现代系统科学告诉我们,系统的结构决定功能。多年来,我们一直在强调金融服务实体经济却不见成效,问题正是金融结构不合理!进一步说,一是以间接融资为主的金融体系必然抑制直接金融和非银行金融机构的发展,加之国有企业预算软约束导致对银行高负债的经营特征,提高了企业部门的杠杆率,加大了经济运行的风险。二是社会财富分布不均衡现象更加明显。居民持有金融工具结构不合理,存款比重过大。储蓄过度集中于居民部门,投资过度集中于企业部门,储蓄与投资严重分离。三是国有银行居于金融体系中主导地位,挤压了小微金融和非银行金融机构的生存空间。统计显示,目前我国超过60%的GDP来自非国有经济,中小微企业占企业总数的90%以上,但为中小微企业服务的金融机构数量却远远不够，中小微企业通过金融机构获得的贷款比重仅有20%。融资结构不均衡是金融结构不合理的必然结果，当经济发展已经进入创新驱动型阶段，以银行间接融资为主导的金融体系越来越无法满足提高创新资本形成能力的要求。

三

党的十九大提出高质量发展。作为世界第二大经济体，我国比以往任何时候都更加需要一个健康、强大的资本市场来实现国家的战略目标。可以肯定地说，如果没有一个健康、强大的资本市场，创新驱动和高质量发展等一系列国家战略目标都不可能实现！问题的关键在于，以目前的中国资本市场能否承担如此重大的历史使命。作为一国金融资源配置和资本要素交易的场所，资本市场从来就是各种利益的交集点，因此具有极强的关联性、渗透性和敏感性，它既是大国经济运行的神经中枢，也是大国金融安全的战略核心。在现代国家治理中，金融监管作为防范金融危机和系统性金融风险的手段，已经成为国家治理能力的重要体现。一部近代世界金融史，既展示了大国崛起进程中资本市场至关重要且无可替代的作用，也记录了一次又一次资本市场引发的灾难性危机。发生在并不遥远的亚洲金融危机和华尔街金融危机像海啸一样卷走了所到之处不计其数的社会财富，也摧毁了包括金融监管在内的很多金融设施。危机过后，人们在重建金融体系和金融设施时考虑最多的就是如何才能避免下一次金融危机？宏观审慎监管可能是危机赐予我们不可多得的礼物和回馈。但时至今日，如何珍惜这份礼物并把它作为守护金融安全的护身符，似乎并没有引起人们应有的重视和理解。否则，就不应该在《巴塞尔协议》版本不断升级，银行业监管不断趋严的情况下，资本市场监管体制却无动于衷！其实，在中国资本市场并不长的发展史上，已经发生过不止一次足以引发金融危机的系统性风险。2004—2007年的证券公司专项治理，实际上是一次风险濒临爆发前的迫不得已的"监管自救"，如果当时不对31家证券公司采取及时果断的行政处置措施，随后在华尔街金融危机的传导下，中国资本市场的结局如何实难想象。在这本书中，我想表达的核心观点是，资本市场宏观审慎监管的重点是作为系统重要性机构的证券机构——这一点已经被中外事实反复证明。同时，我还想说的是，只有当资本市场运行健康、功能正常发挥时才能有效服务实体经济，才能对经济增长产生促进作用。这也是为什么习近平总书记反复强调，建立一个规范、透明、开放、有活力、有韧性的资本市场。

也许是个人经历所致，在写这本书的过程中我一直在思考这样一个问题。在过去30年里，我们似乎总是在批评中国资本市场存在的监管问题，批评决策层对资本市场发展不够重视。现在，我们必须面对并思考的问题是，当国家把发展资本市场提高到了前所未有的高度时，中国资本市场有没有可能引发金融危机？尤其是未来当全社会巨额养老资金进入资本市场时，发生系统性风险怎么办？如今，《证券法》的修订使证券市场宏观审慎监管的制度条件已经具备，这意味着从现在开始，当我们设计资本市场改革和建立现代金融体系的路径时，必须在宏观审慎监管框架下进行。以《巴塞尔协议Ⅲ》为代表的宏观审慎监管体系，经过长达半个世纪的不断改进，在监管的原则、理念、工具以及计量方法等方面已经变得非常精细和完善，成为全球商业银行共同遵守的准则。将资本市场纳入宏观审慎监管，必须解决证券市场主体如何规范在由《巴塞尔协议Ⅲ》衍生的准则之下。这需要市场和社会各界，尤其是学术界围绕现代金融体系和资本市场改革开展研究。金融监管部门必须回应市场的核心关切，在系统重要性机构等重要领域和关键环节下功夫，切实加强包括退市制度在内的一系列市场基础制度建设；加强信息披露，加大对内幕交易、操纵市场等违法行为的处罚力度；切实加强预期管理，重树市场信心。从世界各国资本市场监管经验看，宏观审慎监管要求监管部门包容而开放地与市场和社会沟通，获得更加全面的信息。当前，在我国面临新冠疫情、逆全球化及全球价值链重构等内外压力的时候，防范系统性风险、提振资本市场信息关系到宏观经济的运行效率和金融体系的安全、稳定。健康的资本市场不仅加快资本要素流动，活跃产业并购，更重要的是能降低企业负债率，缓释风险过度集中在银行体系而带来的金融风险。同时，资本市场的财富效应将有助于拉动消费和内需，为科技创新活动提供资本要素，通过社保基金等长期资金入市，实现共享理念。因此，建立以资本市场为核心的现代金融体系，必须坚持"双支柱调控"框架和金融供给侧结构性改革，在宏观审慎监管框架下形成金融和实体经济以及金融体系内部的良性循环。

2019年底，中国证监会主席易会满提出，必须在优化监管方式、提升监管效能上下功夫。新《证券法》以及陆续出台的各种配套法律法规为资本市场提供了制度性保障，因此我们有理由相信，以设立科创板和实施注册制为契机，资本市场将不断提高上市公司质量，完善交易制度，吸引包括养老基金在内的更多中长期资金入市。我们也由衷地期待，中国资本市场能够迎来一场以制度创新为代表的深刻而伟大的凤凰涅槃，在宏观审慎监管框架下发挥它应有的作为，并成为与我国经济规模体量相匹配、与国家经济发展需求相适应的现代金融体系最耀眼的标志。

孙国茂
2020 年 5 月于烟台海滨

致　　谢

《中国证券市场宏观审慎监管研究》一书是在我所承担的上海证券交易所联合研究计划——《证券市场宏观审慎监管框架体系研究——基于系统性风险视角》（项目编码：RH1900015892）的基础上修改扩充而成。在申请这个研究课题之前，我连续八年主编《中国证券公司竞争力研究报告》，积累了大量与证券市场以及证券行业相关数据、政策法规和研究资料，同时，对证券行业发展也做过一些思考。尽管如此，在完成这个课题的过程中，还是遇到很多不曾想象的问题和困难。对宏观审慎监管与微观审慎监管的理解，宏观审慎监管框架下对系统重要性机构的监管与传统意义上分业监管中的机构监管究竟有什么本质上的区别等一系列问题困扰我很长时间。其实，主要原因还是国内证券市场宏观审慎监管研究太不充分。以往对宏观审慎监管的研究，不论是政策法规方面的研究还是纯学术方面的研究大多围绕不同版本的《巴塞尔协议》展开，主要集中在银行业，对证券市场的相关研究不仅数量少，而且研究得也不深入。这个课题能够按期完成首先得益于课题组成员的共同努力和包容合作。课题组成员共有六位：青岛大学经济学院院长刘喜华教授、副院长吕学梁副教授和院长助理司登奎副教授，济南大学商学院赵建教授和美国依隆大学商学院助理教授陈国文博士，借此书出版之际，我对课题组每一位成员所付出的努力表示感谢。课题中标后，我带领课题组成员到上海证券交易所资本市场研究所，向施东辉所长汇报研究思路和课题大纲。施东辉所长提出了自己对证券市场宏观审慎监管的框架、原则和目标等重大问题的观点，对于课题组后期的研究工作具有指导意义。研究员张运才博士和张晓斐博士为课题组提供了难得的参考文献，他们最早阅读了课题初稿并提出了修改建议，专业、严谨的工作态度令人感动和钦佩。中央财经大学金融学院韩复龄教授和北京银行董事会办公室韦亚博士参加了在青岛大学举办的课题评审会，对课题初稿也提出了难得的修改意见，对此我深表谢意。我在济南大学指导的两名硕士研究生张辉、魏震昊，以及中国社科院工业经济研究所博士研究生李猛、我在山东工商学院金融服务转型升级协同创新中心的同事蔡军，为我做了很多学术服务工作。尤其是蔡军，据他自己说，在帮我反复修改书稿过程中他通读书稿超过10遍。他不仅发现很多书中的错误，还帮我把书中一些图表进行美化处理，使我顺利完成课题报告修改，最终完成此书。在长达一年的时间里，《中国证券市场竞争力研究报告》编写组成员闫小敏、孙婷婷、姚丽婷、李宗超、孙同岩、黄晓艳、郭文娟和王大雷等，不知参加了多少次《中国证券市场宏观审慎监管研究》书稿的讨论，有时大家会就书中的某个观点、某一案例进行激烈争论，这些争论无疑给我的写作和思考带来很大启发。在此，我也向这些小伙伴们表示感谢。

《中国证券市场宏观审慎监管研究》出版之际，我还要向上海证券交易所原首席经济学家胡汝银先生，国家金融与发展实验室理事长李扬先生、副主任曾刚先生，中国人民大学副校长吴晓求教授，中国证监会国际业务原副主任刘李胜教授，全国政协委员、中央财经大学贺强教授，清华大学朱武祥教授等专家学者多年来对我的关心和支持表示由衷的感谢，没有他们对我的鼓励和帮助，我对中国证券市场的研究很难持续到今天。还要特别提出，非常感谢著名经济学家、北京大学汇丰商学院执行院长、香港证券交易所首席经济学家巴曙松教授为我的新书所做长序。巴曙松教授不仅一直鼓励我坚持编写《中国证券市场竞争力研究报告》，还对报告的编写给予学术上的指导。感谢中国金融出版社编辑肖丽敏在本书的统筹策划、编辑审校方面给予的专业而耐心的指导。与银行业相比，对证券市场宏观审慎监管的研究刚刚起步，中国人民银行等三部委《关于完善系统重要性金融机构监管的指导意见》的出台和《证券法》的修订可能会带来证券市场监管的重大改革,这势必会对证券监管的研究提出更高要求。可以想象,不论学界还是业界,按照党的十九大提出的"双支柱调控框架",对证券市场宏观审慎监管的研究还任重道远。这本书若能起到前期探索的作用,我们将深感欣慰。我们期待社会各界和学术同仁对我们的研究提出批评和改进意见,使我们的研究做得更好;我们更期待能与学术同仁们围绕资本市场改革进行学术合作,共同开展更加深入和更具前瞻性的研究,为建设规范、透明、开放、有活力、有韧性的资本市场贡献力量。

孙国茂
2020 年 6 月于青岛金家岭